Reichsein will gelernt sein!

Nach Wallace Wattles

Übersetzung des Buches „Die Wissenschaft des Reichwerdens"
sowie Kursbearbeitung:

ISBN-13: 978-1500162085
ISBN-10: 1500162086
Bezugslink: http://goo.gl/zx7nsJ

Herausgeber:

I-Bux.Com
Wissen, das Ihr Leben gestaltet!

service@i-bux.com

Reichsein will gelernt sein

Was beinhaltet dieses Buch?

Dieser Selbststudienkurs vermittelt das mental-spirituelle Rüstzeug für ein Leben in Wohlstand und Fülle. Er handelt nicht von Anlagestrategien oder sonstigen äußeren Faktoren.

Der Kurs basiert auf der 1910 erstmals erschienen "Wissenschaft des Reichwerdens" und beginnt mit den 18 Kapiteln dieses Werkes, er geht stellenweise jedoch darüber hinaus.

Im Laufe dieser einzelnen Lektionen wird immer wieder Bezug auf die „Wissenschaft des Reichwerdens" genommen, jedoch nicht kapitelweise, sondern thematisch zusammengefasst, sodass die Aussagen besser verständlich werden. Seitenangaben in den Lektionen beziehen sich auf das vorliegende Buch. Da wir im Laufe der Zeit mehrere Übersetzungen dieses Klassikers angefertigt haben, werden einige Passagen wörtlich der hier verwendeten Fassung entstammen, andere sind wiederum anders formuliert.

Wer war Wallace Delois Wattles?

Wallace Wattles (1806 - 1911) war ein US-amerikanischer Verfasser mehrerer christlicher und geisteswissenschaftlicher Schriften. Die Originalvorlage zur „Wissenschaft des Reichwerdens", „*The Science of Getting Rich*", erlangte im Jahre 2006 Popularität, nachdem die australische Fernsehproduzentin Rhonda Byrne in einem Interview bekannt gegeben hatte, dass dieses Büchlein der Auslöser zu ihrer Produktion „The Secret/Das Geheimnis" gewesen war.

Mr. Wattles wuchs nach dem amerikanischen Bürgerkrieg auf. Das Land befand sich damals sowohl politisch, wie auch gesellschaftlich und wirtschaftlich in einem gewaltigen Umbruch.

Während der Süden Amerikas dabei war, die angeschlagene Infrastruktur wiederaufzubauen, ging es dem Norden, in dem Mr. Wattles lebte, sowohl industriell wie auch landwirtschaftlich beträchtlich besser.

Diese Zeit ist heute als die „zweite industrielle Revolution" bekannt. Sie fing in der Mitte des neunzehnten Jahrhunderts mit dem wirtschaftlichen Aufschwung im Bereich der Stahlerzeugung, Erdölförderung, aber auch in der Chemie und Elektrotechnik sowie im Eisenbahn- und Schiffsbau, an. Gegen Ende des neunzehnten Jahrhunderts waren solche Konzerne wie die U.S. Steel oder die General Electric entstanden. Magnaten wie Cornelius Vanderbilt, Andrew Carnegie, John Rockefeller oder J.P. Morgan waren seinerzeit die tonangebenden Industrie- und Bankenvorstände.

Reichsein will gelernt sein

Der Schriftsteller Mark Twain prägte für dieses Zeitalter der extravaganten Lebensweise diese Industriekapitäne und Financiers den Ausdruck „Gilded Age" („Goldenes Zeitalter"). Es war die Blütezeit der US-amerikanischen Wirtschaft.

Die zweite Hälfte des neunzehnten Jahrhunderts war geprägt von Ausschweifungen der Superreichen, gleichzeitig hatte die Arbeiterklasse überwiegend ein schweres Los zu tragen.

Im Jahre 1890, als Wallace Wattles dreißig Jahre alt war, betrug das Jahreseinkommen von elf der insgesamt zwölf Millionen US-Amerikaner weniger als 1200 Dollar; das jährliche Durchschnittseinkommen lag mit 380 Dollar weit unterhalb der Armutsgrenze.

Über Wattles' Privat- und Familienleben ist so gut wie nichts bekannt. Es ist jedoch sehr wahrscheinlich dass er, ebenso wie die Meisten seiner Landsleute, in eine bescheidene, oder gar arme Familie hineingeboren wurde.

Seine Einstellung zum Thema Wohlstand und Reichtum ist der „Wissenschaft des Reichwerdens" eindeutig zu entnehmen:

„Unabhängig davon, was sich zugunsten von Armut sagen lässt, bleibt doch die Tatsache bestehen, dass der Mensch nur dann ein erfülltes und erfolgreiches Leben führen kann, wenn er reich ist".

Wir wissen also weder etwas über seine schulische oder berufliche Ausbildung, noch über seine Familienverhältnisse, mit der einzigen Ausnahme, dass er eine Tochter namens Florence hatte.

Allerdings ist bekannt, dass er eine Zeit lang als Landwirtschaftshelfer auf einer Farm beschäftigt war und später im US-Bundesstaat Indian Vorträge hielt.

Wallace Wattles verstarb jung. Er war erst einundfünfzig Jahre alt. Die Todesursache ist nicht bekannt.

Er verfasste zahlreiche Aufsätze und Bücher, im Großen und Ganzen bleibt sein Leben jedoch ein Rätsel.

Mr. Wattles kam im US-Bundesstaat Illinois auf die Welt, lebte später jedoch überwiegend im Staate Indiana.

Aus der Volkszählung des Jahres 1880 ist zu entnehmen, dass Wallace das einzige Kind eines Gärtners und einer Hausfrau war.

Er lebte mit seinen Eltern auf einer Farm in einem Ort namens Nunda Township in Illinois.

Im Jahre 1896 nahm der mittlerweile Sechsunddreißigjährige in Chicago an einer „Veranstaltung für Reformatoren" teil. Dort lernte er den zwei Jahre älteren George Herron (1862 - 1925) kennen. Herron war ein umstrittener Geistlicher und Professor am Grinnel College im Staate Iowa.

Wattles schloss sich immer mehr Herrons Ansichten an und nahm eine Zeit lang sogar ein Amt in der Methodistenkirche ein, wurde aber wegen seiner „ketzerischen" Ansichten bald wieder entlassen.

Später kam Wattles mit dem Neugeistdenken in Berührung. Diese Lebensphilosophie besagt im Grunde, dass alle Lebensumstände - gleich, ob positiver oder negativer Art, ob physisch oder geistig - ihren Ursprung im Denken und Glauben haben, weshalb „richtiges Denken" postuliert wurde. Ein bekannter Vertreter der Neugeistbewegung war Christian D. Larson (1874 - 1954), von dem in unserem Verlag *„Mehr Lebensqualität durch gelebte Spiritualität"* erschienen ist (Das Taschenbuch ist nur über Amazon.Com erhältlich). Sein Votrag **„Seien Sie immer guter Dinge"** ist kostenlos als PDF erhältlich: http://goo.gl/n25Ibx

Immer mehr beschäftige sich Wattles mit dem Gesetz der harmonischen Anziehung, mit schöpferischer Visualisierung und anderen universellen Lebensgesetzen, welche die Grundlage für seine Schriften bildeten.

Aufgrund seines ungebrochenen Optimismus und seines persönlichen Engagements wurde Wallace Wattles zusammen mit Zeitgenossen wie Napoleon Hill, William Walker Atkinson, Thomas Troward und etwas später auch mit Dale Carnegie einer der Vordenker auf diesem geisteswissenschaftlichen Gebiet.

Seine Philosophie kommt in folgendem Zitat zum Ausdruck:

„Der wissenschaftliche Einsatz des Denkens besteht darin, ein klar umrissenes Vorstellungsbild vom Gewünschten vor seinem inneren Auge zu haben.

Gehen Sie mit erfolgsüberzeugtem Glauben davon aus, dass Sie das Gewünschte erhalten werden!"

Eine Zeitschrift, in der Wallace Wattles seine Artikel veröffentlichte, war das 1898 von Elizabeth Towne gegründete Magazin *Nautilus*. (1953, als die Gründerin mit 88 Jahren in den Ruhestand ging, eingestellt).

Reichsein will gelernt sein

In dieser Zeitschrift erschienen auch einige Artikel der oben genannten Personen als auch von Henry Harrison Brown („*Geld will unbedingt zu mir*").
Wattles' Tochter Florence schrieb wie folgt:

„Als wir vor drei Jahren nach Elwood (Indiana) kamen, fing Vater in Indianapolis jeden Sonntagabend mit Vorträgen an. Das war unsere einzige Einnahmequelle.

Später schrieb er für Nautilus. Er war fast immer am Schreiben. Dann erstellte er sein geistiges Wunschbild. Er sah sich als erfolgreicher Autor, als souveräne Persönlichkeit, und arbeitete unablässlich auf die Umsetzung seines Wunschbildes hin."

Wallace Wattles lebte seine Prinzipien also selbst vor. Dass ein Mann aus vermutlich ärmlichen Verhältnissen und mit einer wohl kaum nennenswerten Schulbildung, jedoch mit einer weitgefassten Zukunftsvision, so viele einflussreiche Werke verfassen konnte, kann als Beweis für die Stichhaltigkeit seiner Lebensphilosophie gewertet werden.

„Der Besitz von Geld und Eigentum ist die Folge dessen, dass der Mensch Dinge in einer erfolgsüberzeugten Art und Weise tut.

Wer sich - vorsätzlich oder unbewusst - auf eine Weise verhält, die auf Erfolgsgewissheit beruht, gelangt zu Reichtum.

Derjenige, dessen Handlungen nicht auf Erfolgsgewissheit beruhen, bleibt arm, wie sehr er sich auch anstrengen mag".

Während auch heute noch viele Menschen glauben, dass Wohlstand und Reichtum nach dem „Zufallsprinzip" zugeteilt würden, vertrat Wattles einen wissenschaftlicheren Standpunkt:

„Es gibt eine Wissenschaft des Reichwerdens, eine exakte Wissenschaft. Diese ist ebenso genau wie Algebra oder Arithmetik ... Für den Erwerb von Reichtum gibt es zuverlässig wirkende Gesetzmäßigkeiten. Sobald der Mensch diese Gesetzmäßigkeiten kennt und anwendet, wird er mit mathematischer Sicherheit reich werden".

Obwohl wir über das Leben dieses Mannes relativ wenig wissen, ist doch unbestritten, dass er allen Widrigkeiten zum Trotz seinen Weg machte und bis heute auf ein breites Publikum positiv einwirkt.

In einem anderen Buch („*How to be a Genius*") schreibt er: *„Das größte Glück findet der Mensch, wenn er seinen Lieben Gutes tun kann".*

Möge dieses Buch - und die Anwendung der hier beschriebenen Prinzipien - Ihnen Gutes bringen!

Reichsein will gelernt sein

Inhaltsübersicht

Reichsein will gelernt sein

Reichsein will gelernt sein

Die Wissenschaft des Reichwerdens

Kapitel 1
Das Recht auf Reichtum

Unabhängig davon, welche Gedanken oder Gefühle Sie mit Armut verbinden, bleibt doch die Tatsache bestehen, dass Sie für ein erfülltes und zufriedenes auch Geld benötigen.

Solange Sie aufgrund von Geldmangel etwas nicht tun oder erhalten können, führen Sie ein eingeschränktes Leben.

Um sich geistig, körperlich und seelisch voll entwickeln zu können, braucht der Mensch den Zugriff auf Dinge und den Zugang zu Lebensumständen, wofür Geld nötig ist.

Der Erwerb von Geld ist deshalb für eine ungehinderte Weiterentwicklung eine Voraussetzung. Daraus können wir schließen, dass der Erwerb von Geld nicht nur etwas Natürliches, sondern sogar etwas Unerlässliches ist.

Ein jeder von uns ist hier auf Erden, um er sein Potenzial bestmöglich zu entfalten. Wir haben ein Anrecht auf das Gewünschte und Ersehnte, da dies der einzige Weg ist, um unsere geistige, spirituelle und körperliche Entwicklung voranzutreiben.

Dies ist ein weiterer Hinweis auf die Notwendigkeit von Geld und Wohlstand.

In diesem Buch wollen wir auf den Erwerb von Geld eingehen, denn Zufriedenheit bedeutet nicht, sich mit dem Nötigsten zu bescheiden. Niemand sollte sich mit Wenigem zufriedengeben, wenn er die Möglichkeit besitzt, mehr zu nutzen und mehr zu genießen.

Das Leben ist auf Weiterentwicklung ausgerichtet und jeder Mensch sollte alles haben, was er braucht, um sich seines Lebens zu erfreuen.

Sich künstlich zu bescheiden, ist falsch. Nur wenn Sie in der Lage sind, all das zu tun, was Sie tun wollen, und dies dann tun können, wenn Sie dies wollen, können Sie sich als reich betrachten.

In der heutigen Zeit benötigt auch der „Durchschnittsbürger“ bereits für das bloße Überleben viel Geld. Es ist ganz natürlich, dass jeder Mensch all das sein will, wozu er in der Lage ist. Der Wunsch, unser Potenzial auszuschöpfen, ist etwas Menschliches; wir können gar nicht anderes, als derjenige sein zu wollen, der potenziell in uns angelegt ist.

Die Wissenschaft des Reichwerdens

Lebenserfolg bedeutet, alles zu sein, wozu Sie imstande sind, und dies ist nur möglich, wenn Sie über die Dinge verfügen, die Sie brauchen.

Dazu benötigen Sie Geld.

Das Verständnis der Wissenschaft des Reichwerdens ist das beste Rüstzeug, das Sie für Ihr Leben haben können. Es ist völlig in Ordnung, reich sein zu wollen!

Der Wunsch nach mehr Reichtum ist nichts anderes als der Wunsch nach einem erfüllteren Leben und ein solcher Wunsch ist durchaus rechtens.

Wer nicht nach mehr strebt, ist abnormal.

Jeder Mensch, der nicht genügend Geld haben will, um sich all das leisten zu können, was er sich wünscht, muss als abartig bezeichnet werden.

Unser Leben lässt sich in drei wichtige Bereiche einteilen:

Geist,
Körper und
Seele.

Alle drei Bereiche sind gleichrangig. Deshalb sollten wir alle drei Bereiche auch gleichermaßen weiterentwickeln.

Es wäre unsinnig, einem dieser Bereiche die volle Aufmerksamkeit zu widmen und die anderen Bereiche darüber zu vernachlässigen.

Damit diese drei Bereiche gleichermaßen entwickelt werden können, ist eine bewusste Anstrengung vonnöten; nur so kann ein Gleichgewicht aufrecht erhalten werden. Solange dieses Gleichgewicht fehlt, fühlt sich der Mensch unausgefüllt und unzufrieden.

Solange es dem Menschen an Nahrung, Kleidung, einer Heimstatt und der Möglichkeit, sein Geld ohne Plackerei zu verdienen, mangelt, lebt er nicht in der Fülle.

Spaß und Spiel sind ebenfalls wichtig. Der Mensch braucht gute Bücher, Zeit zum Studieren, die Freude des Reisens und anregende Unterhaltungen mit interessanten Freunden, um den Kopf wieder freizubekommen.

Auch die Seele verlangt nach Nahrung. Sie müssen sich in Ihrem Wohnumfeld wohlfühlen und auch die Liebe kann nur dann gebührend zum Ausdruck gebracht werden, wenn Ihre Sorgen nicht ständig um Armut kreisen.

Die Wissenschaft des Reichwerdens

Die Krönung des Glücks finden wir bei dem Menschen, der den geliebten Mitmenschen etwas schenken kann und Freude daran findet.

Wer nichts zu geben hat, kann seinen Platz als Partner, Vater oder Mutter, Bürger oder einfach nur als Mensch nicht voll und ganz ausfüllen.

Das Geben und Nehmen ermöglicht ein erfülltes Leben, in dem sich der Geist entwickeln und die Seele entfalten kann. Aus diesem Grunde ist es für den Menschen wichtig, reich zu werden!

Es ist völlig in Ordnung, reich sein zu wollen und jeder normale Mensch wird diesen Wunsch verspüren. Deshalb sollten Sie die Wissenschaft des Reichwerdens aufmerksam studieren.

Solange Sie sich das Recht auf Reichtum verwehren, versagen Sie sich ein ausgefülltes Leben und können der Menschheit nicht den Dienst erweisen, den Sie ihr mit mehr Reichtum bieten könnten.

Kapitel 2
Die Wissenschaft des Reichwerdens

Ebenso wie Algebra oder Arithmetik, ist auch die Wissenschaft des Reichwerdens eine exakte Wissenschaft. Für die Erlangung von Reichtum gelten gewisse Gesetzmäßigkeiten. Sobald Sie diese Gesetzmäßigkeiten einmal gelernt und die Praxis umgesetzt haben, werden Sie mit mathematischer Sicherheit reich!

Geld und Besitz sind die Folge dessen, dass Sie Dinge mit erfolgsüberzeugter und zuversichtlicher Gewissheit tun. Menschen, die mit einer auf Gewissheit beruhenden Bestimmtheit handeln werden reich, unabhängig davon, ob ihnen ihr Verhalten bewusst ist oder nicht.

Wer ohne Erfolgsüberzeugung handelt, bleibt arm, auch wenn er sich noch so sehr anstrengt!

Es ist ein Naturgesetz, dass identische Ursachen immer identische Wirkungen erbringen. Aus diesem Grunde wird der Mensch, der lernt, die Dinge mit erfolgsüberzeugter Bestimmtheit zu erledigen, unfehlbar reich werden.

Die folgenden Beispiele mögen zur Veranschaulichung dieses Prinzips dienen:

Reichtum hat nichts mit dem Umfeld zu tun. Andernfalls wären alle Menschen in einer bestimmten Wohngegend wohlhabend; die Bewohner der einen Stadt wären reich, während die Bewohner einer anderen Stadt allesamt arm wären.

Konsequent weitergedacht würde dies bedeuten, dass alle Bewohner eines Landes reich wären, während sämtliche Bürger eines anderes Landes arm blieben.

In der Praxis sehen wir jedoch, dass Arme und Reiche in derselben Gegend wohnen, manchmal sogar in derselben Sparte beschäftigt sind.

Bei zwei Menschen, die in derselben Gegend ansässig sind und ein Geschäft betreiben, kann der eine durchaus zu Wohlstand gelangen, während sich der andere nur mühsam über Wasser halten kann.

Reich wird also nicht der, der sich in einer bestimmten Gegend niederlässt, sondern derjenige, der die Dinge mit innerer Erfolgsüberzeugung erledigt. Diese „Erfolgsüberzeugung" hat nicht zwangsläufig etwas mit Fachwissen, Intelligenz oder Begabung zu tun, denn es gibt viele begabte Menschen, die arm bleiben, während andere, die keine besonderen Talente mitbringen, zu Reichtum gelangen.

Die Wissenschaft des Reichwerdens

Wenn wir die Personen, die es zu Wohlstand gebracht haben, studieren, stellen wir fest, dass es sich meist um sehr durchschnittliche Menschen handelt, deren Fähigkeiten und Begabungen keineswegs über die anderer Personen hinausragen.

Es ist offensichtlich, dass Begabung und besondere Fähigkeiten nicht die Ursachen für ihren Reichtum waren, sondern dass die Wohlhabenden mit erfolgsüberzeugter Bestimmtheit ans Werk gegangen sind.

Reichtum ist auch nicht die Folge von Sparsamkeit oder Maßhalten mit Geld. Es gibt Menschen, die ihr Geld sehr zurückhaltend ausgeben und arm bleiben, und es gibt auf der anderen Seite Menschen, die sehr freizügig mit dem Geld umgehen und nicht selten reich werden.

Reichtum hat auch nicht damit etwas zu tun, dass man etwas tut, was andere unterlassen: Zwei Personen, die in derselben Sparte tätig sind, tun häufig mehr oder wenig dasselbe, und doch bleibt der eine arm oder muss gar Konkurs anmelden, während der andere reich wird.

Aus diesen Beispielen können wir ersehen, dass es beim Reichwerden darum geht, Dinge mit einer auf Erfolgsüberzeugung fußenden Bestimmtheit zu tun.

Sofern wir uns auf diese Schlussfolgerung einigen können und davon ausgehen, dass identische Ursachen wiederum identische Wirkungen erzeugen, ergibt sich daraus, dass der Mensch, der etwas mit Bestimmtheit tut, reich wird. Auf diese Weise wird die Angelegenheit des Reichwerdens in den wissenschaftlichen Bereich gebracht.

Mancher wird der Meinung sein, dass nur eine begrenzte Anzahl von Menschen reich werden könne. Doch dies kann deshalb nicht stimmen, weil jedermann, der diese Zeilen lesen und verstehen kann, die Fähigkeit mitbringt, es zu Wohlstand zu bringen.

Natürlich spielt der Standort eine gewisse Rolle. Niemand würde inmitten der Wüste ein gutgehendes Geschäft aufziehen können.

Dass ein Kontakt mit Menschen gegeben sein muss, damit Geschäfte getätigt werden können, ist unvermeidlich. Doch falls an Ihrem Wohnort jemand anders reich werden konnte, können auch Sie es!

Es ist auch nicht so, dass man nur in einer bestimmten Sparte oder Branche reich werden könne. In allen möglichen Berufen gibt es wohlhabende Menschen und in denselben Berufen gibt es auch arme Menschen.

Allerdings ist es immer vorzuziehen, in einem Beruf zu arbeiten, der Ihnen zusagt und Spaß macht. Wenn Sie Ihre Talente in diesem Beruf zum Ausdruck bringen können, umso besser!

Dazu kommt, dass das Geschäft für die Örtlichkeit geeignet sein muss. Es wäre unsinnig, in Grönland Speiseeis verkaufen zu wollen.

Abgesehen von diesen eher allgemeinen Einschränkungen, hängt es nicht von einem bestimmten Beruf ab, ob Sie reich werden. Es geht vielmehr darum, dass Sie die Dinge mit erfolgsüberzeugter Bestimmtheit erledigen.

Falls Sie in einer bestimmten Sparte tätig sind und jemand anders an Ihrem Wohnort in dieser Sparte sein sehr gutes Auskommen hat, Sie aber nicht, so liegt dies einzig und allein daran, dass diese andere Person die Dinge mit erfolgsüberzeugter Bestimmtheit erledigt.

Kapitalmangel ist nicht der Grund. Kapitalmangel hindert niemanden am Reichwerden, wenngleich es mit Startkapital einfacher und schneller geht.

Wie arm Sie auch sein mögen, können Sie doch zu jeder Zeit die Dinge mit erfolgsüberzeugter Bestimmtheit erledigen. Auf diese Weise arbeiten Sie darauf zu, dass Sie auch Kapital erhalten.

Wenn Sie die Dinge mit Erfolgsüberzeugung tun, werden Sie immer Kapital erhalten.

Vielleicht sind Sie weit und breit der Ärmste, hochverschuldet und stehen ohne Freunde da, doch sobald Sie anfangen, die Dinge mit Erfolgsüberzeugung zu erledigen, haben Sie sich unweigerlich auf den Weg zum Reichtum begeben, denn identische Ursachen müssen identische Wirkungen erbringen.

Alles fängt an Ihrer derzeitigen Arbeitsstelle, an Ihrem derzeitigen Wohnort und mit Ihrem derzeitigen Status an. Sobald Sie die Dinge mit erfolgsüberzeugter und zuversichtlicher Bestimmtheit erledigen, ist Ihnen der Erfolg gewiss und Sie beginnen, im Einklang mit den universellen Gesetzen zu leben.

Kapitel 3
Sind Chancen nur Wenigen vorbehalten?

Niemand kann arm bleiben, weil es keine Möglichkeiten zum Geldverdienen mehr gäbe.

Vielleicht können Sie nicht mehr in einer bestimmten Sparte tätig werden, doch es gibt immer wieder neue Chancen.

In dem Maße, in dem sich die menschliche Gesellschaft entwickelt, tauchen immer wieder neue Gelegenheiten auf.

Dem Menschen, der mit dem Strom des Lebens schwimmt, tun sich immer wieder neue Chancen auf, egal, ob er in einem kleinen oder großen Betrieb tätig ist.

Der Unzufriedene erledigt die Dinge nicht mit Erfolgsüberzeugung. Die Wissenschaft des Reichwerdens funktioniert zu jeder Zeit für jedermann, und sobald Sie mit den Aussagen in diesem Buch einiggehen, können Sie beginnen, Ihr Leben neu zu gestalten.

Niemand wird dadurch, dass andere nicht verstehen, was mit „zuversichtlicher Erfolgsüberzeugung" gemeint ist, zurückgehalten. Niemand muss arm bleiben, weil Mangel bestünde - das Universum liefert alles im Überfluss.

Jeder Mensch auf Erden kann luxuriös wohnen, sofern in der Landwirtschaft und in den Herstellungsbetrieben die richtigen Methoden angewandt werden.

Die physische Versorgung mit dem, was wir brauchen, ist praktisch unerschöpflich, aber die unsichtbare Versorgung, die uns zur Verfügung steht, ist unendlich!

Alles, was Sie auf Erden sehen, besteht aus der einen Ursubstanz, aus der alles erschaffen wird!

Es entstehen ständig neue Formen; andere verschwinden wieder, aber die Ursubstanz bleibt immer dieselbe.

Diese Ursubstanz ist eine unbegrenzte Versorgungsquelle!

Aus ihr besteht das gesamte Universum, doch es ist keineswegs bereits alles aufgebraucht.

Bei allem, was wir sehen können und bei allen Zwischenräumen in einem Gegenstand haben wir es immer nur mit einem zu tun: mit der formlosen Ursubstanz.

Selbst wenn zehntausendmal mehr erzeugt würde, als wir heute haben, wäre die universelle Versorgungsquelle keineswegs erschöpft. Die Natur liefert eine nie endende Quelle des Reichtums.

Die Ursubstanz ist voller schöpferischer Energie und erschafft immer wieder Neues.

Sobald das Baumaterial zur Neige geht, wird neues erzeugt. Sobald die Muttererde keine Nahrung mehr erzeugt, wird neue gebildet. Falls alle Edelmetalle auf Erden gefördert würden, werden neue geschaffen, sofern die Menschen nach wie vor einen Bedarf danach haben.

Die formlose Substanz reagiert auf die Bedürfnisse und Forderungen der Menschen und lässt die Menschheit nicht im Stich.

Diese Aussagen gelten für jeden. Die Menschheit ist immer reich gesegnet, und falls Ihnen das Leben nicht das Gewünschte beschert hat, dann nur deshalb, weil sie nicht mit erfolgsüberzeugter und zuversichtlicher Bestimmtheit gelebt haben.

Die formlose Substanz denkt und erzeugt ohne Unterlass mehr Leben.

Der universelle Impuls trachtet nach ständig mehr Leben und Wachstum. Das Universum will ständig dazulernen und sich erweitern. Alles, was bisher erschaffen wurde oder noch erschaffen wird, ist die sich selbst zum Ausdruck bringende formlose Substanz.

Das Universum ist eine riesige lebende Präsenz und trachtet immer danach, jedem und allem das Gewünschte zu geben. Alles wird erschaffen, damit sich das Leben weiterentwickelt und deshalb wird alles im Überfluss geliefert.

Mangel könnte es nur dann geben, wenn diese Macht alles, was sie getan hat, rückgängig machen würde.

Sie können niemals aufgrund fehlender Reichtümer arm bleiben. An späterer Stelle erfahren Sie, wieso die gesamten Ressourcen der formlosen Substanz jedem Menschen zur Verfügung stehen, der mit erfolgsüberzeugter Bestimmtheit leben und handeln wird.

Kapitel 4
Das erste Prinzip bei der Wissenschaft des Reichwerdens

Die Erschaffung materieller Reichtümer aus der formlosen Substanz erfolgt über das Denken.

Die formlose Substanz denkt und jeder von der Substanz empfangene Gedanke wird in Erschaffenes umgesetzt.

Die Ursubstanz bewegt sich nach ihren Gedanken; jede Gestalt und jeder Prozess, den Sie in der Natur sehen, ist ein sichtbarer Ausdruck eines Gedanken der Ursubstanz.

Sobald die formlose Substanz an eine Form denkt, nimmt sie diese Form an.

Sobald sie an einen Ablauf denkt, nimmt sie diesen Ablauf an.

So wurde und so wird alles erschaffen.

Sie denkt an ein System von Sonnen und Planeten und nimmt daraufhin die Form dieser Gestirne an und bewegt sie, während sie daran denkt. Sie denkt an die Form einer langsam wachsenden Eiche und bewegt sich dementsprechend, sodass der Baum entsteht, auch wenn es hundert Jahre lang dauern sollte, bis der Baum ausgewachsen ist.

Bei ihren Schöpfungen scheint die formlose Substanz Zeitvorgaben zu beachten.

So entsteht durch das Denken an eine Eiche nicht sofort eine ausgewachsene Eiche, sondern es wird nach gewissen Wachstumsvorgaben ein Prozess in die Wege geleitet.

Jeder Gedanke an eine Form oder Gestalt, den die denkende Substanz hat, erschafft nach gewissen Wachstumsvorgaben die betreffende Form. So führt beispielsweise der der formlosen Gestalt eingeprägte Gedanke an ein Haus nicht sofort zur Erschaffung dieses Hauses, sondern die schöpferische Energie wird so ausgerichtet, dass ein Schöpfungsprozess eingeleitet wird.

Gäbe es keine bestehenden Kanäle, der sich die schöpferische Energie bedienen kann, dann würde das Haus nach gewissen Wachstumsvorgaben aus der Ursubstanz gebildet.

Jedes Mal, wenn der Ursubstanz ein Gedanke oder eine Form eingeprägt wird, wird dadurch die Erschaffung der betreffenden Form verursacht!

Jeder Mensch ist denkfähig und kann Vorstellungsbilder erzeugen.

Alles, was jemals erschaffen wurde, ist das Ergebnis des Denkens. Nur, wenn etwas vorher erdacht und geistig vorgestellt wurde, kann etwas existieren!

Wir haben bisher nur wenig Gebrauch von der Kooperation mit der formlosen Substanz gemacht; es ist uns nicht in den Sinn gekommen, dass wir der formlosen Substanz unsere Gedanken einprägen könnten. Stattdessen haben wir uns überwiegend auf unserer Hände Arbeit verlassen.

Wir glauben nicht, dass auch wir tun können, was wir voller Erstaunen bei der formlosen Substanz wahrnehmen. Und so verändern wir lediglich bestehende Formen und gestalten sie um, ohne die Möglichkeit zu erwägen, dass wir etwas erschaffen könnten, indem wir unsere Gedanken der formlosen Substanz einprägen.

Mein Anliegen ist es, in diesem Buch jeder Frau und jedem Mann aufzuzeigen, dass wir mit der formlosen Substanz kommunizieren können und wie wir dabei vorgehen können.

Doch zunächst sollten wir uns einige Grundvoraussetzungen ansehen.

Als Erstes gehen wir davon aus, dass es eine einzige Ursubstanz gibt, aus der ausnahmslos alles besteht. All die scheinbar unterschiedlichen Elemente unterscheiden sich lediglich in der Präsentation eines Elements.

Die zahlreichen Formen, die wir in der organischen und anorganischen Natur vorfinden, haben lediglich unterschiedliche Gestalt, bestehen aber aus derselben Substanz. Und diese Substanz denkt!

Ein Gedanke dieser Substanz führt zur Erzeugung des Gedachten!

Das Denken der denkenden Substanz erzeugt Formen und Gestalten.

Der Mensch ist ein denkendes Zentrum und kann sich etwas ausdenken!

Sobald der Mensch seine Gedanken der Ursubstanz einprägen kann, kann er auf diese Weise die Erschaffung oder Erzeugung des Gedachten verursachen!

Dies bedeutet:

Es gibt eine denkende Substanz, aus der ausnahmslos alles besteht. In ihrem Urzustand durchdringt und durchflutet diese Substanz die Zwischenräume des Universums.

Ein Gedanke dieser Ursubstanz erzeugt das Gedachte!

Der Mensch kann sich etwas ausdenken, und indem er seine Gedanken der formlosen Substanz einprägt, kann er die Ursache für die Erzeugung des Gedachten setzen!

Kann ich diese Aussagen beweisen?

Ja, das kann ich durchaus - und zwar sowohl durch Logik wie auch aufgrund von Erfahrung.

Ausgehend vom Phänomen der Form und des Gedankens, gelange ich zu einer einzigen denkenden Substanz. Von dort aus weitergedacht, ergibt sich die Möglichkeit des Menschen, die Bildung des Gedachten zu verursachen. Die Praxis bestätigt diese Wahrheit:

Wenn ich nur einen einzigen Menschen finde, der dieses Buch liest, und der durch seine Umsetzung reich wird, so werden meine Aussagen dadurch untermauert.

Wenn aber alle Leser dieses Buches, welche diese Aussagen praktizieren, reich werden, erhalte ich dadurch den Beweis für die Richtigkeit dieser Aussagen, und zwar so lange, bis jemand den gesamten Prozess durchmacht und damit scheitert.

Die Theorie bleibt so lange aufrecht erhalten, bis jemand scheitert. Dieser Prozess kann jedoch nicht scheitern, da jeder Mensch, der sich exakt nach diesem Buch richtet, reich werden wird!

Ich habe gesagt, dass derjenige reich wird, der die Dinge mit erfolgsüberzeugter Bestimmtheit erledigt. Voraussetzung hierfür ist, dass er mit derselben erfolgssicheren Bestimmtheit denkt!

Das Verhalten oder Handeln des Menschen ist das unmittelbare Ergebnis seiner Denkweise. Damit Sie die Dinge so fügen, wie Sie dies haben wollen, müssen Sie sich die Fähigkeit aneignen, so zu denken, wie Sie denken wollen.

Das zu denken, was Sie denken wollen, heißt, sich unabhängig vom äußeren Anschein nach der Wahrheit zu richten!

Zwar ist jeder Mensch imstande, sein Denken zu steuern und zu kontrollieren, es bedarf jedoch einer großen Anstrengung, die Wahrheit zu denken, statt sich nur nach dem zu richten, wie die Dinge scheinbar aussehen. Gerade, wenn der Anschein der Wahrheit zu widersprechen scheint, ist diese geistige Disziplin schwierig und anstrengend.

Jeder Anschein in der sichtbaren Welt neigt dazu, einen entsprechenden Gedanken auszulösen. Dies kann nur vermieden werden, indem Sie sich konsequent an die Wahrheit halten!

Solange Sie auf den Anschein von Armut blicken, werden Ihnen Gedanken an Armut kommen. Dies ist so lange der Fall, bis Sie sich die Wahrheit ins Gedächtnis rufen, dass es keine Armut gibt, sondern dass nur Überfluss besteht.

An Gesundheit zu denken, wenn Sie vom Anschein von Gebrechen oder Krankheit umgeben sind, oder an Reichtum zu denken, wenn Sie den Anschein von Armut vor sich haben, erfordert einen mächtigen Einsatz, doch jeder, der hierzu in der Lage ist, wird zu einer geistigen Kraftzentrale.

Ein solcher Mensch kann das Schicksal bezwingen und alles sein eigen nennen, was er sich wünscht.

Diese Macht kann nur erworben werden, wenn der Mensch die Tatsache akzeptiert, dass hinter allem äußeren Anschein eine einzige denkende Substanz steht, aus der alles erschaffen wird und die alles erschafft.

Wir müssen die Tatsache akzeptieren, dass jeder Gedanke, der in diese Substanz gelangt, Gestalt annimmt, und dass der Mensch dieser Substanz seine Gedanken einprägen kann, woraufhin sie Gestalt annehmen und sichtbar werden.

Wenn wir dies nachvollziehen und akzeptieren können, verflüchtigen sich unsere Zweifel und Ängste.

Dann wissen wir,

dass wir alles erschaffen können, was wir uns erschaffen wollen;
dass wir alles erreichen können, was wir erreichen wollen;
dass wir alles sein können, was wir sein wollen.

Die Wissenschaft des Reichwerdens

Es ist unerlässlich, diese drei Grundwahrheiten zu glauben und zu verstehen; sie sind die Voraussetzung für das weitere Vorgehen.

Verabschieden Sie sich von allen sonstigen oder bisherigen Vorstellungen, die Sie vom Universum hatten und vergegenwärtigen Sie sich diese drei Grundwahrheiten immer wieder.

Hören Sie nicht auf Leute, die anderweitige Aussagen diskutieren oder verbreiten.

Dies würde Sie nur wieder verunsichern und Ihren Erfolg vereiteln.

Solange Sie sich, und sei es nur zeitweilig, mit Zweifeln herumschlagen, werden Ihre Bemühungen ins Leere laufen. Hinterfragen und grübeln Sie zu diesem Zeitpunkt nicht zu viel. Gehen Sie einfach von der Richtigkeit dieser Wahrheiten aus.

Die Wissenschaft des Reichwerdens beginnt mit der Akzeptanz dieser Aussagen - ohne Wenn und Aber!

Kapitel 5
Mehr Leben für alle

Verabschieden Sie sich von bisherigen geistigen Programmierungen, wonach Armut etwas Gutes sei oder Armsein etwas Tugendhaftes an sich habe!

Die jedem von uns innewohnende intelligente Substanz ist eine bewusst lebende Substanz. Sie besitzt den in jedem Lebewesen vorhandenen Wunsch nach mehr Leben; sie kann nicht anders. Jedes Lebewesen trachtet ständig danach, besser zu leben.

Ein in den Boden versenktes Samenkorn wird sofort aktiv und erzeugt dadurch hundert weitere Samenkörner. Das Leben vervielfacht sich und wird ständig mehr.

Nichts Lebendes kann statisch bleiben, sondern bewegt sich auf die Entfaltung seines vollen Potenzials zu. Dies gilt auch für unser Denken. Jeder unserer Gedanken führt zu einem weiteren Gedanken. Alles, was wir lernen, bringt uns wieder eine weitere Lernerfahrung und so nimmt unser Wissen ständig zu.

Wir unterliegen dem Drang des Lebens und befinden uns auf der Suche nach mehr Informationen und mehr Ausdrucksmöglichkeiten. Das führt dazu, dass wir ständig dazulernen. Damit wir mehr wissen, mehr tun und mehr sein können, müssen wir mehr haben. Wir brauchen Dinge, die wir nutzen können, denn nur auf diese Weise können wir dazulernen, etwas tun und etwas werden.

Die Voraussetzung für ein besseres Leben ist deshalb, dass wir reich werden.

Dem Wunsch nach Reichtum liegt die Suche nach einem volleren und erfüllteren Leben zugrunde. Jeder Wunsch ist deshalb das Verlangen, eine Möglichkeit zu verwirklichen. Die Höhere Macht will sich auszudrücken. Was uns danach drängt, mehr Geld haben zu wollen, ist derselbe Wunsch, der die Pflanze zum Wachsen drängt; es ist der Wunsch nach einer größeren Ausdrucksfähigkeit.

Die Ursubstanz möchte in Ihnen und durch Sie mehr leben; deshalb möchte sie, dass Sie alles haben, was Sie nutzen können. Diese alles kontrollierende Macht will, dass Sie reich sind, denn nur so kann sie sich durch Sie ausdrücken. Je mehr Sie haben, umso besser können Sie sich ausdrücken!

Das Universum will, dass Sie alles haben, was Sie sich wünschen. Die Natur steht Ihren Plänen wohlgesonnen gegenüber. Alles, was Sie sich wünschen, steht Ihnen rechtmäßig zu, sofern sich Ihr Wunsch in Harmonie mit anderen Menschen befindet.

Ihr Wunsch sollte auf ein ausdrucksvolleres Leben ausgerichtet sein, nicht nur nach mehr Vergnügen oder sinnlicher Erfüllung trachten. Ein erfülltes Leben zeigt sich sowohl im körperlichen, wie auch im geistigen und spirituellen Bereich, ohne dass der eine oder andere Bereich zu Lasten eines anderen überbetont würde.

Bei einem reichen Leben geht es nicht um exzessive Ausschweifungen oder um die sofortige Erfüllung von Launen. Das ist kein Leben! Die physischen Funktionen gehören zum Leben und wer dem Körper seine Ausdrucksfähigkeit verwehrt, kann auch kein erfülltes Lebens führen, doch sollte es nicht Ihr Anliegen sein, reich werden zu wollen, um andere zu übertrumpfen oder um berühmt zu werden.

Dies wäre nur ein teilweiser Ausdruck Ihrer Lebensfähigkeit und würde Sie nicht befriedigen.

Auch sollte Ihre Motivation nach Reichtum nicht darin wurzeln, dass Sie nur das Gute Ihrer Mitmenschen im Sinn haben. Wenn Sie ausschließlich in wohltätigen Aufgaben aufgehen, werden Sie auf der körperlichen, geistigen und spirituellen Ebene kein ausgeglichenes Leben führen. So löblich solche Bestrebungen auch sind, sind sie doch keineswegs höher zu bewerten als andere.

Ebenso wenig sollten Sie reich werden wollen, weil Sie sich der Völlerei und oberflächlichen Genusssucht hingeben wollen.

Es ist notwendig, dass Sie sich mit schönen Dingen umgeben; dass Sie reisen, studieren, nachdenken und sich weiterbilden. Nur so können Sie Ihren Mitmenschen Liebe entgegenbringen und freundlich sein. Auf diese Weise tragen Sie auch dazu bei, dass andere ihren eigenen Weg finden.

Ein übertriebener Einsatz für andere ist keineswegs höher anzusiedeln als eine übertriebene Selbstsucht. Beides sind Extreme.

Das Universum verlangt von Ihnen keine Selbstaufopferung für andere. Es will vielmehr, dass Sie das Beste aus sich machen. Das kommt Ihnen selbst und Ihren Mitmenschen gleichermaßen zugute.

Wenn Sie das Beste aus sich machen, können Sie anderen wesentlich besser helfen als andersherum!

Sie können nur dann das Beste aus sich machen und andere auf deren Weg unterstützen, wenn Sie reich werden. Deshalb ist es sinnvoll, dass Sie Ihre besten Gedanken auf die Erlangung von Reichtum ausrichten.

Denken Sie immer daran, dass sich die Ursubstanz in jedem einzelnen von uns befindet und dass es ihr Wunsch ist, das Beste aus unserem Leben zu machen. Deshalb dürfen Sie keine Gedanken daran verschwenden, anderen etwas vorzuenthalten.

Wünschen Sie jedem mehr und niemandem weniger!

Auf dem Weg zum Reichtum sollten Sie Konkurrenzdenken völlig ablegen; seien Sie schöpferisch und wetteifern Sie mit niemanden um etwas bereits Erschaffenes. Sie haben es nicht nötig, jemandem etwas wegzunehmen.

Sie brauchen niemanden zu übervorteilen oder auszunutzen. Sie brauchen niemanden zu beneiden oder ihm etwas zu missgönnen, denn niemand hat etwas, das Sie nicht auch haben könnten.

Werden Sie zum Erschaffer; lösen Sie sich von Konkurrenzdenken!

Sie werden dann alles erhalten, was Sie sich wünschen und es wird auf eine Weise geschehen, die jedem zugute kommt. Mir ist bewusst, dass es Leute gibt, die sich in Widerspruch zu dieser Aussage verhalten und zu Geld kommen; deshalb will ich hierauf näher eingehen.

Manchmal gelingt es jemandem, aufgrund seiner außergewöhnlichen Wettbewerbsfähigkeit und nicht deshalb, weil er mit erfolgsüberzeugter Bestimmtheit vorgeht, zu großem Reichtum zu kommen. Sehen wir uns jedoch das Privatleben dieser Menschen an, so wird meist sehr schnell augenfällig, dass diese Leute nicht wirklich reich sind und es auch nie waren; sie führen kein erfülltes Leben.

Durch Wetteifern entstandene Reichtümer sind niemals von Dauer oder zufriedenstellend. Solche Reichtümer gehören heute diesem und morgen jenem.

Falls Sie auf eine wissenschaftliche Art und Weise Reichtum erlangen wollen, muss Ihr Denken über Konkurrenz erhaben sein.

Sie können es sich nicht erlauben, im finanziellen Bereich von Begrenzungen auszugehen, denn sobald Sie dies tun, fallen Sie sofort wieder in das Konkurrenzdenken zurück und die Macht, die Geld erschafft, zieht sich von Ihnen zurück.

Gehen Sie zuversichtlich davon aus, dass das Geld, das Sie benötigen, kommen wird, auch wenn tausend Personen nötig sein sollten, um morgen neue Goldadern zu entdecken.

Betrachten Sie die Versorgung niemals als etwas Begrenztes, sondern blicken Sie immer auf die grenzenlosen Reichtümer der formlosen Substanz und seien Sie gewiss, dass diese in Ihr Leben gelangen werden, sobald Sie sie empfangen und nützen können. Niemand kann sie Ihnen verwehren.

Begehen Sie nicht in den Denkfehler, dass die besten Baugrundstücke bereits vergeben seien, bevor Sie Ihr Haus bauen wollen. Machen Sie sich keine Gedanken darüber, dass sich das Geld angeblich bei den Großkonzernen oder bei den Banken befände. Verschwenden Sie keine Gedanken daran, dass Ihnen etwas vorenthalten würde, was einem anderen zustehe. Das kann nicht passieren. Sie suchen nichts, was einem anderen gehört.

Sie erschaffen das Gewünschte aus der formlosen Substanz und diese universelle Versorgung kennt keine Grenzen.

Bedenken Sie stets:

Es gibt eine denkende Substanz, aus der alles besteht.

Diese Substanz durchdringt und durchflutet in ihrem Urzustand die Zwischenräume des Universums.

Ein Gedanke dieser Substanz erzeugt das Gedachte.

Der Mensch kann sich etwas ausdenken. und indem er der formlosen Substanz seine Gedanken einprägt, kann er das Gedachte erschaffen!

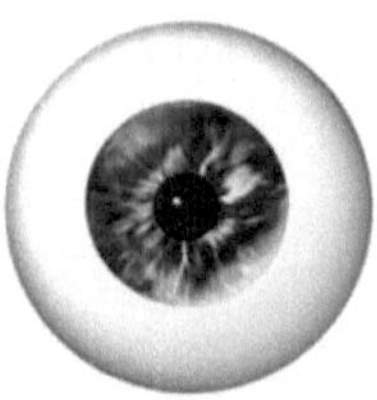

Kapitel 6
Wie der Reichtum zu Ihnen gelangt

Dass Sie es nicht nötig haben, andere zu übervorteilen, haben wir bereits gesagt.

Dies bedeutet, dass Sie jedermann mehr geben können als Sie von ihm erhalten.

Zwar können Sie niemandem mehr Geld bezahlen als den Marktwert, den Sie von ihm erhalten, Sie können ihm aber einen höheren Nutzwert bieten.

Papier, Tinte und sonstige Materialien dieses Buches sind das Geld, das Sie dafür bezahlt haben, sicherlich nicht wert, doch die hier enthaltenen Informationen können Ihnen Tausende einbringen. Der Herausgeber dieses Buches hat Ihnen einen guten Dienst erwiesen, denn er hat Ihnen für einen kleinen Obulus einen großen Nutzwert erbracht.

Nehmen wir an, dass sich in meinem Besitz das Gemälde eines begnadeten Malers befände. In einer zivilisierten Gesellschaft wäre ein solches Bild viele Tausende wert.

Nun kann ich dieses Gemälde in eine abgelegene Gegend bringen und dank meiner Überzeugungskraft an einen Einheimischen verkaufen, der mir hierfür Pelze im Wert von 500 Dollar gibt.

In diesem Fall hätte ich diese Person übervorteilt, denn dieser Mensch hat für ein solches Gemälde keine Verwendung; es verschafft ihm in keiner Weise eine bessere Lebensqualität. Hätte ich ihm aber eine Flinte verkauft, die im Handel nur 50 Dollar kostet, so hätte er ein gutes Geschäft gemacht, denn mit dieser Flinte kann er sich weitere Pelze und Nahrungsmittel besorgen. Ich hätte dann zu seinem Reichtum beigetragen.

Sobald Sie diese Prinzipien verstanden haben, begeben Sie sich von der Wettbwerbs- auf die schöpferische Ebene und sehen Geschäfte mit anderen Augen.

Sobald Sie jemandem etwas verkaufen, das für den Käufer keinen Wert darstellt und sein Leben nicht bereichert, können Sie auf einen solchen Verkauf ohne Weiteres genauso gut verzichten.

Sie brauchen niemanden zu verdrängen und sollten Sie sich in einem solchen Verdrängungswettbewerb befinden, sollten Sie sich schleunigst daraus zurückziehen.

Geben Sie deshalb jedem mehr Nutzwert als den Geldwert, den Sie von ihm erhalten!

Auf diese Weise tragen Sie dazu bei, dass der Empfänger ein besseres Leben hat. Organisieren Sie Ihren Betrieb oder Ihr Geschäft so, dass jeder Mitarbeiter jeden Tag ein bisschen mehr vorankommt.

Sie können Ihr Geschäft so organisieren, dass es jedem Mitarbeiter, der dies wünscht, eine Sprosse zu mehr Reichtum bietet. Falls der Mitarbeiter dieses Angebot ausschlägt, ist es seine Entscheidung.

Erwarten Sie nicht, dass das Universum sofort für die Erfüllung Ihrer Wünsche sorgt!

Falls Sie sich ein Fahrzeug wünschen, wird dieses nicht bereits durch das Denken an ein bestimmtes Fahrzeug aus dem Stand erschaffen, doch falls es Ihnen mit Ihrem Wunsch Ernst ist und Sie das geistige Wunschbild mit absoluter Zuversicht aufrechterhalten, befindet es sich auf dem Weg zu Ihnen.

Nachdem Sie den Gedanken gefasst haben, brauchen Sie den unerschütterlichen und absolut zuversichtlichen Glauben, dass sich das Gewünschte auf dem Weg zu Ihnen befindet!

Sprechen Sie von da an nur noch so, als befände sich das Gewünschte bereits in Ihrem Leben!

Denken Sie nur mit absoluter Gewissheit daran!

Es wird Ihnen dank der Macht der höheren Intelligenz zufallen; wie dies im Einzelnen vonstatten gehen wird, ist nicht Ihre Sache! Gehen Sie einfach fest davon aus, dass es in Ihr Leben treten wird und dass dies zum Besten für alle Beteiligten sein wird!

Bedenken Sie, dass die denkende Substanz erschafft. Das gilt für alles, was besteht.

Der Wunsch der denkenden Substanz nach einem ausdrucksvolleren Leben hat zur Herstellung und Erschaffung aller modernen Geräte geführt und wird Millionen weitere davon erschaffen, sobald die Menschen durch Wunsch, Glaube und Handeln mit erfolgsüberzeugter Bestimmtheit mehr solche Geräte haben wollen.

Sie können alles haben, was Sie sich wünschen oder was Sie brauchen. Sie brauchen dabei keineswegs bescheiden oder zurückhaltend zu sein!

Das Universum will, dass Sie alles haben, was Sie sich wünschen!

Die Ursubstanz will, dass Sie ein erfülltes Leben führen und dass Sie alles haben, was Sie nutzen können. Sobald Sie anerkennen können, dass Ihre Wünsche im Grunde eine Einheit mit den Wünschen des Universums bilden, wird Ihr zuversichtlicher Glaube unbesiegbar!

Ich sah einmal einen Buben an einem Klavier sitzen. Er mühte sich vergebens ab, eine Melodie zu spielen und ich sah ihm an, dass ihn das frustrierte. Ich sprach ihn darauf an. Er sagte mir: *„Ich kann schon spüren, wie die Musik aus mir raus will, aber meine Hände wollen einfach nicht mitmachen“*.

Die Musik in ihm war die Präsenz der Ursubstanz, die alle Möglichkeiten unseres Potenzials enthält. Deshalb war die Musik die Ursubstanz, die sich in diesem Buben Ausdruck verschaffen wollte. Die Ursubstanz versucht, durch uns zu leben und durch uns etwas zu tun. Sie wünscht sich Hände, die schöne Dinge erbauen, Musik spielen und Gemälde malen. Sie braucht Zungen, die herrliche Geschichten erzählen und Lieder anstimmen.

Alles, was möglich ist, sucht einen Ausdruck durch uns. Das Universum möchte, dass jene unter uns, die Musik spielen können, auch die Instrumente für diese Musik haben und dass sie ihre Talente entfalten können.

Es will, dass jene, die die Schönheit zu schätzen wissen, auch die Möglichkeit besitzen, sich mit schönen Dingen zu umgeben.

Das Universum will, dass Sie spielen, singen und sich erfreuen können. Das Universum will, dass Sie für die Wahrheit eintreten, sich gut kleiden und gut essen! Es handelt sich immer um die Ursubstanz, die sich in Ihnen zum Ausdruck bringen möchte.

Der Wunsch nach Wohlstand ist nichts anderes, als dass die Ursubstanz ihren Ausdruck durch Sie sucht, ebenso wie sie dies beim kleinen Buben am Klavier versucht hat.

Haben Sie deshalb keine Scheu, um Großes zu bitten!

Ihr Part besteht lediglich darin, sich auf Ihren Wunsch zu konzentrieren und ihn der formlosen Substanz einzuprägen!

Genau das ist für viele Menschen der Stolperstein; sie halten an der alten Vorstellung fest, dass Armut und Selbstaufgabe gottgefällig seien. Für diese Menschen gehört die Armut zum Plan der Natur.

Diese Menschen gehen von der irrigen Annahme aus, dass das Universum den Schöpfungsprozess abgeschlossen habe und dass bereits alles, was gemacht werden kann, bestünde. Deshalb, so folgern sie, müssten sie arm bleiben, weil es mehr einfach nicht gäbe.

Dies haben sie sich als die Wahrheit eingeredet und sie getrauen sich nicht, um Wohlstand zu bitten; bescheiden und unauffällig zu bleiben, ist ihrer Meinung nach das Angemessene.

Diese Unwissenden gehen davon aus, dass das Universum ein solchermaßen begrenztes Sparflammenleben von ihnen wünsche.

Ich erinnere mich an den Fall eines Mannes, der um meine Hilfe ersuchte, und dem ich sagte, dass er sich ein klares geistiges Wunschbild vom Gewünschten machen sollte. Auf diese Weise würde dieser Wunsch der Ursubstanz eingeprägt.

Dieser Mann war arm und wohnte in einer Mietskaserne. Er lebte von der Hand in den Mund und für ihn war es zunächst unvorstellbar, dass es auch für ihn Wohlstand geben solle.

Nachdem er sich mit dieser Idee angefreundet hatte, bat er um einen neuen Teppich und ein Gasheizgerät. Er richtete sich nach meinen Ratschlägen, wie sie auch in diesem Buch beschrieben sind, und es dauerte nur wenige Wochen, bis er diese Dinge sein eigen nennen konnte.

Dann dämmerte ihm, dass er sich zu sehr zurückgenommen hatte. Er ging durch die Wohnung und überlegte sich, welche Verbesserungen er sich noch wünschte. Geistig verlängerte er seine Wunschliste so weit, bis er eine klare Vorstellung davon hatte, wie sein wohnliches Umfeld aussehen sollte. Er stellte sich vor, welche Möbel er gerne haben würde.

Ausgehend von diesem geistigen Wunschbild fing er an, mit erfolgsüberzeugter Bestimmtheit zu leben und bewegte sich nach und nach auf den angestrebten Idealzustand zu. Mittlerweile ist er Eigentümer dieses Mietshauses und hat es nach seinen Vorstellungen umbauen lassen!

Nun weiß er aus eigener Erfahrung, dass diese Vorgehensweise funktioniert!

Kapitel 7
Dankbarkeit

Die Beispiele und Informationen aus den vorhergehenden Kapiteln haben gezeigt, dass der erste Schritt auf dem Weg zum Reichtum darin besteht, der formlosen Substanz Ihre Wunschbilder einzuprägen.

Ebenfalls sehr wichtig ist es, sich mit der formlosen Substanz eins zu fühlen.

Damit Sie die Wichtigkeit einer harmonischen Beziehung mit der formlosen Substanz erkennen, möchte ich im Folgenden näher auf den Prozess der geistigen Einstimmung eingehen. Dieser lässt sich mit einem einzigen Wort zusammenfassen:

Dankbarkeit!

- Als Erstes gehen Sie davon aus, dass es nur eine einzige intelligente Substanz gibt, von der alles ausgeht.

- Der zweite Punkt ist, dass Sie davon ausgehen, dass Ihnen diese Substanz alles gibt, was Sie sich wünschen.

- Drittens nehmen Sie über eine tief empfundene Dankbarkeit mit dieser Substanz Kontakt auf.

Vielen Menschen, die durchaus anständig leben, wird der Reichtum vorenthalten, weil es ihnen an Dankbarkeit mangelt; sie haben von der formlosen Substanz ein Geschenk erhalten und kappen danach die Verbindung, weil sie keine Dankbarkeit zeigen.

Es dürfte einleuchten, dass wir umso mehr Reichtum erhalten können, je näher wir uns an der Quelle des Reichtums befinden. Es ist ebenfalls leicht zu verstehen, dass der dankbare Mensch einen engeren Kontakt mit dem Universum hat als der undankbare.

Wenn uns etwas Gutes geschieht, tun wir gut daran, Dankbarkeit zu zeigen. Auf diese Weise ziehen wir noch mehr Gutes an.

Indem wir ständige Dankbarkeit pflegen, bleiben wir mit der formlosen Substanz, von der alles ausgeht, in Verbindung.

Sollte es für Sie ein neuer Gedanke sein, dass Sie durch die Dankbarkeit in eine engere Beziehung mit den schöpferischen Energien gelangen, so sollten Sie diesen Punkt eingehender prüfen.

Sie werden dann erkennen, dass diese Aussage richtig ist.

Das Gute, das Sie bisher bereits erhalten haben, ist aufgrund der bisher von Ihnen gezeigten Dankbarkeit in Ihr Leben gelangt. Die Dankbarkeit sorgt für eine konzentrierte Ausrichtung und für eine enge Verbindung mit der formlosen Substanz; sie hält Sie in einer engen Harmonie mit Ihren schöpferischen Gedanken.

Die Dankbarkeit ist es, die Sie auf den Wohlstand hin ausgerichtet hält. Dadurch wird auch vermieden, dass Sie in die Falle tappen, von einer begrenzten Versorgung auszugehen. Für die Verwirklichung Ihrer Wünsche wäre dies sehr abträglich.

Es gibt ein Gesetz der Dankbarkeit, und wenn Sie die Erfüllung der angestrebten Wünsche erleben wollen, ist die Beachtung dieses Gesetzes unabdinglich!

Das Gesetz der Dankbarkeit ist das Naturprinzip, wonach Aktion und Reaktion immer gleich groß sind und in entgegengesetzter Richtung verlaufen. Indem Sie dankbar sind, sorgen Sie dafür, dass der formlosen Substanz eine Botschaft überbracht wird. Wie bereits erläutert, kann es nicht anders sein, als das diese Botschaft ihr Ziel erreicht.

Die formlose Substanz reagiert daran, indem sie sich sofort auf Sie zubewegt.

Seien Sie dem Universum geistig nah und das Universum wird auch Ihnen nahe sein. Wenn Sie der formlosen Substanz gegenüber ständig dankbar sind, ist gewährleistet, dass sich das von Ihnen Gewünschte, Angestrebte oder Ersehnte ständig näher auf Sie zubewegt!

Die Dankbarkeit sorgt für die Aufrechterhaltung der Verbindung mit der übergeordneten Macht.

Seien Sie nicht nur dann dankbar, wenn die Dinge gut laufen. Pflegen Sie die Dankbarkeit auch dann, wenn die Dinge schiefzulaufen scheinen!

Sie können es Ihrem Bewusstsein nicht erlauben, mit den Dingen, die anscheinend schiefgehen, unzufrieden zu sein. Das würde dazu führen, dass Sie sozusagen den Boden unter den Füßen verlieren.

Solange Sie Ihr Denken auf Armut, Mangel, Angst, Geiz oder Hoffnungslosigkeit ausgerichtet haben, übermitteln Sie der formlosen Substanz entsprechende geistige Bilder und diese werden wieder zu Ihnen zurückgestrahlt.

Wenn Sie es zulassen, dass Ihr Denken auf minderwertige Dinge ausgerichtet ist, werden Sie selbst minderwertiger und sorgen dafür, dass sich minderwertige Dinge in Ihrem Leben einnisten.

Falls Sie andererseits aber Ihr Denken auf das Beste ausrichten, werden Sie sich auch mit dem Besten umgeben und selbst immer besser werden. Die schöpferische Macht in Ihnen macht Sie zum Ebenbild dessen, worauf Sie Ihre Aufmerksamkeit lenken.

Die formlose Substanz nimmt immer die Form dessen an, woran wir denken.

Ein dankbarer Geist richtet sich immer auf das Beste aus. Deshalb wird er der Beste!

Er ist auf das Beste eingestimmt und erhält das Beste!

Der Glaube erwächst aus der Dankbarkeit und der dankbare Mensch erwartet immer Gutes. Seine Erwartung wird zum Glauben. Die Reaktion der Dankbarkeit auf das eigene Denken erzeugt Glauben und mit jeder ausgesandten Welle der Dankbarkeit erhöht sich dieser Glaube.

Wer keine Dankbarkeit empfindet, kann keinen Glauben aufrecht erhalten. Da es einem solchen Menschen an Glauben fehlt, kann er über die schöpferische Methode nicht reich werden. Hierauf gehen wir in späteren Kapiteln noch ein.

Es ist notwendig, sich für alles, was in Ihr Leben tritt, die Gewohnheit der Dankbarkeit anzueignen und diese Dankbarkeit zu empfinden. Da alles zu Ihrer Weiterentwicklung beiträgt, sollten Sie auch für alles dankbar sein!

Sie werden immer in dem Maße erhalten, wie Sie glauben können!

Machen Sie sich keine Gedanken über die Mängel und Verfehlungen der Machthaber.

Aufgrund der Art und Weise, wie diese Menschen die Welt organisiert haben, haben sich auch Ihnen Chancen eröffnet.

Lästern Sie nicht über Politiker. Gäbe es keine Politiker, so würde die Welt in Anarchie verfallen, wodurch auch Ihre Chancen wesentlich beschnitten würden. Vielleicht kommt der Tag, an dem die Welt keine Politiker, Banken, Großunternehmen und dergleichen mehr braucht, doch vorläufig sind sie alle noch notwendig. Diese Personen und Institutionen tragen dazu bei, dass Austauschmöglichkeiten geschaffen werden, wodurch Reichtümer zu Ihnen gelangen können.

Dafür sollten Sie dankbar sein.

Auf diese Weise bringen Sie sich in eine harmonische Beziehung mit allem.

Die Folge ist, dass sich Gutes auf Sie zubewegt.

Kapitel 8
Mit erfolgsüberzeugter Bestimmtheit denken

Wenn Sie sich die Geschichte des in Kapitel 6 erwähnten armen Mietskasernenbewohners, der sich vor seinem geistigen Auge ein eigenes Haus vorgestellt hat, nochmals vornehmen, erhalten Sie bereits eine gute Vorstellung davon, wie der erste Schritt zum Reichtum aussieht.

Sie brauchen ein klar umrissenes geistiges Wunschbild des Gewünschten!

Sie können ein Vorstellungsbild nur dann weitergeben, wenn Sie es zunächst selbst haben. Ihr inneres Bild muss klar „umrissen" sein, bevor Sie es aussenden können.

Viele Menschen können der denkenden Substanz deshalb kein klares Bild vermitteln, weil sie selbst nur ungenaue und verschwommene Vorstellungen davon haben, was sie eigentlich wollen. Ein allgemeiner Wunsch nach Reichtum ist nicht genügend! Solche vagen Wünsche hat fast jeder.

Es reicht auch nicht aus, dass Sie Reisen unternehmen, Dinge erkunden oder gut leben wollen. Auch solche Wünsche sind weitverbreitet und führen zu nichts. Falls Sie einem Freund eine Nachricht senden wollten, würden Sie nicht einfach nur Buchstaben hinschreiben und es dem Freund überlassen, diese Buchstaben selbst in der richtigen Reihenfolge zusammenzustellen. Sie würden auch nicht zufällige Worte schreiben.

Vielmehr schreiben Sie zusammenhängende und sinnvolle Sätze, die der Empfänger verstehen kann und die ihm etwas sagen.

Wenn Sie der höheren Instanz Ihre Wünsche einprägen wollen, ist es ebenfalls unerlässlich, dass Sie klare und sinnvolle Aussagen machen. Sie müssen spezifisch und präzise sein.

Unklare Sehnsüchte allgemeiner Art werden niemals dazu führen, dass Sie reicher werden.

Durchdenken Sie Ihre Wünsche ebenso sorgfältig, wie der Mann aus Kapitel 6 dies in seinem Fall getan hat!

Sehen Sie vor Ihrem geistigen Auge genau, was Sie sein, tun oder haben wollen und erstellen Sie ein klares inneres Abbild des Gewünschten. Wie sieht die verwirklichte Situation aus, nachdem Sie das Gewünschte erhalten haben?

Dieses geistige Wunschbild muss Sie überall hin begleiten. Genauso wie der Seemann den Zielhafen im Kopf hat, müssen auch Sie Ihr Wunschziel immer „im Hinterkopf" behalten!

Sie dürfen Ihr Ziel niemals aus den Augen verlieren, genauso wenig wie der Steuermann eines Schiffes den Kompass aus den Augen verliert.

Dabei brauchen Sie keineswegs Konzentrationsübungen durchzuführen oder Zeiten für Gebete oder Affirmationen vorzusehen.

Sie brauchen überhaupt nichts Besonderes zu tun. Wenngleich nichts gegen besondere Übungen spricht, kommt es letztendlich doch nur darauf an, dass Sie wissen, was Ihr Herzenswunsch ist. Auf diese Weise bleibt dieser Wunsch ganz automatisch in Ihrem zentralen Denken.

Verbringen Sie einen möglichst großen Teil Ihrer Freizeit mit der inneren Betrachtung des bereits erfüllten Wunsches!

Schließlich muss sich niemand anstrengen, um sich auf etwas zu konzentrieren, was er sich wirklich wünscht!

Anstrengung erfordert nur das, was uns nicht wirklich wichtig ist. Wenn Ihr Wunsch nach mehr Reichtum wirklich stark ist, dann wirkt er gleichsam wie die Nadel auf einem Kompass.

Falls Ihr Wunsch nicht stark genug sein sollte, werden Sie die Empfehlungen und Erkenntnisse aus diesem Buch ohnedies ignorieren.

Die Informationen in diesem Buch richten sich an Menschen, deren Wunsch nach Reichtum stark genug ist, um Bequemlichkeit und Faulheit zu überwinden, und die auch den Preis zu zahlen bereit sind.

Je schärfer und klarer Ihr inneres Wunschbild und je öfter Sie an die Vorzüge des erfüllten Wunsches denken, umso stärker wird auch Ihr Wunsch sein. Je stärker Ihr Wunsch, umso leichter wird es Ihnen fallen, an diesem geistigen Wunschbild festzuhalten.

Allerdings müssen Sie noch mehr tun als nur ein klares Wunschbild vor Augen zu haben. Sie würden sonst im Bereich der Träumerei verbleiben und nur geringe oder gar keine Ergebnisse erzielen.

Hinter Ihrem klaren Wunschbild muss die feste Absicht stehen, diesen Wunsch zu verwirklichen.

Dieser Absicht muss der unerschütterliche Glaube zugrunde liegen, dass das Gewünschte bereits Teil Ihres Lebens ist und es zum Greifen nahe ist.

Leben Sie bereits jetzt geistig in Ihrem Traumhaus, bis es physisch Form annimmt.

Auf der geistigen Ebene haben Sie das Gewünschte ohnedies bereits erhalten!

Sobald Sie ein klares Wunschbild haben und daran glauben, dass es fest zu Ihnen gehört, wird es Realität werden!

Sie sollten sich vorstellen, dass das Gewünschte oder Ersehnte die ganze Zeit über bereits bei Ihnen ist. Denken und fühlen Sie sich so in diesen Zustand hinein, dass Sie diese Dinge bereits nutzen und sich daran erfreuen können.

Gehen Sie in Ihrer geistigen Vorstellung davon aus, dass dieser Wunschzustand bereits Realität sei!

Stellen Sie sich das Gewünschte so plastisch wie möglich vor, bis es Ihnen völlig real erscheint und nehmen Sie geistig davon Besitz!

Gehen Sie gläubig und zuversichtlich davon aus, dass es sich genauso, wie Sie es sich geistig vorgestellt, zutragen wird und lassen Sie auch nicht eine Sekunde lang Zweifel zu!

Seien Sie bereits jetzt ständig so dankbar dafür, wie Sie es auch dann sein werden, sobald diese Zustände oder Dinge eintreffen!

Wer dem Universum für das, was bislang nur in seiner Vorstellung existiert, von Herzen danken kann und fest daran glaubt, wird das Ersehnte bekommen! Es ist keinesfalls nötig, dass Sie immer wieder darum bitten oder dem Universum jeden Tag aufs Neue Ihren Wunsch einprägen.

Ihre Aufgabe besteht darin, an das zu denken, was Sie für ein besseres Leben benötigen oder sich wünschen.

Dann ordnen Sie diese Gedanken so, dass sie ein klares und stimmiges Wunschbild ergeben, welches Sie der formlosen Substanz einprägen. Diese Substanz vermag Ihnen die Erfüllung dieses Wunsches zu bringen.

Dieses Wunschbild erstellen Sie nicht, indem Sie wiederholte Formulierungen aufsagen, sondern indem Sie mit unerschütterlichem Glauben an Ihrer Vision festhalten. Sie gehen unverrückbar davon aus, dass das Gewünschte eintreffen wird!

Sie können das Universum nicht dadurch beeindrucken, dass Sie ihm an einem bestimmten Wochentag vorbeten, was Sie sich wünschen, die übrige Woche aber nicht mehr daran denken beziehungsweise keinerlei Dankbarkeit empfinden.

Sie können auch nicht auf das Universum einwirken, indem Sie zu einer bestimmten Tageszeit an Ihren Wunsch denken und den restlichen Tag so leben, als wäre Ihnen die Erfüllung dieses Wunsches völlig egal.

Affirmationen sind durchaus in Ordnung, ganz abgesehen davon, dass sie auch dazu beitragen, Ihr Wunschbild klarer zu fassen und Ihren Glauben zu festigen, doch es sind nicht die mündlichen Aussagen, die Ihnen das Gewünschte bringen!

Um das Gewünschte zu erhalten, brauchen Sie keine Gebetszeiten einzuhalten; Sie müssen vielmehr ohne Unterlass beten. Mit „Gebet" meine ich die ständige Aufrechterhaltung Ihres Wunschbilds, mit dem Zweck, seine Erschaffung zu verursachen, damit es sich auf der physischen Ebene zeigt!

Sobald Sie ein klar umrissenes Wunschbild vor Ihrem inneren Auge haben, schwenkt die ganze Angelegenheit aufs Empfangen um. Sobald das Gewünschte klar und deutlich für Sie ist, können Sie eine mündliche Formulierung verwenden, um Ihrer Dankbarkeit Ausdruck zu verleihen. Von diesem Zeitpunkt an ist es unerlässlich, dass Sie voller Glaube und Zuversicht fest davon ausgehen, dass das Gewünschte in Ihr Leben treten wird!

Leben Sie bereits im gewünschten Eigenheim, tragen Sie bereits die schönen Kleider, reisen Sie geistig bereits an Ihren Traumort oder sehen Sie vor Ihrem geistigen Auge, wie Sie mit Ihrer Angebeteten bei Kerzenschein ein romantisches Abendessen genießen.

Denken und sprechen Sie von diesen gewünschten Situationen oder Dingen so, als wäre als dies bereits Ihre gelebte Realität!

Stellen Sie sich finanziell und materiell die Umgebung vor, in der Sie wohnen wollen. Tun Sie dies jedoch nicht nur träumerisch oder indem Sie ein Wolkenkuckucksheim erbauen.

Gehen Sie unerschütterlich davon aus, dass es nur eine Frage der Zeit ist, bis Ihr Idealzustand verwirklicht sein wird!

Ob Sie wissenschaftlich vorgehen oder sich nur Tagträumereien hingeben, hängt von Ihrer Glaubensfähigkeit und Absicht ab. Dies bringt uns zum Einsatz des Willens.

Kapitel 9
Der richtige Einsatz des Willens

Um auf wissenschaftliche Weise reich zu werden, haben Sie es nicht nötig, einem anderen Menschen Ihren Willen aufzuzwingen. Dazu haben Sie ohnedies kein Recht!

Es ist immer falsch, andere Menschen nötigen zu wollen, um etwas zu erhalten.

Ebenso falsch ist es, auf geistigem oder körperlichem Wege Druck auszuüben!

Wenn Sie jemanden durch physische Krafteinwirkung zu etwas zwingen, machen Sie ihn zu Ihrem Sklaven. Dasselbe gilt bei einer mentalen Krafteinwirkung. Der Unterschied besteht lediglich in der Methode.

Jemandem etwas zu entwenden ist Diebstahl. Somit ist auch die Entwendung auf geistigem Wege Diebstahl. Die Prinzipien sind dieselben. Sie dürfen nicht mit Willenskraft auf andere einwirken, selbst dann nicht, wenn Sie der Meinung sind, dass es zu ihrem Besten sei. Letztendlich können Sie nicht mit Bestimmtheit wissen, was das Beste für einen anderen Menschen ist.

Die Wissenschaft des Reichwerdens erfordert keinerlei Kraftaufwand oder Gewalteinsatz!

Dazu besteht auch nicht der geringste Anlass! Der Versuch, gewaltsam etwas erreichen zu wollen, wird Ihr Anliegen höchstwahrscheinlich sogar vereiteln.

Damit etwas in Ihr Leben gelangt, brauchen Sie keine Willenskraft. Das wäre so, als würden Sie die formlose Substanz zum Wirken drängen zu wollen, was töricht und sinnlos wäre.

Sie brauchen das Universum zu nichts zu zwingen. Schließlich zwingen Sie ja auch den Sonnenschein oder die Sterne zu nichts. Sie brauchen keine Willenskraft aufzuwenden, um das Universum zu bezwingen oder internationale Meinungsverschiedenheiten beizulegen. Die formlose Substanz ist Ihnen wohlgesonnen und kann gar nicht anders, als Ihnen das Gewünschte zuzutragen.

Willenskraft brauchen Sie nur, um auf sich selbst einzuwirken.

Sobald Sie genau wissen, was Sie wollen, sollten Sie sich Ihrer Willenskraft bedienen, um auf Kurs zu bleiben. Das ist der richtige Einsatz des Willens; er hilft Ihnen, zielgerichtet zu bleiben.

Nutzen Sie Ihren Willen, um Ihr Denken zu disziplinieren und mit erfolgsüberzeugter Bestimmtheit zu handeln!

Versuchen Sie jedoch nicht, Ihren Willen oder Ihre Gedanken dazu zu verwenden, um etwas zu erzwingen oder auf jemanden Kontrolle auszuüben. Lassen Sie Ihre Gedanken bei sich, dort sind sie besser aufgehoben und können mehr ausrichten!

Benutzen Sie Ihr Bewusstsein, um sich ein plastisches Wunschbild auszudenken und bleiben Sie diesem Bild mit absoluter Zuversicht treu; hierbei kann Ihnen Ihr Wille helfen. Je beständiger Sie dabei vorgehen, umso rascher werden Sie zu Reichtum gelangen, da Sie auf diese Weise der formlosen Substanz ausschließlich positive Bilder einprägen, welche nicht durch negative Vorstellungen wieder zunichte gemacht werden.

Das Vorstellungsbild, das Sie von Ihrem Wunsch erstellt haben, muss mit einem unerschütterlichen Glauben an seine Verwirklichung aufrecht erhalten werden. Nur so wird es von der formlosen Substanz aufgenommen, wobei Entfernungen keine Rolle spielen.

In dem Maße, in dem sich Ihr Wunschbild ausbreitet, wird alles in die Wege geleitet, was zu seiner Verwirklichung beiträgt.

Sämtliche Lebewesen, sämtliche unbeseelten Dinge, ja sogar Dinge, die noch gar nicht erschaffen sind, wirken bei der Verwirklichung Ihres Wunsches mit. Die gesamte Kraft bewegt sich auf Sie zu. Andere Menschen werden so beeinflusst, dass sie Dinge tun, die der Verwirklichung Ihres Wunsches förderlich ist, wenngleich ihnen dies nicht bewusst ist.

Achtung!

Bereits ein einziger negativer Gedanke, den Sie der formlosen Substanz einprägen, reicht aus, um Ihr Wunschbild wieder zunichte zu machen!

Zweifel und Ungläubigkeit werden den Prozess mit absoluter Sicherheit wieder abbrechen. Ebenso sicher ist, dass gläubige Zuversicht und zielgerichtete Erfolgsüberzeugung dafür sorgen, dass der Schöpfungsprozess weitergeht.

Das Nichtverständnis dieses Prinzips hat schon viele Menschen scheitern lassen.

Jedes Mal, wenn Sie darüber nachgrübeln, ob dies auch wirklich funktioniert oder sich Sorgen machen, stoppen Sie den Schöpfungsprozess wieder. Verheißungen erfüllen sich nur für die Gläubigen.

Da diese Glaubensfähigkeit so wichtig ist, ist es unerlässlich, Ihr Denken gegen jegliche Zweifel abzuschotten!

Da Ihre Glaubensfähigkeit und Ihr Wunschbild in einem hohen Maße von dem abhängen, was Sie sehen, tun und denken, ist es wichtig, dass Sie bewusst darauf achten, worauf Sie Ihre Aufmerksamkeit lenken. Das ist der Bereich, bei dem Ihnen Ihr Wille helfen kann, vorsätzlich darüber zu entscheiden, was Sie in Ihr geistiges Wohnzimmer lassen.

Wenn Sie reich werden wollen, sollten Sie sich nicht mit dem Studium von Armut beschäftigen!

Nichts wird dadurch Realität, indem wir uns auf das Gegenteil konzentrieren! So kann beispielsweise keine Gesundheit erlangt werden, indem wir uns auf Krankheit konzentrieren; ein tugendhaftes Leben kann nicht erreicht werden, solange wir unser Denken auf Lasterhaftigkeit lenken und niemand kann reich werden, dessen Denken ständig um die Armut kreist!

So hat die Medizin, die sich zu einer Wissenschaft der Krankheit gemacht hat, keineswegs mehr Gesunde hervorgebracht, ebenso wenig wie die Religion durch das Studium der Sündhaftigkeit mehr Seelenfrieden geschaffen hat. Dasselbe gilt für den Bereich der Volkswirtschaft, die durch das Studium von Armut mehr Bedürftigkeit hervorgebracht hat.

Füllen Sie Ihr Herz mit dem, wonach Sie trachten. Selbst viele Hilfs- oder Wohltätigkeitsorganisationen, denen die hehre Absicht sicherlich nicht abgesprochen werden kann, tragen letztendlich dazu bei, dass sich das Leid nur noch länger hinzieht.

Natürlich sage ich damit nicht, dass Sie hartherzig oder verschlossen werden sollten. Ich sage nicht, dass Sie sich dem Ruf der Bedürftigen verschließen sollten, sondern ich will damit lediglich zum Ausdruck bringen, dass wir die Armut nicht so lösen können, wie wir dies bisher getan haben.

Sperren Sie sämtliche Gedanken an Armut aus Ihrem Denken aus; solches Denken gehört der Vergangenheit an.

Denken Sie an Reichtum und Wohlstand!

Am besten können Sie den Armen helfen, indem Sie selbst reich werden. Es ist unmöglich, ein inneres Bild des Reichtums vor Augen zu halten, solange Ihr Bewusstsein auf Armut und seine Auswirkungen gerichtet sind. Lesen Sie keine Bücher, die sich mit dem Elend und entsprechenden Statistiken befassen!

Lesen Sie grundsätzlich nichts, was Ihr Bewusstsein mit düsteren Bildern anfüllt oder Sie leiden lässt. Dass Sie diese Dinge wissen, hilft keinem einzigen Armen. Am besten helfen Sie einem solchen Menschen, indem Sie ihn dabei unterstützen, innere Bilder des Wohlstands und der Hoffnung zu entwickeln und aufrecht zu erhalten.

Die Armut wird nicht dadurch von dieser Erde verschwinden, dass sich immer mehr Menschen mit ihr befassen, sondern ganz im Gegenteil dadurch, dass immer mehr Menschen zuversichtlich und gläubig auf Wohlstand zusteuern. Die Armen brauchen kein Mitleid, sie brauchen Inspiration! Solange diese Menschen nur Nahrung zum Überleben erhalten, ihr Denken aber nicht auf Reichtum umgepolt wird, bleibt ihr bedauernswerter Zustand weiter bestehen.

Wenn wir diese Personen ermutigen können, dass sie selbst etwas an ihrer Situation verändern können, haben wir ihnen wirklich gedient. Machen Sie vor, dass Sie reich werden können und seien Sie Inspiration und Ansporn für diese Geschöpfe!

Wir können die Armut nur beseitigen, indem immer mehr Menschen die Erkenntnisse aus diesem Buch in die Tat umsetzen. Die Menschen müssen durch Erschaffen - nicht durch Konkurrieren - reich werden!

Jemand, der durch Konkurrieren reich wird, wirft die Leiter, die ihn nach oben gebracht hat, wieder um. Andere können diese Sprossen deshalb nicht erklimmen.

Aber jeder Mensch, der durch Erschaffen Wohlstand erreicht hat, bieten Tausenden ebenfalls die Möglichkeit, seinem Beispiel zu folgen.

Sie brauchen sich keineswegs der Gleichgültigkeit bezichtigen zu lassen, wenn Sie die Armen nicht mehr bedauern und sich weigern, in die allgegenwärtigen Jammerlitaneien einzustimmen.

Benutzen Sie Ihren Willen, um Ihr Bewusstsein von solchen Themen fernzuhalten und richten Sie es stattdessen zuversichtlich und absichtsvoll auf das innerlich geschaffene Wunschbild aus!

Kapitel 10
Weitere Einsatzmöglichkeiten des Willens

Solange Sie ständig von anderen Bildern abgelenkt werden, egal, ob diese von außen kommen oder Ihrer Fantasie entstammen, können Sie kein klares geistiges Wunschbild aufrechterhalten.

Sollten Sie in der Vergangenheit finanzielle Probleme gehabt haben, so schweigen Sie sich darüber am besten aus. Reden Sie nicht mehr darüber!

Reden Sie auch nicht über eine eventuelle schwere Kindheit oder über die Mühen, die Ihre Eltern vielleicht auf sich nehmen mussten!

Sie würden sich dadurch geistig nur auf die Ebene der Armut herunterziehen, was dazu führen würde, dass sich die Dinge nicht mehr in Ihrem Sinne bewegen würden.

Lassen Sie alles hinter sich, was mit Armut zu tun hat. Solche Dinge können Sie nicht weiterbringen. Lesen Sie keine Weltuntergangsstimmung verbreitenden Bücher oder andere Schwarzmalereien!

Sicherlich gibt es vieles, was falsch oder unangenehm aussieht, doch was nützt das Studium dieser Dinge, wenn sie doch nur vorübergehend sind. Je mehr wir uns damit beschäftigen, umso länger bleiben sie bestehen.

Wozu soll es gut, seine Zeit mit Dingen zu vergeuden, die im Laufe der Evolution ohnedies wieder verschwinden? Sie tun besser daran, sich mit dem zu befassen, was Ihnen dienlich sein kann. Wenn Sie sich mit schrecklichen Dingen beschäftigen, auch wenn diese in weit entfernten Ländern geschehen, wird dies negative Auswirkungen auf Ihr geistiges Wunschbild haben. Sie haben niemandem gedient und sich selbst geschadet.

Ihr Anliegen sollte es sein, mehr Reichtum in diese Welt zu bringen. Denken Sie an den Reichtum, den die Welt noch erwartet, nicht an die Armut, die sie hinter sich lässt. Und fangen Sie bei sich an!

Richten Sie Ihre gesamte Aufmerksamkeit auf Reichtum, nicht auf Armut.

Wenn Sie von Armen sprechen, dann in der Weise, dass sie davon ausgehen, dass diese Menschen den Reichtum noch vor sich haben.

Das wird diesen Menschen Hoffnung und Inspiration geben, damit sie nach Möglichkeiten suchen, wie sie ihre Situation verbessern können.

Die Wissenschaft des Reichwerdens

Wenn ich sage, dass Sie Ihr Denken auf Reichtum ausrichten sollen, meine ich damit nicht, dass Sie knauserig oder geizig werden sollten. Wahrer Reichtum schließt alles ein. Auf der Wettbewerbsebene herrscht die Devise „die Großen fressen die Kleinen" und es geht um Macht.

Auf der schöpferischen Ebene jedoch können wir ruhig und gelassen bleiben und anderen sogar noch helfen.

All das ist möglich und all das ist notwendig, um ein erfülltes Leben zu führen.

Für sich und für die anderen können Sie nichts Besseres tun, als Ihr geistiges Wunschbild unablässig auf Reichtum auszurichten. Gestatten Sie nichts und niemandem, dieses Wunschbild zu verwässern!

Manche Menschen bleiben arm, weil sie nicht erkennen, dass auch sie reich werden könnten. Diesen Menschen können Sie aufzeigen, dass der Reichtum allen zur Verfügung steht; gehen Sie mit gutem Beispiel voran!

Andere wiederum bleiben arm, wenngleich sie wissen, dass sie reich werden könnten. Diese Menschen sind nicht bereit, die Mühe oder das Studium, das dafür erforderlich ist, auf sich zu nehmen.

Diesen Personen können Sie helfen, indem Sie vormachen, wie glücklich ein Leben sein kann, wenn sie Reichtum auf dem richtigen Wege erlangen.

Es gibt auch Menschen, die wissenschaftliche Theorien brauchen und ihren Verstand mit Informationen überfüttern; sie verlieren sich im Dickicht der Informationsflut, statt das Gelesene in die Praxis umzusetzen. Sie doktern mit einem Kuddelmuddel an Wissensfragmenten herum und scheitern letztendlich, weil ihnen nicht klar ist, dass ein Gramm Tun mehr wiegt als ein Kilo Theorie!

Am besten helfen Sie der Welt, indem Sie das Beste aus sich selbst machen!

Werden Sie auf dem schöpferischen Wege reich, nicht auf dem konkurrierenden!

Dieses Buch enthält sämtliche Grundsätze und Einzelheiten über die Wissenschaft des Reichwerdens; Sie brauchen kein anderes System mehr zu studieren!

Das mag sich zunächst sehr seltsam anhören, bedenken Sie jedoch Folgendes:

Die vier Grundrechenarten sind Addition, Subtraktion, Multiplikation und Division. Damit erhalten Sie alle Ergebnisse.

Ebenso gibt es zwischen zwei Punkten immer nur einen einzigen kürzesten Weg.

Es gibt nur eine einzige wissenschaftliche Vorgehensweise. Bei dieser geht es um den kürzesten und direktesten Weg zum Ziel. Es gibt keine schnellere Art und Weise, um zu Reichtum zu gelangen, als in diesem Buch aufgezeigt.

Alles Überflüssige wurde weggelassen.

Reduzieren Sie die Aufnahme schlechter Nachrichten auf ein Minimum. Suchen Sie lieber nach Nachrichten, die Ihrem Wunschbild förderlich sind. Alles andere verwirrt Sie nur unnötig!

Wir können unsere Aussagen nun wie folgt ergänzen:

Es gibt eine denkende Substanz, aus der ausnahmslos alles besteht.

In ihrem Urzustand durchdringt und durchflutet diese Substanz die Zwischenräume des Universums.

Ein Gedanke dieser Ursubstanz erzeugt das Gedachte!

Der Mensch kann sich etwas ausdenken, und indem er seine Gedanken der formlosen Substanz einprägt, kann er die Ursache für die Erzeugung des Gedachten setzen!

Hierzu muss er von der Wettbewerbs- auf die schöpferische Ebene umschwenken.

Der Mensch muss sich ein klares geistiges Wunschbild des Gewünschten erstellen, dieses Wunschbild mit fester Absicht in seinem Denken halten und mit unerschütterlichem Glauben davon ausgehen, dass sich dieser Wunsch erfüllen wird.

Der Mensch muss sein Denken gegen sämtliche Zweifel abschotten und darf seine Erfolgszuversicht durch nichts erschüttern lassen!

Der Mensch muss auf eine zuversichtliche und erfolgssichere Art und Weise leben und handeln!

Kapitel 11
Mit erfolgsüberzeugter Bestimmtheit handeln!

Die Antriebskraft hinter der schöpferischen Macht ist das Denken.

Mit zuversichtlicher und erfolgssicherer Bestimmtheit zu denken, wird den Reichtum zu Ihnen bringen, doch dürfen Sie es nicht beim Denken belassen!

Es bedarf auch eines persönlichen Einsatzes!

Das ist die Hürde, an der so viele, die diese Techniken studieren, scheitern, weil sie die praktische Umsetzung vergessen!

Die Menschheit ist noch nicht so weit, dass wir etwas direkt aus der formlosen Substanz erschaffen könnten - sofern dies überhaupt möglich ist - ohne dass die Natur und die Arbeit des Menschen eingebracht werden müssten. Deshalb kommt es nicht nur aufs Denken an, sondern Ihre Gedanken brauchen auch eine Unterstützung.

Das Gold kann zwar gefördert werden und zu Ihnen gelangen, aber es kann sich nicht selbst aus der Erde herausbringen. Wir brauchen Minenbetreiber, Scheideanstalten, Transport- und Lagermöglichkeiten.

Unter der Einwirkung der Macht des Universums werden die menschlichen Angelegenheiten so geregelt, dass jemand die Idee erhält, Gold zu fördern. Andere Geschäftszweige werden so gelenkt, dass das Gold zu Ihnen gelangt.

Ihre Aufgabe ist es, für den Empfang bereit zu sein.

Ihre Gedanken sorgen dafür, dass alles darauf zuarbeitet, damit das Gewünschte zu Ihnen gelangt, aber Ihr persönliches Tun muss so ausgerichtet sein, dass Sie bereit sind, sobald das Gewünschte bei Ihnen eintrifft.

Nehmen Sie es dann nicht als Almosen an und stehlen Sie es nicht. Sie müssen jedem mehr Nutzwert geben, als er in Geldwert entrichtet. Der wissenschaftliche Gebrauch des Denkens besteht darin, dass Sie in Ihrem Geiste ein plastisches Bild des Gewünschten erstellen und dieses Wunschbild mit unerschütterlicher Erfolgszuversicht aufrechterhalten. Sie gehen fest und ganz davon aus, dass Sie das Gewünschte erhalten werden!

Versuchen Sie nicht, auf mystische oder okkulte Art und Weise Gedanken hinauszuprojizieren.

Das ist Energievergeudung und bringt Ihnen lediglich eine Verwässerung Ihrer normalen Denkfähigkeit. Ihre Glaubensfähigkeit und Ihre zielgerichtete Erfolgsausrichtung prägen der formlosen Substanz Ihr Wunschbild ein. Diese Substanz hat denselben Wunsch nach mehr Leben wie Sie auch!

Sobald dieses Wunschbild von der formlosen Substanz aufgenommen wurde, setzt diese alle schöpferischen Kräfte in Gang, um durch ihre normalen Wirkungskanäle tätig zu werden. Alles ist darauf ausgerichtet, Ihren Wunsch optimal zu erfüllen.

Es ist nicht Ihre Aufgabe, das Wirken dieser schöpferischen Kräfte zu lenken!

Sie brauchen sich lediglich weiterhin auf Ihr klares Wunschbild zu konzentrieren, Ihrem Endzweck treu zu bleiben sowie Glaube und Dankbarkeit einzubringen.

Dabei verhalten Sie sich immer erfolgsüberzeugt und mit zuversichtlicher Bestimmtheit, damit Sie erkennen, sobald sich etwas in Ihrem Sinne entwickelt oder auf Sie zubewegt.

Sobald das Gewünschte bei Ihnen eintrifft, befindet es sich noch in den Händen anderer und diese Personen werden einen Gegenwert verlangen. Sie können das Ihnen Zustehende nur erhalten, wenn Sie der anderen Person das geben, was ihr rechtmäßig zusteht! Es wird kein Geldesel daherkommen, der Sie mit einem Geldregen überschüttet, ohne dass Sie etwas dazutun müssten.

Ein ganz wesentlicher Punkt der Wissenschaft des Reichwerdens ist, dass Denken und Tun zusammenwirken müssen.

Es gibt viele Menschen, die aufgrund der Intensität ihrer Wünsche wissentlich oder unwissentlich schöpferische Kräfte in Gang setzen, aber dennoch arm bleiben, weil sie keine Vorkehrungen treffen, damit sie für das Empfangen des Gewünschten bereit sind.

Durch das Denken gelangt das Gewünschte zu Ihnen.

Durch das Tun nehmen Sie es in Empfang!

Es ist offensichtlich, dass Sie immer nur in der Gegenwart handeln können. In der Vergangenheit können Sie nichts mehr tun und damit Sie geistige Klarheit haben, sollten Sie die Vergangenheit ohnedies aus Ihrem Denken verbannen.

Ebenso wenig können Sie etwas in der Zukunft tun, denn sie ist ja noch nicht hier.

Sie können auch nicht mit Sicherheit wissen, wie Sie in einer künftigen Situation handeln werden. Dies wissen Sie erst in der eigentlichen Situation. Sollten Sie sich derzeit nicht in der richtigen beruflichen Sparte befinden oder Ihnen Ihre wohnliche Umgebung nicht zusagen, brauchen Sie Ihr Tun keineswegs so lange aufzuschieben, bis Sie sich im richtigen Beruf oder in den richtigen Wohnverhältnissen befinden.

Grübeln Sie jetzt nicht darüber nach, wie Sie künftige Probleme lösen werden.

Gehen Sie zuversichtlich davon aus, dass Sie jedes Problem und jeden Notfall lösen werden, sobald sich die Situation stellt. Falls Sie in der Gegenwart handeln, geistig aber in der Zukunft schwelgen, wird Ihr gegenwärtiges Tun unsicher und ineffektiv sein.

Konzentrieren Sie sich voll und ganz auf das vor Ihnen Liegende. Senden Sie Ihre schöpferischen Gedanken nicht an die Ursubstanz und warten dann untätig ab. Falls Sie so vorgehen, werden Sie ewig warten.

Handeln Sie jetzt!

Es gibt niemals eine andere Zeit als das Jetzt!

Falls Sie sich auf das Empfangen des Gewünschten vorbereiten wollen, müssen Sie jetzt damit beginnen. Warten Sie nicht ab, bis Sie die richtigen Leute kennen gelernt haben oder Ihnen die Situation günstiger erscheint. Dort, wo Sie sich nicht befinden, können Sie auch nichts tun. Sie können auch nicht dort handeln, wo Sie einmal waren oder eines Tages sein werden.

Sie können immer nur dort handeln, wo Sie sich jetzt befinden!

Zerbrechen Sie sich nicht den Kopf darüber, ob das, was Sie gestern getan haben, optimal war. Setzen Sie alles daran, die heute vor Ihnen liegenden Aufgaben einwandfrei zu erledigen.

Versuchen Sie auch nicht, das morgen Anstehende bereits heute zu erledigen.

Morgen wird dafür noch genügend Zeit sein.

Wirken Sie nicht über mystische Methoden auf andere Menschen ein und üben Sie keinerlei Kontrolle aus. Warten Sie nicht ab, bis sich das Umfeld ändert, um danach tätig zu werden. Werden Sie bereits heute tätig, dann wird sich auch Ihr Umfeld ändern.

Sie können heute so auf Ihr Umfeld einwirken, dass es besser wird. Bleiben Sie dem Idealbild, das Sie von sich selber haben, zuversichtlich und absichtsvoll treu und sehen Sie sich geistig in diesem besseren Umfeld; handeln Sie aber heute!

Ein geistiges Wunschbild ist nicht zu verwechseln mit Wunschträumereien. Bleiben Sie immer Ihrem idealen Wunschbild treu und handeln Sie im Jetzt!

Wahrscheinlich brauchen Sie vorerst ohnedies nichts Besonderes zu tun.

Es ist durchaus wahrscheinlich, dass Sie - eine Zeit lang zumindest - keine anderen Dinge zu tun brauchen, wie bisher auch.

Allerdings tun Sie diese Dinge jetzt mit erfolgsüberzeugter und zuversichtlicher Bestimmtheit. Das wird Sie mit Sicherheit reich machen!

Falls Sie der Meinung sind, dass Sie sich im verkehrten Beruf befinden, warten Sie nicht erst ab, bis Sie Ihren Idealberuf gefunden haben. Handeln Sie bereits jetzt.

Gestatten Sie sich keine Enttäuschungen oder Sorgen, nur weil Sie meinen, dass Sie sich am verkehrten Platz befänden.

Niemand befindet sich an einem Platz, von wo aus er nicht auch den richtigen finden könnte und niemand ist so mit einem Beruf verwachsen, dass er nicht auch in einen anderen überwechseln könnte. Erschaffen Sie ein Wunschbild, in dem Sie sich in Ihrem Idealberuf sehen und seien Sie gewiss, dass Glaube und zielgerichtete Absicht Sie dorthin bringen werden.

Doch handeln Sie bereits an Ihrem jetzigen Arbeitsplatz mit zuversichtlicher Bestimmtheit!

Verwenden Sie sowohl den jetzigen Arbeitsplatz als auch das jetzige Umfeld als Sprungbrett zu besseren. Ihr geistiges Wunschbild wird die formlose Substanz veranlassen, eine besser geeignete Arbeitsstelle in Ihr Leben zu bringen und Ihr Verhalten und Tun werden dafür sorgen, dass Sie in diese Stelle gelangen - sofern Sie mit erfolgsüberzeugter und zuversichtlicher Bestimmtheit agieren!

Falls Sie als Angestellte oder Angestellter tätig sind und die Auffassung vertreten, dass Sie ein anderes Arbeitsumfeld benötigen, um das Gewünschte zu erhalten, so begnügen Sie sich nicht damit, Ihre Gedanken in den Raum hinaus zu projizieren und untätig abzuwarten, in der vergeblichen Hoffnung, dass Ihnen eine bessere Stelle geboten würde. Auf diese Weise wird dies nicht geschehen!

Halten Sie das Wunschbild des angestrebten Arbeitsplatzes aufrecht, während Ihr Verhalten am jetzigen Arbeitsplatz von zuversichtlichem Glauben und Zielstrebigkeit geprägt ist. Ihr geistiges Wunschbild und Ihre Glaubensfähigkeit werden die schöpferische Kraft in Gang setzen und die angestrebte Tätigkeit zu Ihnen bringen.

Durch Ihr Tun und Verhalten werden die Kräfte in Ihrer jetzigen Umgebung Sie veranlassen, sich auf die gewünschte Tätigkeit zuzubewegen.

Dieses Kapitel wollen wir somit mit einer weiteren Ergänzung abschließen:

Es gibt eine denkende Substanz, aus der ausnahmslos alles besteht.

In ihrem Urzustand durchdringt und durchflutet diese Substanz die Zwischenräume des Universums.

Ein Gedanke dieser Ursubstanz erzeugt das Gedachte!

Der Mensch kann sich etwas ausdenken und indem er seine Gedanken der formlosen Substanz einprägt, kann er die Ursache für die Erzeugung des Gedachten setzen!

Hierzu muss er von der Wettbewerbs- auf die schöpferische Ebene umschwenken.

Der Mensch muss sich ein klares geistiges Wunschbild des Gewünschten ausmalen. dieses Wunschbild mit fester Absicht in seinem Denken halten und mit unerschütterlichem Glauben davon ausgehen, dass sich dieser Wunsch erfüllen wird.

Der Mensch muss sein Denken gegen sämtliche Zweifel abschotten und darf seine Erfolgsüberzeugung durch nichts erschüttern lassen!

Der Mensch muss auf eine zuversichtliche und erfolgsüberzeugte Art und Weise leben und handeln!

Damit er das Gewünschte erhalten kann. muss er in seiner jetzigen Lebenssituation auf Personen und Dinge einwirken.

Kapitel 12
Effizienz

Sie müssen Ihr Denken so einsetzen, wie in den vorhergehenden Kapiteln beschrieben, doch alles, was Sie tun können, können Sie immer nur **jetzt** tun.

Sie können nur dann weiterkommen, wenn Sie alles, was Sie tun können, an der Stelle tun, an der Sie sich jetzt befinden; andernfalls gibt es keine Weiterentwicklung.

Die Welt wird von denjenigen vorangebracht, die mehr tun als das Verlangte oder Erwartete. Falls Sie nicht alles tun, wozu Sie imstande sind, bleiben Sie stehen oder entwickeln sich zurück.

Wer seinen jetzigen Platz nicht voll ausfüllt, fällt der Gesellschaft, der Wirtschaft, dem Staat und dem Handel zur Last. Solche Menschen müssen von anderen mitgetragen werden. Der Lauf der Welt wird durch Personen verlangsamt, die nicht alles daran setzen, um an ihrem jetzigen Platz alles zu tun; solche Personen sind Schmarotzer der Gesellschaft.

Falls kein Einziger seinen Platz ausfüllen würde, könnte sich keine menschliche Gesellschaft weiterentwickeln und wachsen. Im Tierreich wird die Evolution durch ein Überangebot an Leben verursacht. Wenn ein Organismus mehr Leben und mehr Fähigkeiten besitzt, als im jetzigen Umfeld zum Ausdruck gebracht werden können, entwickelt er die Organe einer höheren Spezies und es entsteht eine neue Art.

Es wäre nie eine neue Art entstanden, wenn die Organismen ihren vorherigen Platz nicht mehr als ausgefüllt hätten. Dasselbe Gesetz gilt auch für den Menschen. Seine Fähigkeit, reich werden zu können, hängt davon ab, ob er dieses Prinzip auf seine eigenen Angelegenheiten überträgt.

Jeder Tag ist entweder ein erfolgreicher oder ein erfolgloser Tag. Nur die erfolgreichen Tage werden Sie an Ihr Ziel bringen.

Falls jeder Tag erfolglos wäre, könnten Sie niemals reich werden, falls aber jeder Tag ein erfolgreicher ist, können Sie das Reicherwerden gar nicht vermeiden!

Falls Sie heute etwas unterlassen, was getan werden sollte, haben Sie in diesem Bereich versagt. Die Folgen könnten schlimmer ausfallen, als Sie sich momentan vorstellen können.

Sie können heute nicht wissen, was die Unterlassung einer Kleinigkeit mittel- oder langfristig nach sich ziehen wird!

Sie können nicht vorhersehen, welche Ursachen Sie damit gesetzt haben. Bereits eine Kleinigkeit kann Ihnen neue Chancen und Möglichkeiten erschließen!

Sie können niemals alles wissen, was die formlose Substanz für Sie in die Wege leitet. Deshalb kann die Vernachlässigung oder Unterlassung selbst der kleinsten Aufgabe eine große Verzögerung bedeuten, bis Sie das Gewünschte erlangen.

Tun Sie jeden Tag alles, was Sie an diesem Tag tun können. Allerdings gilt diese Aussage mit den folgenden Einschränkungen:

- Überarbeiten Sie sich nicht!
- Verwechseln Sie nicht Aktionismus mit Aktion!

Sie brauchen das für morgen Anstehende nicht heute zu erledigen und sollten nicht versuchen, ein Wochenpensum an einem Tag zu erledigen.

Letztendlich kommt es nicht auf die Anzahl der erledigten Dinge an, sondern darauf, wie effizient Sie jede Aufgabe erledigt haben.

Jede Tätigkeit ist entweder ein Erfolg oder ein Misserfolg.

Daraus folgt, dass jede Tätigkeit entweder effizient oder ineffizient ist. Jede ineffiziente Tätigkeit bedeutet ein Scheitern. Würden Sie Ihr Leben lang ineffiziente Tätigkeiten verrichten, so wäre Ihr Leben gescheitert.

Dies bedeutet, dass Ihr Leben umso unbefriedigender sein wird, je ineffizienter Ihr Tun und Handeln ist.

Auf der anderen Seite ist jede effiziente Tätigkeit ein Erfolg. Wenn Sie auf eine lange Reihe effizienter Handlungen zurückblicken können, war Ihr Leben erfolgreich.

Sie scheitern, wenn Sie zu viele Dinge ineffizient tun beziehungsweise nicht genügend Dinge effizient erledigen.

Die Schlussfolgerung ist, dass Sie möglichst viel Ineffizientes vermeiden und möglichst viel Effizientes tun müssen; dann werden Sie reich werden!

Achten Sie darauf, dass möglichst jede Ihrer Tätigkeiten effizient ist. Auf diese Weise bringen Sie das Reichwerden in den Bereich einer Wissenschaft, die genauso exakt ist wie die Mathematik. Nun stellen Sie sich vielleicht die Frage, ob denn wirklich jede einzelne Tätigkeit erfolgreich vorgenommen werden könne. Diese Frage ist eindeutig zu bejahen.

Denn wenn Sie all Ihre Macht auf die Erledigung der jeweiligen Tätigkeit ausrichten, kann die Allmacht nicht scheitern. Die Macht steht Ihnen zu Diensten und um zu gewährleisten, dass jede Tätigkeit erfolgreich ist, brauchen Sie lediglich die Macht darauf zu lenken.

Jede Tätigkeit ist entweder schwach oder stark. Wenn jede Ihrer Tätigkeiten oder Handlungen stark ist, dann handeln Sie mit erfolgsüberzeugter und zuversichtlicher Bestimmtheit. Sie können dann nur reich werden.

Sie können jede Tätigkeit oder Handlung stark machen, indem Sie Ihrem geistigen Wunschbild treu bleiben und mit Glauben und Zielgerichtetheit Ihre gesamte Macht einbringen.

Das ist der Scheideweg, an dem Menschen, die die geistige Macht vom physischen Tun trennen, Schiffbruch erleiden.

Diese Menschen bedienen sich durchaus zu einem gewissen Zeitpunkt ihrer geistigen Macht, handeln dann aber zu einem anderen Zeitpunkt wieder anders. Die Folge ist, dass ihr Tun erfolglos ist.

Falls sie ihre gesamte Macht, die geistige ebenso wie die physische, in jede auch noch so geringe Kleinigkeit einbrächten, wäre jede Tätigkeit erfolgreich!

Es liegt auf der Hand, dass jeder Erfolg den Weg für einen noch größeren Erfolg freimacht.

Auf diese Weise gelangen Sie immer näher an die Erfüllung Ihres Wunschbildes heran und der Prozess wird mit der Zeit immer schneller.

Erfolgreiches Tun, Handeln und Verhalten wirkt kumulativ. Der Wunsch nach mehr Leben ist allen Lebewesen angeboren; sobald sich ein Mensch auf ein erfüllteres Leben zubewegt, fallen ihm immer mehr Dinge zu und der Einfluss seines Wunsches vervielfacht sich.

Tun Sie dies jeden Tag Ihres Leben und achten hierbei auf Effizienz. Bei Ihrem Tun müssen Sie Ihr geistiges Wunschbild vor Ihrem inneren Auge haben, auch wenn Sie nur eine Kleinigkeit erledigen oder etwas scheinbar Unwichtiges tun.

Allerdings ist es nicht notwendig, dass Sie Ihr Wunschbild ständig in allen Einzelheiten vor sich sehen.

Sie sollten Ihre freie Zeit dazu verwenden, Ihr Wunschbild immer plastischer auszumalen und zu verfeinern und fest in Ihrem Unterbewusstsein zu verankern.

Je mehr Zeit Sie damit verbringen, umso rascher werden sich die Ergebnisse einstellen.

Arbeiten Sie ständig an der Vervollkommnung Ihres geistigen Wunschbildes und denken Sie auch an kleine Details. So prägen Sie es der formlosen Substanz nachhaltig ein.

Bringen Sie sich selbst in dieses Wunschbild ein. Stellen Sie es sich so realistisch vor, als wäre bereits alles so!

Das wird Ihre Vorfreude und Begeisterung fördern und Sie werden der formlosen Substanz eine nachdrückliche Botschaft übermitteln.

Wir wollen nun den letzten Absatz wieder leicht abwandeln, um das Gesagte zusammenzufassen:

Es gibt eine denkende Substanz, aus der ausnahmslos alles besteht.

In ihrem Urzustand durchdringt und durchflutet diese Substanz die Zwischenräume des Universums.

Ein Gedanke dieser Ursubstanz erzeugt das Gedachte!

Der Mensch kann sich etwas ausdenken. und indem er seine Gedanken der formlosen Substanz einprägt, kann er die Ursache für die Erzeugung des Gedachten setzen!

Hierzu muss er von der Wettbewerbs- auf die schöpferische Ebene umschwenken.

Der Mensch muss sich ein klares geistiges Wunschbild des Gewünschten ausmalen. dieses Wunschbild mit fester Absicht in seinem Denken halten und mit unerschütterlichem Glauben davon ausgehen, dass sich dieser Wunsch erfüllen wird.

Er muss jeden Tag jede Tätigkeit effizient verrichten.

Kapitel 13
Der richtige Beruf

In jedem Beruf hängt der Erfolg in einem hohen Maße von Ihren beruflichen Fähigkeiten ab:

Sie können nur dann Musik unterrichten, wenn Sie etwas von Musik verstehen. Sie können nur dann ein Fahrzeug reparieren, wenn Sie etwas von Mechanik verstehen. Falls es Ihnen an Menschenkenntnis und Einfühlungsvermögen mangelt, werden Sie im Vertrieb nicht erfolgreich sein.

Doch Fähigkeiten und Fertigkeiten an sich reichen noch nicht aus!

Es gibt außergewöhnlich begnadete Musiker, die dennoch arm bleiben. Es gibt hervorragende Kaufleute und Verkäufer, die es nie zu Reichtum bringen.

Um den Erfolg zu gewährleisten, reichen Talent und Fachwissen in keiner Sparte aus.

Es kommt auf die geistigen Kräfte an. So wichtig das übrige Rüstzeug auch ist, muss man auch wissen, wie man es einzusetzen hat.

Der eine kann mit einer Säge, einem Hobel und einem Hammer ein wunderschönes Möbelstück zimmern, während ein anderer, dem dieselben Werkzeuge zur Verfügung stehen, nicht weiß, was er damit anfangen soll.

Was wir hier als „geistige Kräfte" bezeichnen, lässt sich mit solchen Werkzeugen vergleichen. Deshalb wird es Ihnen in einer Sparte, für die Sie geistig vorbereitet sind, im Allgemeinen leichter fallen, reich zu werden.

Grundsätzlich gilt, dass Sie in einer Sparte, in der Sie Ihre Stärken und natürlichen Talente einbringen können, die besten Chancen haben.

Allerdings trifft diese Aussage nicht immer zu. Niemand sollte meinen, dass er in seiner jetzigen Stellung verharren müsse und die aktuelle Situation unveränderlich sei, nur weil es ihm am nötigen Rüstzeug fehle. Man kann in jeder Sparte reich werden! Sollte es Ihnen an einer Begabung mangeln, so können Sie sich diese aneignen, sofern dies Ihr Wunsch ist. Zwar tun Sie sich mit einer natürlichen Begabung leichter, doch dieser Mangel kann durch Einsatz wettgemacht werden.

Wer tun kann, was er will, führt ein glückliches Leben. Etwas tun zu müssen, was einem nicht zusagt, bringt einem auf Dauer kein Glück.

Es ist immer möglich, das tun zu können, was Sie tun wollen, und jeder innere Wunsch nach einer gewissen Tätigkeit ist ein Hinweis darauf, dass Sie auch die Macht haben, diese Tätigkeit auszuüben, denn der Wunsch wird die Macht erzeugen!

Der Wunsch, ein Instrument zu spielen, ist die innere Macht, die sich durch Sie zum Ausdruck bringen will. Der Wunsch, schöne Gebäude zu errichten, ist die innere Macht, die nach Ausdruck verlangt.

Wenn keine Macht vorhanden ist, unabhängig davon, ob sie entwickelt ist oder nicht, kann auch kein Wunsch nach dem entsprechenden Tun bestehen, und wenn der Wunsch nach etwas stark genug ist, ist dies ein Beweis dafür, dass auch die entsprechend große Macht vorhanden ist. Diese braucht nur noch entwickelt und richtig eingesetzt zu werden.

Es versteht sich von selbst, dass Sie sich in einer beruflichen Tätigkeit, für die Sie die besten Talente mitbringen, am leichtesten tun, falls Sie aber wirklich einen beruflichen Wechsel anstreben, sollten Sie eine solche Tätigkeit als Ihr Endziel anstreben.

Die Möglichkeit, das zu tun, was Sie tun wollen, steht Ihnen immer offen und Sie sollten sich nicht mit einer Tätigkeit abgeben, die Ihnen zuwider ist, es sei denn als Zwischenstufe zum angestrebten Endziel.

Sollten Sie in eine Stellung oder ein Umfeld gelangt sein, das Ihnen nicht behagt, so kann es durchaus sein, dass Sie diesen Zustand eine Zeit lang hinnehmen müssen. Dies können Sie jedoch in dem Wissen tun, dass Ihr Wunschziel möglich ist. Handeln Sie deshalb nicht überstürzt.

Am besten verändern Sie eine Situation durch sanftes Hineinwachsen. Dies schließt einen radikalen Wechsel nicht aus, sofern sich Ihnen die Chance dazu bietet, allerdings sollten Sie auch in diesem Fall mit Bedacht und Überlegung vorgehen.

Solange Sie noch Zweifel daran haben, ob dieser Wechsel das Richtige für Sie ist, ist Zurückhaltung geboten.

Auf der schöpferischen Ebene besteht niemals Eile. Es gibt niemals einen Mangel an Gelegenheiten!

Sobald Sie das Konkurrenzdenken aus Ihrem Kopf verbannt haben, werden Sie feststellen, dass Sie niemals hastig zu handeln brauchen. Niemand kann Sie um das Ihnen Zustehende bringen, da genug für alle da ist. Falls eine Chance vergriffen ist, wird sich eine bessere ergeben.

Es besteht kein Grund zur Eile.

Solange Sie noch Zweifel haben, sollten Sie abwarten und sich wieder der Visualisierung Ihres Wunschbildes widmen.

Seien Sie in solchen Zeiten des Zweifels und der Unentschlossenheit immer dankbar. Die kurze Zeit, die Sie wieder aufwenden, um sich Ihr klares Wunschbild in Erinnerung zu rufen und sich zu vergegenwärtigen, dass sich das Gewünschte auf dem Weg zu Ihnen befindet, wird dieses Bild wieder der formlosen Substanz einprägen und Ihnen als Leitschnur für Ihr Verhalten dienen.

Es gibt eine übergeordnete Macht, die alles weiß, was es zu wissen gibt. Mit dieser Macht können Sie gläubig und absichtsvoll Kontakt aufnehmen, sofern Sie von tiefer Dankbarkeit ihr gegenüber erfüllt sind.

Tun Sie täglich alles, was Sie tun können, so vollkommen, wie es Ihnen möglich ist, jedoch ohne Hast, Sorge oder Bange.

Gehen Sie so schnell voran, wie Sie können, jedoch ohne zu hetzen.

Sich von der Hektik anstecken zu lassen, bedeutet, die schöpferische Ebene zu verlassen. Dann fallen Sie wieder auf die Wettbewerbsebene zurück und gelangen wieder in das alte Fahrwasser.

Sobald Sie sich dabei ertappen, dass Sie sich hineinstressen haben lassen, sollten Sie sofort eine Pause einlegen.

Richten Sie Ihre Aufmerksamkeit dann sofort wieder auf Ihr geistiges Wunschbild und erfüllen Sie sich mit Dankbarkeit für das, was Sie sicher empfangen werden.

Diese Dankbarkeitsübung wird Ihre Glaubensfähigkeit wieder stärken und Sie wieder auf den richtigen Kurs bringen!

Kapitel 14
Der Eindruck der Verbesserung

Unabhängig davon, ob Sie einen beruflichen Wechsel vorhaben oder nicht, muss Ihr jetziges Tun doch vorerst auf den Beruf ausgerichtet sein, in dem Sie sich momentan befinden.

Egal, ob Sie einen persönlichen Kontakt mit Menschen haben oder ob dieser über das geschriebene Wort stattfindet, muss Ihr Hauptanliegen darauf ausgerichtet sein, diesen Menschen eine Verbesserung zu verschaffen und einen Nutzwert zu bieten. Denn das ist es, was ein jeder von uns sucht.

Es ist der Drang der formlosen Substanz in uns, sich besser auszudrücken.

Der Wunsch nach Verbesserung ist etwas ganz Natürliches; er ist der Grundimpuls des Universums. Alle menschlichen Aktivitäten beruhen auf dem Wunsch nach Verbesserung. Der Mensch sucht eine Verbesserung bei seiner Kleidung, seinen Wohnverhältnissen, er will mehr Schönheit, mehr Wissen, mehr Freude und Lebensqualität.

Diese Dinge verschaffen ihm mehr Fülle. Sobald keine Verbesserung mehr möglich ist, halten Auflösung und Tod Einzug. Wir wissen dies instinktiv; deshalb suchen wir stets nach mehr.

Das Gesetz der ewigen Verbesserung wird in der Bibel durch das Gleichnis von den anvertrauten Talenten ausgedrückt. Nur jene, die mehr dazu gewinnen, behalten etwas; den anderen, die nichts dazugewannen, wird auch das Wenige noch genommen.

Es ist normal, dass sich der Mensch mehr wünscht, auch wenn einige der Meinung sind, dass dies verwerflich sei. Da dies der tiefsten menschlichen Natur entspricht, werden wir alle von Menschen angezogen, die unsere Leben bereichern können.

Indem Sie sich mit erfolgsüberzeugter und zuversichtlicher Bestimmtheit verhalten, werden Sie eine ständige Verbesserung Ihrer Lebensumstände erfahren und diese Verbesserung mit jedem, mit dem Sie in Kontakt kommen, teilen.

Sie werden zu einem schöpferischen Zentrum, was allen zugute kommt. Halten Sie sich diese Verbesserung immer vor Augen, selbst bei den kleinsten Transaktionen.

Vielleicht verkaufen Sie ja nur Süßigkeiten an Kinder, doch auch in diesem Fall sollten Ihre kleinen Kunden eine Verbesserung erfahren. Bringen Sie in all Ihre Angelegenheiten, auch im gesellschaftlichen Bereich, den Gedanken der Verbesserung ein. Leben Sie in der Gewissheit, dass Sie sich auf dem Weg zum Reichtum befinden und dass jeder, der mit Ihnen in Kontakt kommt, davon profitiert. Sie brauchen nicht mit Ihren Erfolgen zu prahlen! Wenn Sie einen Prahlhans finden, können Sie sicher sein, dass er innerlich zweifelt und ängstlich ist.

Leben Sie einfach in dem Glauben einer ständigen Verbesserung und lassen Sie diesen Glauben für sich wirken.

Lassen Sie Ihr gesamtes Tun, und sogar Ihr Aussehen, vermitteln, dass Sie mit absoluter Gewissheit von Reichtum ausgehen. Dazu sind keine Worte nötig. Andere Menschen werden in Ihrer Gegenwart spüren, dass Sie sich auf eine ständige Verbesserung hinbewegen und sich von Ihnen angezogen fühlen.

Sie sollten anderen das Gefühl vermitteln, dass sie selbst ebenfalls eine Verbesserung erfahren werden, wenn sie sich mit Ihnen zusammentun.

Achten Sie dabei immer darauf, dass Sie ihnen einen größeren Nutzwert bieten als der Geldwert, den Sie erhalten! Machen Sie dies zu einer Ehrensache und es wird Ihnen niemals an Kundschaft fehlen.

Die Menschen werden immer dorthin gehen, wo Sie einen Gegenwert erhalten, und das Universum, das jedem eine Verbesserung wünscht und alles weiß, wird dafür sorgen, dass Menschen, die noch nie von Ihnen gehört haben, auf Sie aufmerksam werden.

Ihnen werden ständig neue Chancen und Gelegenheiten geboten werden. Lassen Sie dabei nie aus den Augen, was Sie in Wirklichkeit wollen und lassen Sie es niemals an Glauben und Zielgerichtetheit fehlen!

Gestatten Sie mir an dieser Stelle noch ein Wort der Warnung hinsichtlich Ihrer Beweggründe. Versuchen Sie niemals, Macht über andere Menschen auszuüben!

Dem Uneingeweihten mag dies reizvoll erscheinen, doch solche Anstalten sind ein großer Fluch.

Seit Jahrtausenden haben Könige und andere Herren Schlachtfelder in Blut getränkt, nicht etwa, um allen zu mehr Leben zu verhelfen, sondern nur, um ihre eigene Macht zu vergrößern.

Heute sind die Beweggründe im Geschäftsleben nicht selten dieselben und im Machtstreben über andere wird auf die Mitmenschen wenig Rücksicht genommen.

Jeder, der über andere Herrschaft ausüben will, ist vom Bazillus des Konkurrenzdenkens befallen. Ein solcher Mensch kann nicht schöpferisch sein. Um das Gewünschte zu erhalten, brauchen Sie keine Kontrolle über andere auszuüben!

Richten Sie sich immer nach der Goldenen Regel:

„Was ich mir wünsche,
wünsche ich auch allen anderen!"

Kapitel 15
Der Mensch als Werdender

Die Aussagen im letzten Kapitel betreffen den Lohnempfänger, den Geschäftsinhaber, den Politiker oder jeden anderen Menschen gleichermaßen. Es spielt keine Rolle, ob Sie Ärztin, Lehrerin oder Geistlicher sind, solange Sie anderen Menschen eine Verbesserung zuteilwerden lassen und diese Menschen dies erkennen, werden Sie immer Kontakte haben und in der Folge reich werden.

Der Arzt, der sich selbst als erfolgreicher Heiler sieht und gläubig und absichtsvoll auf dieses Wunschbild hinwirkt, wird mit der formlosen Substanz in engen Kontakt gelangen und erfolgreich werden. Er wird immer volle Wartezimmer haben.

Was wir jetzt brauchen, sind Menschen, die mit der Wissenschaft des Reichwerdens bereits Erfahrungen sammeln konnten und Ergebnisse vorweisen können.

Wenn ein Mensch aufgrund der Umsetzung dieser Einsichten reich, gesund oder geliebt wurde, wird er Zuhörer finden. Solange Sie persönlich noch keine Ergebnisse mit dieser Wissenschaft erzielt haben, werden Sie dieses Wissen auch nicht glaubwürdig vermitteln können. Ein Lehrer, der den Schülern den Glauben an ein besseres Leben vermitteln kann, wird immer beliebt sein und Arbeit haben, denn er lebt sein Wissen vor.

Was für den Lehrer oder Geistlichen gilt, trifft auch auf jeden anderen Menschen zu, egal, ob er beschäftigt oder arbeitslos ist. Die in diesem Buch beschriebene Kombination aus geistigem und persönlichem Einsatz funktioniert immer - ein Scheitern ist ausgeschlossen!

Jeder Mensch, der sich exakt nach diesen Anweisungen richtet, wird reich werden!

Das Gesetz der Verbesserung des Lebens wirkt ebenso sicher wie das Gesetz der Erdanziehung. Reichwerden ist eine exakte Wissenschaft!

Denken Sie nicht, dass die Chancen in Ihrem persönlichen Fall begrenzt seien, nur weil Sie keine Verbesserungsmöglichkeiten sehen. Malen Sie sich ein geistiges Wunschbild des Gewünschten aus und fangen Sie an, sich entsprechend zu verhalten!

Tun Sie jeden Tag alles, wozu Sie imstande sind und achten Sie in jedem Teilbereich darauf, dass Ihr Tun erfolgreich ist. Bringen Sie Ihre Absicht, reich zu werden, in alles ein, doch tun Sie dies nicht mit dem Hintergedanken, Ihren Arbeitgeber zu beeindrucken, damit dieser Ihre gute Arbeit sehen und Sie befördern möge. Wahrscheinlich wird dies nicht der Fall sein.

Der Mitarbeiter, der seinen jetzigen Platz gut ausfüllt und mit dem der Arbeitgeber zufrieden ist, ist an diesem Platz sehr wertvoll. Es wäre wahrscheinlich nicht im Interesse des Arbeitgebers, ihn zu befördern, da er an seinem jetzigen Arbeitsplatz gute Dienste leistet. Daraus ergibt sich, dass es für eine Beförderung nicht ausreicht, mehr als das Nötige zu tun.

Darüber hinaus brauchen Sie ein klares geistiges Wunschbild dessen, der Sie sein wollen.

Wo wollen Sie hin?

Haben Sie die Ausdauer, diesen Weg beharrlich zu beschreiten?

Sich beim Arbeitgeber lieb Kind zu machen und auf eine Beförderung zu hoffen, ist nicht Erfolg versprechend.

Bleiben Sie Ihrem Wunschbild zu jeder Zeit gläubig und absichtsvoll treu. Jeder Mensch, der mit Ihnen in Kontakt kommt, seien es Vorgesetzte, Kollegen oder Bekannte, sollte die von Ihnen ausgehende Macht spüren. Falls sich an Ihrer momentanen Arbeitsstelle keine Aufstiegsmöglichkeiten zeigen, werden sich solche Möglichkeiten bald auftun.

Es gibt eine Macht, die dem fortschrittlich denkenden Menschen immer neue Chancen präsentiert, sofern dieser Mensch mit erfolgsüberzeugter und zuversichtlicher Bestimmtheit lebt. Das Universum kann nicht umhin, Ihnen zu helfen, sofern Sie mit dieser Erfolgsüberzeugung denken und handeln. Es muss Ihnen helfen, um sich selbst zu helfen!

Umstände oder das wirtschaftliche Klima können Sie nicht unten halten. Falls Sie im eng abgesteckten Rahmen eines Großbetriebs nicht reich werden können, dann vielleicht selbstständig oder freiberuflich, sofern dies Ihr Wunsch ist. Sobald einige tausend Mitarbeiter des Großbetriebs mit erfolgsüberzeugter und zuversichtlicher Bestimmtheit leben würden, müsste dieser Betrieb bald einschneidende Umwälzungen einleiten.

Er müsste seinen Beschäftigten mehr Spielraum einräumen oder verschwände gar vom Markt.

Ein Großbetrieb hat kein Interesse daran, dass seine Mitarbeiterinnen und Mitarbeiter anfangen, mit erfolgsüberzeugter und zuversichtlicher Bestimmtheit zu leben.

Sobald Sie mit erfolgsüberzeugter und zuversichtlicher Bestimmtheit denken und handeln, werden Sie von Ihrem Glauben und Ihrer Zielgerichtetheit auf Chancen aufmerksam gemacht, die Ihnen eine bessere Position ermöglichen.

Diese Chancen werden sich sehr bald zeigen, da die übergeordnete Macht in allem und für alle wirkt; sie wird sie Ihnen bringen. Sobald sich eine Gelegenheit zeigt, die Ihnen eine Verbesserung verspricht und Sie ein gutes Gefühl dabei haben, sollten Sie sie ergreifen.

Dies ist das Sprungbrett, das Ihnen noch größere Gelegenheiten eröffnet.

Wenn Sie so vorgehen, wie in diesem Buch beschrieben, werden Ihnen mit Sicherheit neue Chancen geboten werden!

Machen Sie sich keine Gedanken darüber, ob Sie an Ihrem jetzigen Arbeitsplatz oder zum gegenwärtigen Zeitpunkt die hier beschriebenen Empfehlungen umsetzen können.

Richten Sie sich einfach zuversichtlich nach diesen Anweisungen; sie werden Sie nicht im Stich lassen!

Kapitel 16
Einige Warnhinweise und abschließende Bemerkungen

Es gibt viele Menschen, die darüber schmunzeln, dass es eine exakte Wissenschaft des Reichwerdens geben soll. Diese Menschen gehen von einer begrenzten Versorgung aus; ihrer Meinung nach befände sich der Reichtum in den Händen der Staaten und der Großindustrie.

Doch das ist nicht richtig.

Zwar sorgen alle Staatsgebilde dafür, dass die große Mehrheit der Bürger nicht zu Reichtum gelangt, doch ist der Grund nur, dass die meisten Menschen nicht mit erfolgsüberzeugter und zuversichtlicher Bestimmtheit denken und handeln.

Falls sich jeder Einzelne nach den Anweisungen aus diesem Buch richten würde, könnte niemand - auch kein Staat - verhindern, dass eine ständige Verbesserung die Folge wäre. Wenn aufgeschlossene Menschen, die gläubig davon ausgehen, dass sie reich werden, mit der festen Absicht, reich zu werden, nach vorne blicken, kann sie nichts und niemand in Armut halten.

Diese Denk- und Verhaltensweise kann jeder Mensch annehmen, egal, in welchem politischen System er sich befindet. Sobald genügend Menschen nach diesen Prinzipien reich werden, müsste das System geändert werden, was auch anderen Menschen den Weg bahnen würde.

Je mehr Menschen auf der Wettbewerbsebene reich werden, umso schlechter für die übrigen.

Je mehr Menschen nach schöpferischen Prinzipien reich werden, umso besser für die anderen!

Die wirtschaftliche Situation der Bürger kann verbessert werden, indem immer mehr Menschen dieses Buch zu lesen bekommen und aufgrund der Umsetzung dieser Prinzipien reich werden.

Das wird anderen Menschen zeigen, was möglich ist und sie anspornen, ihrerseits gläubig und mit dem ihnen zugänglichen Wissen eine Verbesserung anzustreben.

Kein Staat und kein Wettbewerbssystem können Sie daran hindern, reich zu werden!

Sobald Sie die schöpferische geistige Ebene betreten, erheben Sie sich über die Dinge. Denken Sie immer daran, dass sich Ihr Denken auf der schöpferischen Ebene bewegen muss; Sie dürfen niemals davon ausgehen, dass nicht genug vorhanden sei oder sich auf die Wettbewerbsebene herunterziehen lassen.

Sollten Sie bemerken, dass Sie wieder in die alten Denkmuster zurückfallen, so korrigieren Sie dieses falsche Denkmuster sofort!

Solange Sie im Konkurrenzdenken verhaftet sind und Sie nicht mit zuversichtlicher Bestimmtheit handeln, koppeln Sie sich von der Mithilfe des Universums ab.

Zerbrechen Sie sich nicht jetzt den Kopf darüber, wie Sie künftige Schwierigkeiten meistern werden. Tun Sie heute, was Sie heute tun können.

Konzentrieren Sie sich heute nur darauf, das heute Anstehende erfolgreich zu erledigen. In der Zukunft eventuell auftauchenden Schwierigkeiten können Sie sich immer noch widmen, sofern diese überhaupt eintreffen sollten. Sofern Sie heute bereits eine Möglichkeit sehen, solche Schwierigkeiten zu vermeiden, können Sie heute tun, was möglich ist, doch verschwenden Sie Ihre Zeit nicht mit eingebildeten Problemen.

Unabhängig davon, wie groß ein Problem oder eine Hürde aus der Entfernung aussieht, werden Sie feststellen, dass diese Schwierigkeiten immer kleiner werden, je näher Sie ihnen kommen, sofern Sie weiterhin mit erfolgssicherer und zuversichtlicher Bestimmtheit denken und handeln.

Einen Menschen, der sich nach diesen wissenschaftlichen Grundsätzen richtet, kann nichts bezwingen oder ihm den Erfolg verwehren. Jeder Frau und jedem Mann, die sich nach diesen Erkenntnissen richten, ist der Erfolg ebenso gewiss wie zwei plus zwei immer vier ergeben.

Halten Sie sich immer vor Augen, dass jede Schwierigkeit auch mit einer Lösung einherkommt. Achten Sie auf Ihre Worte. Sprechen Sie niemals negativ oder entmutigt von sich oder Ihren Angelegenheiten!

Schließen Sie die Eventualität eines Scheiterns kategorisch aus. Sprechen Sie nicht einmal davon, dass es misslingen könnte!

Lassen Sie sich nicht herab, die Zeiten als schwer oder das Geschäft als flau zu bezeichnen. Vielleicht ist dies auf der Wettbewerbsebene ja so, aber für Sie kann dies niemals so sein, denn Sie erschaffen sich die gewünschte Situation und stehen über der Ängstlichkeit.

Nicht selten finden Sie gerade dann, wenn andere über schwere Zeiten klagen, die besten Chancen.

Disziplinieren Sie sich darin, die Welt als etwas zu sehen, das im Wachsen begriffen ist und betrachten Sie das Elend als etwas Unterentwickeltes.

Gehen Sie immer von einer besseren Entwicklung aus; alles andere hieße, den Glauben zu verlieren. Dies würde auch bedeuten, das Gewünschte zu verlieren!

Gestatten Sie sich keine Enttäuschung, wenn das Gewünschte nicht bis zu dem erhofften Zeitpunkt eingetroffen ist. Dies mag wie ein Scheitern aussehen, falls Sie Ihren Glauben jedoch aufrecht erhalten, werden Sie feststellen, dass dieses Scheitern nur vorübergehender Art war.

Bleiben Sie weiterhin auf dem Weg der erfolgsüberzeugten und zuversichtlichen Bestimmtheit und sofern Sie das Gewünschte oder Ersehnte nicht erhalten sollten, werden Sie etwas viel Besseres bekommen! Der scheinbare Misserfolg wird sich als großer Erfolg entpuppen.

Ein Student dieser Wissenschaft hatte wochenlang an einem Geschäftsplan gearbeitet.

Als die Geschäftseröffnung anstand, sah es so aus, als hätte sich alles gegen ihn verschworen.

Er war jedoch nicht enttäuscht. Im Gegenteil. Er dankte dem Universum dafür, dass die Erfüllung seines Wunsches zurückgewiesen worden war und machte beharrlich weiter.

Ein paar Wochen später tat sich eine Gelegenheit auf, die wesentlich besser war als sein ursprünglicher Plan. Er merkte, dass eine höhere Instanz seinen schlechteren Plan vereitelt hatte.

Auf diese Weise wird jeder scheinbare Misserfolg für Sie wirken, sofern Sie Ihre Glaubensfähigkeit aufrecht erhalten können, Ihrem Endziel treu bleiben, Dankbarkeit empfinden und jeden Tag alles erfolgreich erledigen können.

Ein scheinbares Scheitern deutet darauf hin, dass Sie um zu wenig gebeten haben!

Bleiben Sie Ihrem Weg treu und stellen Sie sich darauf ein, dass Sie etwas Besseres erwartet!

Sie werden nicht deshalb scheitern, weil es Ihnen an Talent oder Fachwissen fehlt. Wenn Sie sich nach diesen Anweisungen richten, werden Sie die nötigen Talente entwickeln und auch lernen, was Sie für den jeweiligen Bereich brauchen.

In diesem Buch geht es nicht um die Entwicklung von Talenten, doch auch dies ist ebenso einfach wie der Prozess des Reichwerdens. Lassen Sie sich durch momentan noch fehlende Talente nicht von Ihrem Weg abbringen!

Machen Sie weiter und sobald Sie in einer bestimmten Situation Talente oder Fachkenntnisse brauchen, werden Sie diese erhalten. Es hat bereits Staatspräsidenten und Erfinder gegeben, die kaum eine schulische Vorbildung besaßen; machen Sie sich darüber also keine Sorgen.

Gehen Sie von der Richtigkeit dieser Erkenntnisse aus. Studieren Sie dieses Buch immer wieder, bis Ihnen alle Ideen in Fleisch und Blut übergegangen sind.

Meiden Sie Orte, an denen sich Leute aufhalten, die andere Auffassungen vertreten!

Diskutieren Sie niemals über die Aussagen dieses Buches.

Verbringen Sie einen möglichst großen Teil Ihrer Freizeit mit der inneren Betrachtung Ihres Wunschbildes und pflegen Sie eine Haltung der Dankbarkeit!

Dieses Buch enthält alles, was Sie über die Wissenschaft des Reichwerdens wissen müssen.

Eine Zusammenfassung finden Sie im nächsten Kapitel.

Kapitel 17
Zusammenfassung

- Es gibt eine denkende Substanz, aus der ausnahmslos alles besteht.

- **In ihrem Urzustand durchdringt und durchflutet diese Substanz die Zwischenräume des Universums.**

- Ein Gedanke dieser Ursubstanz erzeugt das Gedachte!

- **Der Mensch kann sich etwas ausdenken, und indem er seine Gedanken der formlosen Substanz einprägt, kann er die Ursache für die Erzeugung des Gedachten setzen!**

- Hierzu muss er von der Wettbewerbs- auf die schöpferische Ebene umschwenken.

- **Der Mensch kann mit der formlosen Substanz in Harmonie gelangen, indem er die ihm zuteilwerdenden Segnungen mit aufrichtiger Dankbarkeit anerkennt. Die Dankbarkeit verbindet das Bewusstsein des Menschen mit der Intelligenz der formlosen Substanz, was gewährleistet, dass Ihre Gedanken von dieser Substanz empfangen werden.**

- Der Mensch kann mit der formlosen Substanz nur dann Verbindung aufnehmen, wenn er sich auf der schöpferischen Ebene befindet und für alles, was er erhält, eine ständige Dankbarkeit empfindet.

- **Der Mensch muss sich ein klares geistiges Wunschbild des Gewünschten ausmalen, dieses Wunschbild mit fester Absicht in seinem Denken halten und mit unerschütterlichem Glauben davon ausgehen, dass sich dieser Wunsch erfüllen wird.**

- Wer reich werden will, muss einen Großteil seiner Freizeit damit verbringen, sein geistiges Wunschbild zu betrachten und mit Gewissheit davon ausgehen, dass dieses Wunschbild Wirklichkeit werden will. Die regelmäßige innere Betrachtung seines Wunschbildes, gekoppelt mit unerschütterlichem Glauben und aufrichtiger Dankbarkeit, ist von größter Wichtigkeit. Auf diese Weise wird das Wunschbild der formlosen Substanz eingeprägt und die schöpferischen Kräfte werden in Gang gebracht.

- **Die schöpferischen Kräfte wirken durch die normalen und natürlichen Wachstumskanäle als auch durch das Geschäftswesen und die Gesellschaft.**

- Was immer in Ihrem Wunschbild enthalten ist, wird Ihnen zuteilwerden, sofern Sie sich genau nach diesen Anweisungen richten und mit erfolgsüberzeugter Zuversicht an Ihrem Wunschbild festhalten.

- **Damit Sie das Gewünschte erhalten können, müssen Sie Ihren jetzigen Platz mehr als ausfüllen und alles tun, was Ihr Wunschbild unterstützt.**

- Achten Sie darauf, Sie jeden Tag alles auf erfolgreiche Weise zu erledigen.

- **Bieten Sie jedem mehr Nutzwert bieten als der Geldwert, den Sie erhalten, damit alle Beteiligten durch jede Transaktion eine Verbesserung erfahren.**

Jeder Mensch, der sich nach diesen Anweisungen richtet, wird mit Sicherheit reich werden und die ihm zuteilwerdenden Reichtümer werden der Detailtreue seines Wunschbildes, seiner Zielgerichtetheit, seiner Glaubensfähigkeit und der Tiefe seiner Dankbarkeit entsprechen.

Abschließende Empfehlungen

Aus den bisherigen Angaben in der "Wissenschaft des Reichwerdens", ergibt sich unter anderen:

Entscheiden Sie sich für eine einzige geistige Vorgabe; vermischen Sie diese Informationen nicht mit anderen Büchern oder Lehrern.

Beachten Sie keine anderen Empfehlungen, die aus anderen Quellen kommen. Nachdem Sie dieses Wissen verinnerlicht haben und damit bereits praktische Erfolge erzielen, können Sie sich auch andere Systeme ansehen, wenn Sie dies wollen, doch gleich am Anfang einer Sache zu nächsten zu springen, würde Sie nur verwirren und Ihren Erfolg vereiteln.

Nehmen Sie sich fest vor, diese Erkenntnisse in die Praxis umzusetzen. Nur wenn die geistige Einstellung stimmt, haben Sie eine Aussicht auf Erfolg.

Solange Sie geistig nicht aufgeschlossen sind, wird Ihnen dieses Wissen nichts nützen. Ein auf Wettbewerb ausgerichtetes Bewusstsein, das ständig nach dem „letzten Schrei“ hechelt, wird niemals dieselben Ergebnisse erzielen wie ein Bewusstsein, das von einer Position der inneren Ruhe und Gewissheit ausgeht. Bedenken Sie auch, dass alles, dem Sie nachlaufen, instinktiv das Weite suchen wird.

Achten Sie darauf, dass Ihre Ziele und Wunschbilder das widerspiegeln, was Sie wirklich wollen. Es geht nicht darum, was Sie „meinen“, dass Sie es wollen und erst recht nicht darum, was Sie sich nach Auffassung anderer wünschen sollten.

Studieren Sie bitte jede Lektion gründlich, bevor Sie sich der nächsten widmen.

Wenn Sie sich gleich von Anfang nach diesen abschließenden Empfehlungen richten, werden Sie eine größere geistige Klarheit erlangen und das Gewünschte rascher in Ihr Leben bringen.

Entspannen Sie sich - und stellen Sie sich auf Erfolg ein!

Zusammenfassung im Scheckkartenformat: http://goo.gl/8VnKlR

Reichsein will gelernt sein

Lektion 1 - Bestandsaufnahme

Sie haben nun die „Wissenschaft des Reichwerdens!“ gelesen - und dabei sicherlich auch viel überlesen. In den folgenden dreißig Lektionen werden diese Aussagen vertieft und teilweise aus einem anderen Blickwinkel betrachtet.

Genug der Vorrede. Damit Sie möglichst viel Nutzen aus diesem Selbststudiumkursus ziehen, beginnen wir am besten gleich:

In mehrstöckigen Kaufhäusern gibt es Hinweisschilder.

Damit Sie auch wissen, ob Sie sich gerade auf dem dritten oder sechsten Stock befinden, heißt es dann:

„Sie sind hier!“

Um an ein neues Ziel zu gelangen, ist es gut, wenn Sie vorher wissen, wo Sie jetzt stehen.

Diese erste Lektion beginnt deshalb mit einer Bestandsaufnahme. Falls Sie parallel zu diesem Buch eine Version im PDF- (http://goo.gl/e4iepA) oder mobipocket-Format (Kindle - http://goo.gl/CGVp3w) besitzen, sollten Sie die entsprechende Seite ausdrucken. Alternativ könnten Sie in einem Ringbuch auch Ihre eigenen Vorlagen und Formate erstellen.

Wichtig ist, dass Sie mit **genauen Zahlen** arbeiten. Vermutungen führen Sie nur in die Irre.

1. Welchen tatsächlichen Marktwert besitzt Ihr Gesamtvermögen?

2. Wie hoch belaufen sich Ihre sämtlichen Schulden und Verbindlichkeiten?

3. Wie hoch ist die Differenz zwischen den Endsummen aus Frage 1 und 2?

4. Wie fühlen Sie sich dabei?

5. Wie würden Sie sich fühlen, falls alle Ihre Geldprobleme bereits gelöst wären? Was würden Sie dann tun?

6. Falls Ihr Arbeitsplatz, Ihr Geschäft oder Ihre sonstige Einnahmequelle jetzt zu existieren aufhörte, wie würden Sie sich dann fühlen? Was würden Sie dann tun?

7. Wie gefällt Ihnen das, womit Sie Ihr Geld verdienen?

Machen Sie Ihre Arbeit gerne?

Verabscheuen Sie sie?

Tun Sie sie, weil Ihnen „nichts anderes übrig bleibt"?

Gibt es eine Arbeit, die Ihnen mehr zusagen würde? Falls ja, warum machen Sie diese andere Arbeit nicht?

8. Kommt es vor, dass Sie vor Geldsorgen nicht einschlafen können?

Betrüben Sie andere Sorgen?

Was beschäftigt Sie und lässt Ihnen keine Ruhe?

Reichsein will gelernt sein

9. Falls Sie morgen früh eine Million Euro erhielten, ohne dass damit irgendwelche Verpflichtungen verbunden wären, was würden Sie damit anfangen?

10. Was ist das Beste, was Sie je mit Geld angestellt haben?

11. Was ist das Dümmste, was Sie je mit Geld angestellt haben (beziehungsweise, um Geld zu erhalten)?

12. Ab welchem Betrag würden Sie sich reich fühlen? Was müsste sonst noch gegeben sein?

13. Haben Sie sich jemals reich gefühlt? Wie sahen die Umstände genau aus?

14. Wie viel Geld haben Sie jetzt in Ihrer Geldbörse? Ist dieser Betrag normal für Sie?

15. Wie viel Geld hat Ihr Vater (oder Ihre Mutter) verdient?

16. Wem wird Ihr Reichtum zugutekommen, sobald Sie ihn haben? Auf welche Weise?

17. Was verstehen Sie unter „reich"?

Halt!

Bitte lesen Sie nicht gleich weiter!

Die Gefahr ist dann groß, dass Sie sich nie mehr ernsthaft die vorgenannten Fragen beantworten und dieses Buch nur zur Unterhaltung oder aus Neugierde lesen.

Dies ist ein Arbeitsbuch. Sie sind es sich und Ihren Angehörigen schuldig, das Beste aus Ihrem Leben zu machen. Das erfordert eine aktive Mitarbeit.

Andernfalls werden Sie weiterhin in der Masse der „Opfer" mitschwimmen und sich beklagen, dass Sie „keine Chance" gehabt hätten.

Diese Ausrede gilt ab jetzt nicht mehr!

Lektion 2
Weg mit der alten Denke

Es gibt eine bekannte Geschichte, welche Sie so - oder ähnlich - vielleicht bereits gehört haben.

Sie handelt von einem Fischer auf einer abgelegenen Insel und einem Manager, der auf dieser Insel Urlaub macht.

Achten Sie bitte auf **Ihre erste Reaktion**, wenn Sie diese Geschichte hören.

Der Manager ging am Meer entlang und sah einen Mann, der von einem wackeligen Boot aus seine Angel ins Wasser hielt. Im Boot befand sich ein Eimer mit einigen gefangenen Makrelen und Thunfischen.

Der Manager sprach dem Fischer ein Lob aus und wollte wissen, wie lange er gebraucht habe, um diese Speisefische zu fangen.

Der Fischer antwortete wortkarg: *„Eine Zeit lang"*

Der Manager war neugierig: *„Warum haben Sie denn nicht mehr gefischt?"*

Der Fischer: *„Damit habe ich mehr als genug. Ich verkaufe zwei oder drei, der Rest ist für meine Familie und mich."*

„Und was treiben Sie die übrige Zeit?", wollte der Manager nun wissen.

„Ach, wissen Sie," antwortete der Fischer, *„ich stehe spät auf, dann gehe ich ein bisschen fischen, dann spiele ich mit unserem Jüngsten, klimpere ein bisschen auf der Gitarre herum und später gehe ich dann ins Café. Dort spielen wir Domino."*

Der Manager nickte. *„Ich bin in einem Großkonzern beschäftigt und habe Wirtschaft studiert. Vielleicht kann ich Ihnen helfen?"*

„Ach so. Wie denn?“

„Nun”, antwortete der Manager, *„wenn Sie etwas mehr Zeit aufs Fischen verwenden würden, hätten Sie größere Einnahmen. Dann könnten Sie sich ein größeres Boot leisten. Mit einem größeren Boot können Sie dann noch mehr fischen und mit der Zeit sogar mehrere Boote hinzukaufen.*

Sie hätten dann also Ihre eigene Fischfangflotte. Statt an Zwischenhändler zu verkaufen, könnten Sie dann direkt an den Fischverarbeitungsbetrieb verkaufen und später sogar Ihren eigenen Betrieb eröffnen.

Damit hätten Sie die Kontrolle über das Produkt, die Verarbeitung und den Vertrieb. Natürlich müssten Sie dann in die Stadt ziehen. Von dort aus könnten Sie Ihre Betriebe dann managen.“

Der Fischer hörte sich das alles an. *„Und wie lange würde das dauern?”*

Der Manager: *„Ich denke, so zehn oder fünfzehn Jahre“.*

„Und dann?“, wollte der Fischer wissen.

Der Manager lachte. *„Jetzt wird's spannend. Dann könnten Sie Ihren Betrieb verkaufen und Millionär werden.“*

„Millionär?“, staunte der Fischer, *„und dann?“*

„Ja dann,“ antwortete der Manager, *„dann können Sie sich zur Ruhe setzen. Sie könnten in ein kleines Fischerdörfchen ziehen, sich richtig ausschlafen, ein bisschen fischen, wenn Ihnen danach zumute ist, mit Ihren Kindern spielen, zwischendrinn ein Nickerchen, spazieren gehen, Ihren Wein genießen und Gitarre spielen. Wäre das nichts?“*

Die Pointe wollen wir uns hier ersparen. Wichtig ist:

Was denken Sie jetzt?

Hier nun ein Zitat aus “Die Wissenschaft des Reichwerdens”:

In diesem Buch spreche ich nicht von Reichtum im übertragenen Sinne. Wirklich reich zu sein, bedeutet nicht, sich mit Wenigem zufriedenzugeben.
Kein Mensch sollte sich wenig zufriedengeben, wenn er in der Lage ist, mehr zu nutzen und daran Freude zu finden.

Der Zweck der Natur ist die Fortentwicklung und Entfaltung des Lebens und jedermann sollte alles haben, was zu Macht, Eleganz, Schönheit und einem reichhaltigen Leben beiträgt.

Reichsein will gelernt sein

Sich mit Almosen zufriedenzugeben, ist eine Sünde.

Der Mensch, der all das besitzt, was sein Herz begehrt, kann sein Leben in der Fülle zu leben.

Lesen Sie bitte vor allem den letzten Satz nochmals bewusst durch:

Der Mensch, der all das besitzt, was sein Herz begehrt, kann sein Leben in der Fülle zu leben.

„In der Fülle leben" = „reich sein".

„Was sein Herz begehrt" bedeutet, dass Sie sich nicht nach den Regeln oder Vorgaben Anderer zu richten brauchen. Sie selbst entscheiden, was Reichtum für Sie bedeutet.

Solange Sie Ihr Leben nach dem ausrichten, was andere für angemessen oder richtig halten, sind Sie auf Konkurrenz gepolt. Dann messen Sie sich immer an anderen, so als ob der Abstand zu Ihrem „Vorbild" eine Wertaussage über Sie darstellte.

Der Fischer im Beispiel aus dieser Lektion war ein glücklicher Mann. Nicht, weil Geld für ihn keine Rolle gespielt oder er es nicht gebraucht hätte, sondern weil er wusste, was er wollte.

Er hatte eine klare Vorstellung. Er wusste, „was sein Herz begehrte". Danach lebte er und scherte sich nichts um die Vorstellungen anderer. Nach seiner Definition lebte er „in der Fülle".

Dasselbe ließe sich vielleicht auch über den Manager sagen. Die Geschichte schweigt sich darüber aus. Aber der Manager wusste vielleicht ebenfalls „was sein Herz begehrte."

Deshalb stand weiter oben die Frage:

Was denken Sie jetzt?

Vielleicht war Ihr erster Gedanke nämlich, dass der Manager unglücklich sein müsse.

Vielleicht haben Sie unbewusst dem Fischer eine moralische Überlegenheit zuerkannt.

Reichsein will gelernt sein

Der „Arme" ist der „Gute" - der „Reiche" ist der „Böse"?

Mit dieser Geschichte wollten wir diese unbewussten Einstellungen aufdecken. Solche Entscheidungen haben nämlich einen sehr großen Einfluss auf Ihre künftige finanzielle Gesundheit.

Manche sagen sich: *"Ich bin zwar nicht reich, aber ich bin wenigstens ein guter Mensch".*

Eine faule Ausrede!

George Bernard Shaw schrieb:

„Sich mit Almosen zufriedenzugeben, ist eine Sünde."

Es ist weder edel, arm zu sein, noch ist es verwerflich, reich zu sein. Und so zu tun, als wäre Reichtum von Haus aus schlecht, weil es auf andere Werte mehr ankäme, ist auch nichts anderes als eine Ausrede.

Darum geht es in der obigen Geschichte nicht. Es geht darum, was das Richtige für **Sie** ist.

Was wollen **Sie**

- sein
- tun
- haben?

Tief in Ihrem Inneren spüren Sie genau, was das Richtige für Sie ist. Wie wissen genau, was Sie in Wirklichkeit sein, tun und haben wollen. Dort drinnen verbirgt sich das Leben, das Sie "eigentlich" führen möchten.

Das ist es, was „Ihr Herz begehrt".

Ihr „Herzenswunsch" ist der Treibstoff, das ist die „Vision", das „Idealbild", das Sie von Ihrem Leben haben. Wir werden noch darüber sprechen, wie Sie dieses „Idealbild" so Ihrem Unterbewusstsein einprägen, dass Sie nichts mehr zu erzwingen brauchen.

Aber ... alles zu seiner Zeit!

Zunächst ist es wichtig, dass Sie sich bei dem Gedanken an Reichtum wohlfühlen. Wattles verwendet etwa fünfzehn Prozent seines oben genannten Buches darauf, zu erklären, warum es in Ordnung sei, reich sein zu wollen. Warum muss er das so stark betonen?

Reichsein will gelernt sein

Weil es die meisten von uns nicht glauben!

Vielleicht regt sich jetzt bei Ihnen Widerspruch: *„Ich schon!“*

Aber unterhalb Ihres Tagesbewusstseins geht's erst richtig los. Dort hat das Unterbewusstsein das Sagen. Hier herrscht der Teil des Gesamtbewusstseins, der nicht zwischen richtig und falsch unterscheidet. Dieser Teil ist wie eine fruchtbare Erde. Was ihr eingepflanzt wird, ist ihr völlig egal.

Sobald der Same einmal in der Erde liegt, fängt er zu wachsen an.

Kommt Ihnen das bekannt vor?

Höchstwahrscheinlich.

Weil Ihr Unterbewusstsein der Teil ist, über den Ihre Gedanken der „formlosen Substanz” eingeprägt werden. Hierüber wird die Verbindung zur allmächtigen Intelligenz aufgebaut und hierüber werden unsere Gedanken teilweise Wirklichkeit.

Ihr Unterbewusstsein empfängt jede geistige Vorstellung und fängt sofort an, damit zu arbeiten.

Für Ihr Unterbewusstsein ist Ihr geistiges Vorstellungsbild etwas Reales, es sorgt dafür, dass es wächst.

Durch die Wiederholung dieser Vorstellung (oder dieses Gedankens) kommt es zu einer Verstärkung im Unterbewusstsein. Dadurch wird die Vorstellung noch realer.

Das Ergebnis?

Jetzt glauben Sie auch mit Ihrem Tagesbewusstsein (dem normalen Alltagsbewusstsein), was aus Ihrem Unterbewusstsein kommt. Diesen Prozess können Sie umprogrammieren.

Dazu benötigen Sie jedoch ein umfassendes System. Eventuell haben Sie bereits Erfahrungen oder Versuche in dieser Richtung gemacht und keine zufrieden stellenden Ergebnisse erzielt.

Entweder haben Sie dann ...

- zu **früh aufgegeben** oder
- oder das von Ihnen getestete **System war unvollständig**.

Reichsein will gelernt sein

Vielleicht hatten Sie nur die Nägel, aber keinen Hammer?

Dieses Arbeitsbuch wird das ändern!

Haben Sie sich schon einmal Gedanken darüber gemacht, wie unsere geistigen Einstellungen zustande kommen?

Wieso glauben wir etwas Bestimmtes?

Es gibt Dinge, die Sie seit Ihrer Kindheit glauben. Nüchtern betrachtet, ist das darauf zurückzuführen, dass diese Dinge jahrelang wiederholt wurden. Es ist eine Gewohnheit.

Wenn man Ihnen etwas immer wieder vorsagt - und Sie keine bewussten Einwände dagegen haben - akzeptieren Sie es eines Tages schlichtweg als die Wahrheit. Die Vorstellung wird Ihrem Unterbewusstsein eingepflanzt und wächst dort heran. Bis sie eines Tages auch das bewusste Denken erreicht.

Das gilt auch für den finanziellen Bereich. Auch in diesem Bereich wurden uns gewisse Ideen, Vorstellungen und Gedanken eingepflanzt. Ob diese Vorstellungen richtig oder falsch waren, spielt keine Rolle; sie haben in Ihrem Unterbewusstsein Wurzeln gefasst und sind gewachsen.

Und so sagen Sie dann: *„Der ist stinkreich!“* Merken Sie schon etwas?

Oder ...

„Das kann doch nicht mit rechten Dingen zugehen!“

Mit Sicherheit könnten Sie diese Liste fortführen. Vielleicht sind Sie ja immer noch nicht davon überzeugt, dass Sie im Grunde ein Armutsbewusstsein haben. *„Solche Redewendungen sagt doch jeder einmal, ein paar harmlose Worte machen mir doch nichts aus.“*

Was Sie denken, entscheidet nachhaltig über Ihr Leben. Hundertprozentig!

Wenn Sie der formlosen Substanz solche abfälligen Bewertungen über Geld und über die Leute, die Geld besitzen, einprägen, sich selbst gleichzeitig aufgrund Ihres Geldmangels für einen guten Menschen halten, kann das Ergebnis nur chaotisch sein.

Wie bereits gesagt, wirken diese Vorstellungen so oder so. Ob sie nun richtig oder falsch sind. Gedanken haben immer eine Macht.

Reichsein will gelernt sein

Ein kurzer Schwenk zur religiösen Seite. Alle Weltreligionen warnen vor der „Liebe zum Geld", nicht vor dem Geld selbst. Wenn Sie in Ihrem Leben nur noch Geld sehen und Ihre Augen bereits Euro-Format haben, ist Ihr Leben zu einseitig geworden. Dann werden Sie auch nicht glücklich werden, egal, wie viel Sie jemals besitzen sollten.

Der Buddhismus wird häufig fälschlicherweise mit einer Erhabenheit der Armut in Verbindung gebracht. Buddha hat sich jedoch nie gegen Reichtum ausgesprochen, seine Sorge galt der Art und Weise, wie Reichtum erworben und verwendet wird.

Oder nehmen wir Mutter Theresa, eine Frau, die ein Armutsgelübte geleistet hatte. Sie konnte über Millionen verfügen, meist brauchte sie dazu nur einen Anruf zu tätigen.

Wie haben es Ihre Eltern mit Geld gehalten - oder tun es immer noch?

Was haben Sie davon übernommen?

Dass das Geld hinten und vorne nicht reicht?

Dass man buckeln könne bis zum Umfallen, und doch auf keinen grünen Zweig käme?

Dass man sich damit keine Liebe kaufen könne?

Dass man froh sein solle mit dem, was man hat....?

All das sollten Sie sich bitte ansehen.

Was empfinden Sie, wenn Sie einen reichen Menschen sehen?

Neid?
Verachtung?
Überheblichkeit?
Minderwertigkeit?
Verärgerung ...?

Seien Sie ehrlich zu sich. Mit Ihren unbewussten Einstellungen können Sie Geld abweisen. Vielleicht glauben Sie, dass jemand anders weniger haben müsse, wenn Sie mehr haben wollen.

Das wollen Sie nicht. Sie wollen doch niemand etwas wegnehmen!

Die Reichsein will gelernt sein des Reichwerdens

Humbug!

Wir leben in einem Universum der Fülle. Es gibt einen amerikanischen Wirtschaftsprofessor namens Paul Zane Pilzer. In seinem (1991 auf Englisch erschienenen) Buch „Unlimited Wealth: The Theory and Practice of Economic Alchemy" untermauert er die These, dass wir von unbegrenzten Ressourcen statt von Mangel auszugehen haben. Die Wirtschaftsexperten sprechen ständig darüber, dass unsere Ressourcen - Öl, Gas, Mineralien ... - begrenzt seien. Professor Pilzer sagt jedoch, dass dem nicht so sei.

Er schreibt, dass diese Fehlvorstellung nicht nur dazu beigetragen habe, den meisten Leuten wirtschaftlichen Erfolg vorzuenthalten, sondern *„im Laufe der Jahrhunderte auch für Kriege, Revolutionen, politische Strategien und menschliches Leid unermesslichen Ausmaßes verantwortlich"* war.

Lassen Sie sich das mal auf der Zunge zergehen. Was sagt der Professor damit aus?

Er sagt, dass unser falsches Denken, unsere Weltsicht dazu beigetragen habe, die Auswirkungen heraufzubeschwören, die wir gar nicht haben wollen. Die Ergebnisse sind also auf unser Denken zurückzuführen. Und was wir denken wollen, liegt immerhin an uns selbst.

Professor Pilzer beschreibt in diesem Buch weiterhin wissenschaftlich, warum das althergebrachte Denken falsch ist und dass unsere Welt in Wirklichkeit ein Füllhorn an Ressourcen ist. An dieser Stelle geht es nicht um die Rezension eines Buches, die Kernaussage ist jedoch, dass ...

das Problem unsere Denkweise ist, nicht ein Zuwenig an verfügbarem Reichtum.

Und schon wieder ist eine weitere Ausrede ersatzlos gestrichen!

Da lebten wir also die ganze Zeit in einer riesigen Dunstwolke aus Gedanken und Gefühlen und haben damit nichts anders angefangen, als uns und anderen einzureden, dass wir das Leben, welches wir uns im Grunde wünschen, nicht erreichen könnten. Gründe dafür, warum etwas nicht geht, können wir in Hülle und Fülle auftischen.

Aber genau diese eingebildeten Gründe sind es auch, die uns davon abhalten, den Wohlstand zu erlangen, den wir uns wünschen.

Sie können diese Scheingründe aus Ihrem Leben verbannen.

Reichsein will gelernt sein

Vielleicht hilft Ihnen dazu ein Wörtchen:

Bisher haben Sie etwas Falsches gedacht, **von nun an nicht mehr.**

Bisher haben Sie Ausreden gebraucht, **von nun an nicht mehr.**

Jetzt können Sie sich die Situation mit neuen Augen ansehen.

Bisher hatten Sie vielleicht ein Armutsbewusstsein, **jetzt nicht mehr.**

Sprechen Sie nie über finanzielle Probleme. Denken Sie nicht einmal daran. Reden Sie mit niemandem über Mangel oder Armut oder wie schwer Sie es doch haben.

Damit würden Sie nur mehr Desselben in Ihr Leben ziehen.

Sprechen Sie stattdessen über Ihre neu gewonnenen Einsichten. Und wenn Sie schon über altes und falsches Denken schreiben oder sprechen müssen, verwenden Sie eben dieses kleine Wörtchen:

„bisher"

„Bisher habe ich immer gedacht, dass..."

Abschließend nochmals der Hinweis, der bereits auf Seite 65 stand: Durchdenken Sie bitte erst diese Lektion, bevor Sie weiterlesen.

Für die nächste Lektion sollten Sie Ihre letzten Kontoauszüge bereithalten (oder auch Ihr Scheckbuch oder Ihre Kreditkartenabrechnung, falls dies für Sie zutrifft)

Lektion 3 - Her mit der neuen Denke!

"Pecunia non olet"

(„Geld stinkt nicht"), entgegnete vor 2000 Jahren Kaiser Augustus seinen Beratern, als sie ihn davon abhalten wollten, für die Benutzung öffentlicher Toiletten Geld zu nehmen. (Es gibt eine andere Version, wonach es Kaiser Vespasian gewesen sein soll, der diesen Ausspruch getan hat).

Wie dem auch sei, dies ist ein praktischer Kurs, keine historische Spekulation.

Wozu diese Einleitung?

Der Spruch gilt auch heute noch und sagt etwas Wichtiges aus:

Geld ist neutral. Es ist weder gut noch böse.

Es hat nicht einmal einen Wert - außer dem, den wir ihm beimessen!

Geld nimmt die Bedeutung an, die wir ihm geben. Das beinhaltet, dass es durchaus auch für schädliche Zwecke missbraucht werden kann. Es kann Menschen sehr wohl in die Abhängigkeit von Drogen bringen, es kann jemanden zur Spielsucht verleiten oder sonstige Exzesse auslösen.

Der Stellenwert, den Geld für Sie hat, hängt von Ihnen ab. Wenn Sie Geld mit etwas Schmutzigem verbinden, senden Sie damit ein sehr wirksames Signal an die formlose Substanz.

Und erhalten dann die Quittung dafür!

Betrachten wir es nüchtern. Alles kann missbraucht werden. Selbst die nützlichsten Dinge - Wasser, Feuer, Luft oder gar Nahrung - werden schädlich, wenn sie missbräuchlich genutzt oder an der verkehrten Stelle verwendet werden. Dasselbe gilt für Geld.

Geld kann auch stillstehen. Wie ein Teich ohne Zu- und ohne Abfluss. Wenn wir Angst davor haben, unser Geld in Umlauf zu bringen, wird es toxisch - wie ein Gewässer. Der natürliche Zustand ist der des Fließens.

Der Anthropologe Joseph Campbell (1904 - 1987) sagte einmal, dass Geld "geronnene Energie" sei.

Energie ist jedoch immer in Bewegung, sie muss zirkulieren.

Reichsein will gelernt sein

Das, was die meisten unter „Geld" verstehen, besteht aus Papier, Metall oder Elektronen; darum geht es nicht. Es geht um die Energie, um die Bedeutung, die wir ihm geben.

Was Sie jetzt mit Ihrem Geld anstellen, werden Sie auch dann tun, wenn Sie finanziell reich sind.

Es ändern sich lediglich die Dimensionen.

Das ist das Schöne an Geld. Sie können damit Gutes tun, das sich sogar noch auswirkt, wenn Sie sich nicht mehr in diesem Körper befinden. Sie können es zu Ihrem Botschafter machen.

Mit Geld können Sie Dinge positiv verändern.

Für die nächste Übung brauchen Sie Ihre Kontoauszüge aus dem letzten Monat und/oder Ihr Scheckbuch, je nachdem, wie Sie Ihre Zahlungen in der Regel leisten.

Vielleicht auch Ihre Kreditkartenabrechnung oder Aufzeichnungen über Barausgaben.

Praktische Übung

Sehen Sie sich bitte Ihre finanziellen Ausgaben nun an, soweit Sie darüber Unterlagen haben:

Welche Überweisungen haben Sie getätigt?

Welche Einzugsermächtigungen/
Abbuchungsaufträge haben Sie erteilt?

Was haben Sie per Kreditkarte/
EC-Karte bezahlt?

Oder über ein Online-System
(PayPal, MoneyPay, ClickAndBuy,
mywirecard, Google Wallet ...)?

Erstellen Sie darüber bitte eine Aufstellung.

Meine Ausgaben, Monat: ____________ Der Wert für mich

Überweisungen (wofür?)		
Schecks		
Kredit-/EC-Karte		
Online-Bezahlsysteme		

Falls Sie ein SmartPhone (z.B. iPhone) besitzen, finden Sie auch Applikationen, die Ihnen helfen, einen Überblick zu behalten.

Doch zurück zu unserer obigen Übersicht:

Das war der einfache Teil, jetzt müssen Sie ein bisschen nachdenken. Immerhin haben auf der rechten Seite noch eine weitere Spalte.

Reichsein will gelernt sein

Schreiben Sie nun für jede Ihrer Ausgaben in die rechte Spalte, welchen Wert diese Anschaffung für Sie hatte.

Zwei Beispiele:

Sie haben Ihre Miete oder Hypothek bezahlt.

Welcher Wert kommt dabei für Sie zum Ausdruck?

- Bequemlichkeit?
- Sicherheit?
- Zukunftssicherung?
- Kapitalanlage?
- Wohlgefühl?
- Freiheit?
- Gestaltungsmöglichkeiten ...?

Welches tiefere Bedürfnis wird dadurch erfüllt?

Vielleicht habe Sie Ihrem Herzblatt ein Geschenk gekauft.

Welcher Wert wird dadurch ausgedrückt?

- Liebe?
- Zusammengehörigkeit?
- Geborgenheit?
- Freude am Schenken?
- Freundschaft ...?

Nehmen Sie sich bitte genügend Zeit für diese Übung.

Finden Sie heraus, was Sie mit Ihrem Geld zum Ausdruck bringen!

Natürlich können Sie Ihre eigene Liste erstellen, falls Ihnen die obigen Kästchen zu schmal vorkommen.

Hauptsache - Sie tun es!

(Begehen Sie bitte nicht den Fehler, den Wert dieses Kursus anhand der Seitenzahl zu beurteilen. Eine einzige in die Praxis umgesetzte Erkenntnis ist tausend Mal mehr wert als tausend Seiten nicht umgesetzten theoretischen Wissens!)

Lektion 4 - Worauf es nicht ankommt!

Zunächst wieder die praktische Übung:

1. Schreiben Sie hier einige Beispiele auf, die Sie aus eigener Erfahrung kennen oder welche Ihnen bekannt sind:

Ein reicher Mensch aus einer schlechten Umgebung	Ein nicht reicher Mensch aus einer guten Umgebung
ohne klar ersichtliche Begabungen	mit vielen Talenten und Begabungen
mit nur durchschnittlicher Intelligenz	mit außergewöhnlicher Intelligenz
mit nur geringer Schulbildung	mit Titeln, Diplomen, usw.

2. Notieren Sie hier **Ihre** fünf besten Eigenschaften (bisher).

   Eventuell können Sie jemanden bitten, Ihnen hier Rückmeldung zu geben.

   Zum Beispiel: Kreativität, Erfahrung, Bildung, Belesenheit, Ausdruckskraft, usw.

   1. ....

   2. ....

   3. ....

   4. ....

   5. ....

Und zum Abschluss schreiben Sie bitte auf die folgenden drei Zeilen jeweils eine Person, die Sie kennen oder von der Sie wissen, dass Sie die Eigenschaften, die Sie für sich selbst angegeben haben **nicht** besitzt:

____

____

____

Können Sie bereits erahnen, wozu Sie in der Lage sind, wenn Sie Ihre persönlichen Stärken mit Ihrem neu gewonnenen Wissen kombinieren!

Es geht bewusst erst auf der nächsten Seite weiter, damit Sie nicht allzu verleitet werden, gleich weiterzulesen. Es ist in Ihrem eigenen Interesse, diese Übungen wirklich gewissenhaft durchzuführen.

Reichsein will gelernt sein

Haben Sie die praktische Übung aus dieser Lektion 4 wirklich gemacht?

Das öffnet einem doch die Augen, nicht wahr?

Vielleicht kennen Sie ja auch einen Sänger oder Schauspieler, der Ihrer Meinung nach nicht gerade der talentierteste ist. Wie um Himmels Willen hat der es bloß geschafft, in die Hitparaden zu gelangen?

Oder vielleicht hatten Sie schon mal einen Vorgesetzten oder eine Chefin, und haben sich im Stillen gedacht, dass Sie um Längen besser seien? Wieso erhält dieser Mensch das Dreifache Ihres Gehaltes?

Oder Sie haben Kollegen, die Ihnen, nüchtern betrachtet, nicht das Wasser reichen können.

Und dennoch haben diese Leute die Nase vorn!

Wie machen die das bloß?

Was haben andere, was Sie nicht haben? Wieso sind diese Leute weiter als Sie?

Solche oder ähnliche Überlegungen und Erfahrungen sind wahrscheinlich den meisten von uns bekannt. Wir wundern uns und schütteln den Kopf - aber haben keine brauchbare Erklärung dafür.

Bis jetzt!

Immerhin haben Sie die „Wissenschaft des Reichwerdens" aufmerksam gelesen und dort finden wir sehr wohl eine Erklärung für solche Phänomene. Eine wissenschaftliche sogar.

Diese Senkrechtstarter wissen etwas und verhalten sich - vielleicht unbewusst - **auf eine erfolgsüberzeugte Art und Weise.** Dieses Verhalten werden Sie in diesen Lektionen näher kennenlernen.

Wie gesagt, dies kann auch unbewusst sein; in diesem Fall würden es die Betroffenen selbst nicht erklären können. Weder sich noch anderen.

Die unbewusste **positive Erwartungshaltung** dieser Leute setzt jedoch einen schöpferischen Prozess in Gang, der ihnen die gewünschten Ergebnisse bringt!

In diesem Arbeitsbuch werden Sie lernen, wie Sie diesen Prozess auf bewusste Weise auslösen und steuern können!

Reichsein will gelernt sein

Wallace Wattles gibt in Kapitel 5 seines Buches noch einen weiteren Grund dafür an, warum sich manche Leute auf der Überholspur des Lebens bewegen:

„ ... gelangen lediglich aufgrund ihrer außerordentlichen Konkurrenzfähigkeit in diese Lage und manchmal bringen sie sich im Zuge der industriellen Revolution unbewusst in Beziehung zur Substanz ...”

Mit anderen Worten, diese Leute gehen mit ihren Ellbogen vor. Das können Sie zwar auch tun - Sie werden allerdings einen Preis dafür bezahlen müssen.

Wenn Sie Ihren Erfolg durchboxen und erkämpfen, statt sich im Einklang mit den universellen Gesetzmäßigkeiten zu verhalten, sind Sie ständig gestresst. Sie müssen permanent Druck ausüben, damit sich die Dinge in Ihrem Sinne bewegen.

Wattles sagt dazu:

„Auf der Wettbewerbsebene erworbener Reichtum ist niemals befriedigend und dauerhaft. Ein solcher Reichtum gehört heute Ihnen - und morgen einem anderen.

Dazu kommt, dass Leute, die ein ausgeprägtes Konkurrenzdenken an den Tag legen, bereit sind, ‘über Leichen zu gehen‘ - bildlich gesprochen. Diese Leute haben keine Interesse daran, ‘für alle mehr Leben zu schaffen‘.

Das Tolle an der Wissenschaft des Reichwerdens ist, dass Sie sich über so etwas gar keine Gedanken zu machen brauchen. Sie gehen einen anderen Weg.

Was auf diesem Weg von Belang ist, wollen wir uns jetzt ansehen:

Wallace Wattles spricht von einer *Wissenschaft* des Reichwerdens. Eine Wissenschaft richtet sich nach gewissen Gesetzmäßigen, auch „Prinzipien” genannt. Er sagt, dass wir mit „mathematischer Sicherheit” reich werden, wenn wir diese Prinzipien verstehen und sie “befolgen”.

Was meint er damit: „befolgen”?

Nehmen wir als Beispiel das Gesetz der Erdanziehung (auch „Gesetz der Schwerkraft” genannt).

Sie wissen, was dieses Gesetz besagt und wie es funktioniert. Also richten Sie Ihr Denken und Handeln danach aus. Auf diese Weise erhalten Sie bestimmte Ergebnisse.

Sie steigen zum Beispiel nicht absichtlich über einen Felsvorsprung hinaus, das heißt, Sie „befolgen" dieses Gesetz.

Die gesamte Wissenschaft des Reichwerdens beruht auf dem **Gesetz von Ursache und Wirkung**.

Dieses Gesetz besagt schlicht und einfach, dass gleiche Ursachen immer zu gleichen Wirkungen führen. Mit mathematischer Präzision.

Falls Sie eine heiße Herdplatte anfassen, werden Sie sich die Hand verbrennen. **Immer!**

Falls Sie einen Gegenstand fallen lassen, wird er **immer** zu Boden fallen.

Falls Sie 2 mal 2 nehmen, werden Sie **immer** 4 erhalten.

Immer, always, siempre, toujours - ohne Ausnahme!

Ohne dieses Gesetz würden wir in einem totalen Chaos leben. Stellen Sie sich vor, dass dieses Gesetz auch nur eine einzige Sekunde lang außer Kraft gesetzt würde. Nicht auszudenken!

Man könnte sich auf absolut gar nichts mehr verlassen!

Hier handelt es sich jedoch um ein universelles Gesetz, und diese sind - im Gegensatz zu den von den Menschen gemachten - **unfehlbar, unveränderlich, unwandelbar.** Sie gelten immer und überall!

In der Wissenschaft geht es um reproduzierbare Ergebnisse. Sie haben eine Theorie und beweisen diese anhand diverser Experimente. Dann geben Sie die gewonnenen Einsichten und Erkenntnisse frei, damit auch andere Menschen dieselben Ergebnisse erzielen können - wenn sie genauso vorgehen.

Wallace Wattles schreibt dazu:

„Sobald ein Mensch diese Gesetzmäßigkeiten gelernt hat und sie befolgt, wird er mit mathematischer Sicherheit reich werden!"

Um bestimmte Ergebnisse zu erzielen, brauchen wir oft nur eines tun: wir müssen **glauben, dass es möglich ist.** Im Sport ist diese Tatsache besonders häufig zu sehen. Da wird jahrzehntelang geglaubt, dass bestimmte sportliche Leistungen nicht möglich seien, und dann kommt einer daher, bricht einen Rekord - und von da an wird dieser Rekord immer wieder gebrochen.

Reichsein will gelernt sein

Viele Menschen haben allerlei irrige Vorstellungen, wenn es um die Gründe für Wohlstand und Reichtum geht.

Sehen wir uns einige dieser **Fehlvorstellungen** an:

Die Umwelt

Es gibt unzählige Geschichten von Leuten, die aus den ärmlichsten Verhältnissen stammen und an die Spitze gelangten.

Auf der anderen Seite gibt es auch Leute, die in eine „goldene Wiege" hineingeboren wurden und dennoch scheiterten.

Talente und Fachwissen

Auch das ist kein Garant für Wohlstand. Wattles schreibt in Kapitel 2:

„Beim Studium der Personen, die es zu Reichtum gebracht haben, stellen wir fest, dass hier in jeder Hinsicht eine Durchschnittsverteilung zu beobachten ist."

Die Intelligenz ist es also auch nicht. Dies können Sie in einer beliebigen Großstadt selbst testen.

Nehmen Sie sich ein Taxi und die Chancen stehen nicht schlecht, dass Ihr Taxifahrer ein Studium, oder zumindest das Abitur, vorzuweisen hat.

Sich so, wie die meisten anderen zu verhalten, ist nicht die Antwort!

Das, was die meisten für die Ursachen halten, stimmt nicht. Die obige Liste ließe sich natürlich weiterführen, man könnte „Kapital" als eine nötige Erfolgsvoraussetzung nennen, oder „Durchsetzungsvermögens" oder viele andere Dinge mehr.

Uns interessiert jedoch mehr, worauf es ankommt.
Was ist die eigentliche Ursache?

Wattles sagt, dass sich alle Erfolgreichen - egal, in welchem Beruf sie tätig sind - auf „erfolgsüberzeugte Weise" verhalten würden.

Dieser „Erfolgsüberzeugung" müssen wir also auf die Spur kommen. Wenn wir wissen, was er genau darunter versteht, sind wir am Kern der Dinge angelangt, an der Ursache.

Reichsein will gelernt sein

Sobald wir die Ursache kennen, können wir sie reproduzieren und dieselbe Wirkung (die Ergebnisse) erzielen.

In Kapitel 2 schreibt Wattles:

„Es ist ein Naturgesetz, dass Gleiches Gleiches anzieht. Aus diesem Grunde wird jeder Mensch, der die Dinge mit erfolgsüberzeugter Bestimmtheit tut, unfehlbar reich werden."

So schwierig kann es also nicht sein!

Laut Wattles brauchen wir dazu nur:

- genügend Intelligenz, um das Buch lesen und verstehen zu können;

- eine gewisse Bereitschaft, mit anderen Menschen zu verkehren;

- einen gesunden Menschenverstand
- (als Beispiel nennt er, dass Sie an einem Ort, an dem es keine Lachse gibt, keine Lachsfischerei anfangen sollten).

Ihr Bestes werden Sie immer bei einer Arbeit machen, die Ihnen zusagt und die Sie gerne tun.

Falls Sie bereits einen gutgehenden Betrieb haben sollten, umso besser. Falls Sie bereits Fachkenntnisse für Ihre Branche besitzen sollten, fantastisch.

Falls nicht, halb so wild!

Immerhin haben Sie bereits fünfundachtzig Seiten gelesen. Und Sie haben den Kursus bereits bis zur Lektion 4 verfolgt.

Sie haben also Interesse und Sie sind bereit, sich für weitere Einsichten zu öffnen und dazuzulernen. Das können wir also schon mal abhaken.

Dass Sie über einen gesunden Menschenverstand verfügen, kann ebenfalls mit Fug und Recht angenommen werden.

Die von Wattles genannten Voraussetzungen bringen Sie also auf jeden Fall mit. Eventuell ist der Bereich „Beruf" nicht völlig zu Ihrer Zufriedenheit abgedeckt und Sie üben den Ihrigen nicht mit einer allzu großen Begeisterung aus. Das ist ein wichtiger Bereich; wir werden später nochmals darauf eingehen.

Aber die Richtung stimmt!

Reichsein will gelernt sein

Sehen wir uns hierzu nochmals eine Aussage von Wallace Wattles an:

„Sie könnten die ärmste Seele auf dem Kontinent und hochverschuldet sein.

Sie könnten weder Freunde, Einfluss noch Mittel haben.

Sobald Sie aber anfangen, sich auf erfolgsüberzeugte Weise zu verhalten, werden Sie mit absoluter Sicherheit auch reich werden, da gleiche Ursachen zu gleichen Wirkungen führen müssen."

Sie können es also schaffen und Sie haben das Zeug dazu. Es liegt nur an Ihrer Bereitschaft.

In der nächsten Lektion werden darauf eingehen, dass wir in einer Welt des Überflusses - und nicht des Mangels - leben.

Durchdenken Sie bitte nochmals alles.
Nehmen Sie sich auch die praktische Übung nochmals vor!

Lektion 5 - Adios Mangeldenken

Im Jahre 1905 stellte ein sechsundzwanzigjähriger Wissenschaftler aus Ulm die bisherige wissenschaftliche Lehrmeinung auf den Kopf. Er belegte in einer klaren Formel, was Philosophen und spirituelle Denker bereits seit Jahrhunderten behauptet hatten:

- dass die unsichtbare Welt, welche wir mit dem bloßen Auge nicht sehen können, und die Welt, welche wir über unsere Sinne erfahren, zwei Seiten ein und derselben Medaille sind,

- dass sich alles in ständiger Bewegung befindet und sich vom formlosen Zustand in die Form - und wieder zurück - verwandelt. Ein ständiges Hin und Her vom unsichtbaren Zustand in den unsichtbaren.

Der Name dieses jungen Mannes war Albert Einstein; er erklärte die Ebenbürtigkeit von Energie und Materie, oder, um Wattles Terminologie zu gebrauchen, des Formlosen und des Formhaften.

Seine berühmte Formel

$$E = mc^2$$

(Energie ist gleich Masse mal Lichtgeschwindigkeit zum Quadrat),

bestätigt im Grunde die Äquivalenz von Masse und Energie.

Das eine ist in das andere verwandelbar. Wir wissen auch, dass Energie - diese formlose Substanz, aus der alles besteht - weder geschaffen noch zerstört wird; sie verändert lediglich ihre Form.

Wir verbrennen ein paar Holzscheite und haben dann nicht mehr die Form von Holz, sondern die Energie als Licht und Hitze.

Wallace Wattles sagt ein und dasselbe wie Einstein, wenngleich er andere Begriffe verwendet. Einstein sagte sinngemäß:

„Alles, was Sie auf Erden sehen, besteht aus einer Ursubstanz, aus der alles andere entstammt. Ständig werden neue Formen geschaffen und alte lösen sich auf, aber alle Formen gehen auf eine Quelle zurück."

Watttles verwendet eine Vielzahl unterschiedlicher Begriffe dafür:

- Formlose Substanz,
- Ursubstanz,
- Denkerkraft ...

Da er nicht bei einem einzigen Begriff bleibt, kann die Lektüre seines Buchs beim ersten Mal verwirrend sein. Und überhaupt: Von welcher Kraft redet er überhaupt?

Das Universum sei daraus gemacht, aber für die Schaffung des Universums sei nicht alles aufgebraucht worden. Die Zwischenräume zwischen den Formen des sichtbaren Universums würden von der Ursubstanz durchdrungen und durchflutet und dies sei das Rohmaterial für alles Dingliche.

Es würde nie zur Neige gehen, weil es lediglich die Form ändere und zwar immer wieder und immer wieder.

In Kapitel 3 schreibt Wattles:

„Die sichtbare Versorgung ist praktisch unerschöpflich und die unsichtbare ist in der Tat unerschöpflich."

Sehen wir uns diese letzte Aussage näher an. In Lektion 2 haben Sie den Wissenschaftsprofessor Paul Zane Pilzer kennengelernt. Pilzer sagt, dass unser gängiges Wirtschaftsdenken, wonach wir es mit begrenzten Ressourcen zu hätten, falsch sei und dass aufgrund dieses falschen Denkens Entbehrungen und Not auf der Welt bestünden.

Ein Beispiel:

Erdölprodukte.

Viele Leute benutzen sie Tag für Tag und sorgen sich ständig darum, dass diese Vorräte zur Neige gehen könnten. Professor Pilzer sagt nun, dass wir aufgrund der technischen Mittel ständig mehr Vorräte zur Verfügung haben.

Die Technologie kann die Nachfrage nach Erdöl drosseln, indem effizientere Motoren entwickelt und andere Neuerung eingeführt werden. Ein weiterer Vorteil ist, dass diese Neuerungen mittlerweile auch umweltverträglicher und sauberer sind. Zwar halten wir Gas und Öl für etwas Lebenswichtiges, aber genau betrachtet, nutzt der Mensch solche Ressourcen erst seit etwa 150 Jahren.

Reichsein will gelernt sein

Die Entwicklung ging von Holz und Kohle zu Erdöl und wird natürlich weitergehen.

Manche Menschen verfallen in ein Mangeldenken, was unsere natürlichen Rohstoffe anbelangt.

Das scheinbare Paradoxon, mit dem wir es hier scheinbar zu tun haben, ist, dass das Problem nicht darin besteht, dass diese Ressourcen unbegrenzt sind. Das Problem entsteht vielmehr aufgrund der Denkweise, dass sie begrenzt seien. Das führt dazu, dass man anderen zuvorkommen will, wenn es um die Gewinnung von Rohstoffen geht. Das Ergebnis ist dann Gier und Ausbeutung.

Nun sind die meisten Menschen aber so an ihr Mangeldenken gewöhnt, dass sie sich daraus einfach nicht befreien können. Solange wir geistig in eine Sache verbohrt sind und nicht weiterdenken können, bleiben wir ewig bei den fossilen Brennstoffen, dann sehen wir nicht über unseren Tellerrand hinaus und können neue Möglichkeiten nicht erkennen.

Wir leben in einer polaren Welt. **Wenn es ein Problem gibt, muss es auch eine Chance geben.** Jedes Produkt, das auf der Welt verkauft wird, ist in irgendeiner Weise eine Lösung für ein Problem. Irgendjemand zieht daraus einen Nutzen.

Um Lösungen und Fülle sehen zu können, brauchen wir einen neuen Blickwinkel. Um nochmals Herrn Einstein zu zitieren:

„Wir können ein Problem nicht auf der Ebene lösen,
auf der es entstanden ist."

Dazu müssen wir flexibel sein. Solange wir verbohrt sind, glauben wir, dass unsere jetzige Einkommensmöglichkeit unsere einzige Art und Weise sei, wie wir Geld verdienen können. Wenn wir uns geistig öffnen, eröffnen sich auch neue Kanäle. Und vor allem merken wir, wenn wir einer Chance gegenüberstehen.

Die Entwicklung schreitend rasend voran. Denken Sie nur an Langspielplatten. Vielleicht hatten auch Sie eine umfangreiche Sammlung. Dann kamen Tonbandgeräte, Kassetten und dann CDs und MP3.

Das Neue verdrängt immer das Alte.

Größere oder unerwartete Veränderungen im Leben können einem durchaus Angst einjagen.

Reichsein will gelernt sein

So etwas kann einen ganz schön nervös machen - wenn man sich auf Mangel konzentriert. Wie oft sagt jemand *"Ich habe meinen Job verloren"*, wenn er/sie doch nur eine bestimmte Einnahmequelle meint, mit der dieser Mensch vertraut war.

In einer solchen Situation kann eine **Änderung des Blickwinkels dazu führen, neue Möglichkeiten zu erkennen.**

Statt weiter Trübsal zu blasen, was nichts Gutes bringen kann, eröffnet ein neues Denken bessere Möglichkeiten.

Zuerst müssen wir uns das bisherige Mangeldenken bewusst machen.

Dann müssen wir es loslassen.

Sind Sie dazu bereit?

Dann packen Sie Ihre Siebensachen und verlassen Sie „Mangeldorf" - auf nach „Reichhausen"!

Die nächste Lektion wird etwas kürzer ausfallen.

Dann wollen wir diese „Neue Denke" nochmals etwas vertiefen.

In Lektion 7 werden wir dann die Frage behandeln, wie die formlose Substanz Form annimmt und sich unserem Leben zeigt.

Das ist ein sehr wichtiger Prozess, auf dem die gesamte Wissenschaft des Reichwerdens aufbaut, weshalb Sie diesen Ablauf wirklich verstanden haben sollten.

Freuen Sie sich auf eine fantastische Reise! Doch ohne Fleiß kein Preis; deshalb zunächst wieder eine kleine Übung.

Praktische Übung

Bei erfolgreich vertriebenen Produkten, die ihren Urhebern großen Wohlstand bringen, handelt es sich immer um Problemlösungen. Solche Produkte sind das Ergebnis kreativen Denkens!

Wussten Sie, das über 80 % der Produkte, die wir heutzutage ganz selbstverständlich nutzen, ersten nach dem Zweiten Weltkrieg erfunden beziehungsweise erzeugt wurden?

Angefangen von der Kopfschmerztablette, über Fernsehen hin zu Computern, Handys und Tablets ... - gab es solche Geräte und Produkte vor wenigen Jahrzehnten noch gar nicht.

Alles befindet sich in einem ständigen Fluss, alles zirkuliert.

Das Alte verschwindet.

Etwas Neues kommt.

Diese Zirkulation verschafft uns ständig neue Gelegenheiten - wenn wir uns vom Mangeldenken verabschieden und uns ein Wohlstandsdenken aneignen!

Führen Sie nun bitte **5 Dinge auf, die Sie ständig benutzen, und welche es vor zehn Jahren noch nicht gab:**

1	
2	
3	
4	
5	

- Wie sind diese Dinge entstanden?
- Handelt es sich um Lösungen für verbreitete Probleme?

- Welche Nachfrage befriedigen sie?
- Wie kam der Erfinder/die Erfinderin Ihrer Meinung nach gerade auf diese Lösung?
- Musste er/sie eine Situation aus einem neuen Blickwinkel betrachten?
- Sah er/sie etwas, was andere übersehen hatten?

Denken Sie nun an ein Problem, dem **Sie** momentan gegenüberstehen.

Jetzt treten Sie geistig einen Schritt zurück und betrachten es aus der Entfernung, verändern Sie Ihren Standpunkt.

Welche Gelegenheiten bietet Ihnen diese Situation, die Sie bislang vielleicht übersehen haben?

„Jeder Nachteil trägt den Keim eines gleich großen oder noch größeren Vorteils in sich!"

Napoleon Hill
(1883 - 1970)

Lektion 6 - Packen Sie ess an der Wurzel an!

Wie bereits drei Seiten vorher angekündigt, ist Lektion 6 ziemlich kurz. Doch die Textmenge ist niemals das Entscheidende.

Diese Lektion enthält wahrscheinlich die Antworten auf Fragen, die Sie sich im Zusammenhang mit der Wissenschaft des Reichwerdens ebenfalls bereits gestellt haben.

In Kapitel 3 schreibt Wattles:

„Die formlose Substanz reagiert auf die Bedürfnisse der Menschheit, sie wird sie nicht in Stich lassen."

Wir brauchen gar nicht so weit zu blicken, um Mangelsituationen zu finden. Auf der Welt gibt es grausamste Armut und Entbehrungen - wie soll man angesichts dessen an Fülle und Reichtum glauben können?

Das Problem besteht jedoch nicht darin, dass es nicht genug gäbe. Wir verfallen oft in den Irrglauben, dass wir die Armut als das Problem sehen. Dass der Fluss der unerschöpflichen Fülle durch politische Systeme oder durch den Machthunger einzelner Menschen oder Unternehmen unterbrochen würde. Solchen Faktoren spielen sicherlich eine Rolle, weil der Kreislauf dadurch unterbrochen wird.

Das Problem liegt jedoch tiefer.

Solange wir nur den sichtbaren Mangel auf der physischen Ebene beseitigen wollen, gehen wir nur die Wirkung an, nicht die Ursache.

Eine dauerhafte Veränderung muss jedoch immer von innen nach außen verlaufen. Das Problem muss immer an der Wurzel gepackt werden, dort wo es beginnt. Nur dann kann sich auch in der physischen Realität eine andere Wirkung ergeben.

Falls Sie Ihren Rasen von Unkraut befreien wollen, wird es Ihnen auf Dauer nicht viel helfen, die Unkräuter abzumähen. Sie müssen sie mit der Wurzel ausreißen. Falls nicht, werden Sie sich bald wieder einem Distelfeld gegenübersehen.

Seit Jahrhunderten versuchen gutherzige Menschen, die Armut zu beseitigen, indem sie an den sichtbaren Auswirkungen ansetzen. Manche glaubten auch, die Wurzel des Problems gefunden zu haben.

Reichsein will gelernt sein

Ein Blick auf die Ergebnisse zeigt jedoch, dass diese Menschen nicht tief genug gegraben haben, die Wurzel liegt viel tiefer.

Es ist durchaus möglich, an die Wurzel zu gelangen!

Die Welt ist reich. Wattles sagt, dass Menschen arm seien, weil sie Dinge nicht auf eine erfolgsüberzeugte Art und Weise täten und auch nicht wüssten, was sie zu tun haben.

Die meisten wissen es auch heute noch nicht, sie kennen dieses Buch nicht.

I-Bux.Com hat bereits im Jahre 2005 eine deutsche Version dieses Buches ins Internet gestellt. Aufgrund dieses Wissens erwächst für uns - unserer Meinung nach - auch eine gewisse Verantwortung.

Für uns selbst und für andere. Wir selbst sind dafür verantwortlich, aufgrund dieses Wissens zu handeln und wir halten es für unsere Verantwortung, dieses Wissen weiterzugeben.

Diese Lektionen sind Teil dieser Verantwortung.

Von dem ehemaligen Filmproduzenten Mike Todd (1909 - 1958) - Regisseur des Filmes „Reise um die Erde in 80 Tagen“ - ist der Ausspruch überliefert:

„Arm zu sein ist eine Geisteshaltung;
pleite zu sein, ist etwas Vorübergehendes.“

Vielleicht kennen Sie diesen Zustand sogar selbst. Mr. Todd hatte völlig recht. Armut ist eine Sache der Einstellung.

Das ist die Hauptursache. Es handelt sich um eine Denkweise, die der physischen Realität vorangeht. Die Armut ist die Auswirkung dieser Denkweise.

Und nun kommt Mr. Wattles daher und sagt, dass Sie aufgrund dieser Tatsache nicht etwa durch den Mangel an Reichtum in Armut gehalten würden und dass für alle mehr als genug da sei.

Dieser Gedanke weitergesponnen, ließe sich in etwa wie folgt umschreiben:

Wenn man heute sämtliche Reichtümer der Welt zu gleichen Teil auf alle Menschen - Männer, Frauen, Kinder - aufteilen würde, hätten wir in zwei, drei Jahren wieder dieselbe Situation wie vorher. Eine ähnliche Situation gab es ja in Deutschland bereits einmal im Zuge der Währungsreform, als jeder Erwachsene 40 D-Mark „Kopfgeld” erhielt.

Reichsein will gelernt sein

Es blieb nicht lange bei dieser „Einheitswährung".

Wer vorher bereits wohlhabend war, war es bald darauf wieder. Wer vorher arm war, was es bald wieder.

Den Grund haben Sie mittlerweile sicherlich bereits erraten: Innerlich hatte sich bei den betreffenden Menschen nichts verändert.

Äußerlich kam es kurzfristig zu einer Änderung. Leute, die vorher weniger hatten, besaßen eine kurze Zeit lang mehr und umgekehrt. Aber im Denken blieb alles beim Alten.

In Spanien wurde im Jahre 2013 bei der Weihnachtslotterie der bisher größte Gewinn ausgeschüttet, über 4 Millionen Euro. Der „glückliche" Hauptgewinner war ein Koch aus einem 100-Seelen-Dorf. Einem Bericht des Wochenmagazins „El Semanal" zufolge, lebt er auch heute noch in seinem unverputzten Haus, innerlich genauso ärmlich wie zuvor.

Andere Lottogewinner machen zwar mehr aus ihrem Gewinn - aber die Freude ist meist nicht von Dauer. Meist stehen sie nach einigen Jahren finanziell schlechter da denn je zuvor.

Diese Leute waren nicht bereit für so viel Geld; sie wussten nicht, wie man es sinnvoll investiert, was man damit anfangen soll.

Diese Lottogewinner machten einfach so weiter, wie bisher auch, es veränderte sich lediglich die Größenordnung. Und so blicken sie letztendlich auf einen Scherbenhaufen - nur, dass dieser jetzt größer war.

Wir werden auf diesen Punkt später nochmals zu sprechen kommen. Für heute lautet die „Hausaufgabe", Ihr eigenes bisheriges Denken in diesem Bereich unter die Lupe zu nehmen.

Betrachten Sie es am besten ganz nüchtern, wie ein Wissenschaftler, das heißt, ohne ein Urteil zu fällen. Gehen Sie Ihrem eigenen Denken mit einer gesunden Neugierde auf den Grund.

Ihr Denken und Ihre Vorstellungskraft spielen eine außerordentlich wichtige Rolle. Das gilt für den Bereich des Einzelnen genauso wie auf weltweiter Ebene. Wir können nur dann auf einer Welt leben, in der jeder mehr als genug für sein Auskommen hat, wenn wir uns das zunächst vorstellen können.

Wählen Sie geistige Vorstellungsbilder, in denen Fülle herrscht. Für jedermann!

Lektion 7 - Vom Formlosen zum Formhaften

Die praktische Übung in diesem Teil ist sehr kurz und bündig, Sie brauchen dazu nur drei Minuten.

Dass Gedanken und Gefühle schöpferisch wirken - etwas erschaffen - und letztendlich Ihre Lebensumstände hervorbringen oder zumindest mit beeinflussen, haben wir bereits angesprochen.

Da Sie dies ja eventuell immer noch bezweifeln, nochmals ein kurzer Ausflug in die Wissenschaft. Das Stichwort heißt hierbei: Retikuläres Aktivierungssystem („RAS". Vom Englischen „Reticular Activation System". Retikulär = netzartig).

Das RAS ist ein Teil des Gehirns. Es sucht die Umgebung ständig nach gewissen Dingen und Umständen ab und ist auf der Ausschau nach Bedrohungen und Chancen. (Wenn es sich selbst überlassen bleibt, ist es mehr auf der Suche nach Gefahren. Jeder dreht sich instinktiv um, wenn er oder sie hinter sich ein Motorgeräusch oder Fußtritte hört).

Das RAS ist der unbewusste Teil des Gehirns, das nach mehr von dem sucht, was darin bereits abgespeichert ist. Falls Sie zum Beispiel ein neues Auto der Marke „Flitzschnell" erstanden haben, werden Sie durch das RAS auf andere Autos dieser Marke aufmerksam gemacht. Vorher ist Ihnen gar nicht aufgefallen, wie viele dieser Autos auf den Straßen sind.

Falls in unserem Unterbewusstsein überwiegend Negatives oder Bedrohliches abgespeichert ist, findet das RAS ebenfalls wieder weitere Belege und Beispiele für diese Programmierung. Wer beispielsweise Angst vor Inflation hat, wird in den Medien immer wieder auf „Beweise" für diese Angst stoßen. Dasselbe gilt für Krankheiten, aber natürlich auch für alles Gute.

Nehmen wir an, dass Sie sich auf einer Geburtstagsfeier angeregt mit jemandem unterhalten. Sie sind sehr in das Gespräch vertieft.

Auf einmal hören Sie, wie jemand Ihren Namen ausspricht. Diese andere Person befindet sich in einem völlig anderen Teil des Raumes und hat auch nicht besonders laut gesprochen.

Doch Ihre Aufmerksamkeit geht sofort dahin. Das ist das RAS in Aktion.

Es ist also sehr wichtig, das Denken nicht ins Negative abdriften zu lassen. Hundertprozentig positiv denkt wahrscheinlich kein Mensch auf dieser Erde; das ist auch gar nicht erforderlich.

Reichsein will gelernt sein

Es geht um Ihre **vorherrschenden** Gedanken.

Falls Sie sich bei solchen negativen Gedanken ertappen (Sorgen, Neid, Ohnmachtsgefühle, Ängste, Eifersucht, Konkurrenzdenken ...), stellen Sie sich die Frage:

„Wäre ich bereit, diese Gedanken in den nächsten drei Minuten als reale Auswirkung zu erleben?"

Wahrscheinlich lautet Ihre Antwort *„Nein."*

Was tun Sie dann?

Es liegt in Ihrer Macht, Ihre Aufmerksamkeit, Ihre Gefühle und Ihre Erwartung zu verändern!

„Es gibt eine denkende Substanz, aus der alle Dinge geschaffen sind und welche in ihrem Urzustand die Zwischenräume des Universums durchdringt, durchflutet und ausfüllt."

(Kapitel 4)

Eine „denkende Substanz" (im Original „a thinking stuff"), welch seltsame Formulierung!

Gehen wir der Sache auf den Grund:

Zu der Zeit, in der Wallace Wattles dieses Buch schrieb, also im ersten Jahrzehnt des zwanzigsten Jahrhunderts, waren die Vorstellungen, die man im Westen vom Universum hatte, im Wandel begriffen. Die vorherige Sichtweise, wie von Newton oder Descartes vertreten, wonach es sich um eine gigantische Maschine handle, in der alle Einzelteile wie eine Riesenuhr zusammenarbeiteten, musste das Feld räumen. An ihre Stelle trat eine neue Sichtweise, wonach eine dynamische Energie keineswegs nach einem starren System wirkte und statisch war, sondern auf etwas reagierte.

Die bisherige Denke („Paradigma" würden wir heute sagen), wonach wir es mit einer routinemäßig ablaufenden Maschinerie zu tun haben, hatte sich überholt.

Die bisherige Vorstellung funktionierte nicht mehr, weil die Menschen eine Stufe des Verstehens und Wissens erreicht hatten, welche nach einer neuen Sichtweise verlangte. (Wenngleich in vielen Schulen und in der Medizin offenbar heute noch das mechanistische Weltbild gelehrt bzw. damit gearbeitet wird. Die Schulmedizin arbeitet immer noch mit lokalen Symptomen und hat noch nicht verstanden, dass auf der energetischen Ebene alles zusammenwirkt).

Und so entstand die Sichtweise, dass wir in der Tat in einem intelligenten Universum leben. Also ein Universum, das denkt. In einer „denkenden Substanz", wie Wattles sagt.

Nun zum Wort „Substanz":

Wenige Jahre, bevor Wattles diese Formulierung zu Papier brachte, hatte Albert Einstein eine völlig neue Sichtweise erschlossen, indem er eine Reihe damals unerhörter und revolutionärer Ideen vorstellte, von denen die bekannteste diejenige ist, dass Energie und Materie austauschbar seien. Die entsprechende Formel haben Sie ja bereits auf Seite 87 erfahren. Diese Formel besagt, dass Materie Energie ist und dass alles, was wir sehen, eine Form dieser Energie ist.

Energie existiert. Sie wird weder geschaffen noch zerstört, sondern verändert lediglich ihre Form.

Das Formlose - die Energie - wird zum Formhaften: zu materiellen Gegenständen und Wirkungen.

Gut. Nun zur nächsten Aussage Wattles', ebenfalls wieder aus Kapitel 4:

„Ein Gedanke dieser Substanz erschafft das Gedachte.

Der Mensch kann gedanklich Dinge formen und kann das Erdachte schaffen, indem er der formlosen Substanz seine Gedanken einprägt."

Im letzten Jahrhundert wurden im Bereich der Physik viele neue und umwälzende Erkenntnisse gewonnen. Wir wissen mittlerweile, dass sich das Verhalten der kleinsten Materieteilchen - wobei das Wort „Teilchen" nicht das Zutreffendste ist - verändert, wenn sie gemessen und beobachtet werden.

Wir wissen, dass sich die Erwartungshaltung der Wissenschaftler auf das Verhalten dieser „Teilchen" auswirkt. Die Wissenschaft erkennt - zumindest ansatzweise - nun also an, dass unsere Absicht und unsere Erwartungshaltung das Verhalten dieser winzigen Energieteilchen beeinflusst oder sogar steuert. (Mehr bei Interesse im E-Book *"Sparflamme oder Freudenfeuer"* http://goo.gl/CL7j3F).

Wissenschaftler stehen auch nicht über den Dingen und sind manchmal auch neidisch aufeinander. Und so wollten die einen beweisen, dass die anderen nicht recht hätten:

Man ließ einige Stunden lang Licht auf eine goldbeschichtete Folie scheinen.

Als man die Folie danach untersuchte, stellte man Einschüsse fest, so als ob jemand mit einem Schrotgewehr auf die Folie geschossen hätte. Damit galt als bewiesen, dass Licht Materie ist.

Das ließ die andere Seite natürlich nicht ruhen. Die wissenschaftliche Konkurrenz baute dieselbe Versuchsanordnung auf, um der Welt zu beweisen, dass Licht selbstverständlich Welle ist.

Und siehe da, diese Forscher konnten beweisen, dass Licht Welle ist.

Plötzlich war klar, dass diese kleinsten „Teilchen" (von Einstein "Quanten" benannt, heute eher als „Photonen" bekannt) sowohl Materie als auch Welle (Energie) sein können.

Es hängt von der Erwartung der Wissenschaftler ab!

Ab 1990 wurden diese Theorien nochmals um eine Stufe weiterentwickelt und die Wissenschaftler fingen an, sich ein Universum vorzustellen, in dem sowohl Materie wie auch Energie als reine Schwingung vorkamen.

Obwohl alles um uns herum - und wir selbst auch - wie etwas Festes aussieht, wissen wir, dass dem nicht so ist.

Falls Sie zwei Leute durch ein extrem starkes Elektronenmikroskop beim Händeschütteln beobachten könnten, würden Sie nicht zwei feststoffliche Hände sehen, sondern eine Beziehung, bei der Energie in der Form der Hände von Person A mit der Energie der Form von Person B zusammenkommt. Sie würden zwischen den beiden Händen keine Abgrenzung sehen, könnten nicht sagen, wo die eine anfängt und die andere aufhört.

Alles ist nur eine ständig vibrierende Energie, die die Grenzen von Raum und Zeit überschreitet. Und dabei stehen wir erst am Anfang des Verständnisses dieser Zusammenhänge!

Alles, was eine Gestalt (Form) hat - also auch jeder Mensch - ist ebenfalls formlos. Mehr noch:

Alles, was eine Gestalt hat, ist zeitlich beschränkt.

Das Formlose ist ewig.

In östlichen spirituellen Schriften sind diese Weisheiten bereits länger bekannt. Für die westlichen Wissenschaftler waren das jedoch lange Zeit Ammenmärchen.

Reichsein will gelernt sein

Dass unsere Geisteshaltung einen Einfluss auf unsere Gesundheit haben könnte, ist noch gar nicht so lange anerkannt. Auch heute gibt es noch Ewig-Gestrige, die nur „glauben, was sie sehen."

Einer, der diese Wahrheiten auf den Punkt brachte, war ausgerechnet der pessimistische Arthur Schopenhauer (1788 - 1860).

Eines seiner bekanntesten Zitate lautet:

Jede Wahrheit durchläuft drei Stufen:

Erst erscheint sie lächerlich,
dann wird sie bekämpft,
schließlich ist sie selbstverständlich.

Die Einheit von Körper, Geist und Seele ist hierfür ein typisches Beispiel.

Bei wissenschaftlichen Entdeckungen geht der Blick nach außen, bei spirituellen nach innen.

Damit schließt sich der Kreis. Spirituelles Wissen und wissenschaftliche Erkenntnisse stehen sich nicht mehr konträr gegenüber und nähern sich ständig weiter an.

Wie Sie die denkende Substanz nennen, ist völlig Ihnen überlassen. Metaphern gibt es dafür hunderte: Gott, der Vater, das Über-Ich, das Höhere Selbst, das Universum, der Kosmos, Manitu, Aumakua (in der hawaiianischen Huna-Lehre), der Allmächtige, das Allbewusstsein, der Allgeist, der Schöpfer, der Herr, das Unendliche, Chi, der Weg, das Kosmische Bewusstsein, das Oberbewusstsein, der willkürliche Geist, Eloah, die göttliche Intelligenz, die Lebenskraft, der Hirte, das Brot des Lebens, das Licht der Welt, der Weinstock, der unbewegte Beweger (Platon), geistige Macht, Alpha und Omega, der Allwissende ...

Übrigens geht das Wort „Gott" auf das germanische „guda" („Anruf") zurück und hatte ursprünglich ein sächliches Geschlecht.

Da Sie auf Seite 100 immer noch mitlesen, lässt dies wohl den Schluss zu, dass diese Dinge für Sie interessant oder gar faszinierend sind, unabhängig davon, ob Sie von der spirituellen oder von der physikalischen Seite an dieses Thema herangehen. Jeder Mensch ist nun aber anders.

Reichsein will gelernt sein

Der eine setzt sich in ein Auto und interessiert sich jahrzehntelang nicht für das Innenleben seines Fahrzeugs, der andere schwärmt von den Laufeigenschaften seines Motors und kann alle technischen Details aus dem Effeff aufzählen.
Zu welcher „Gattung" Mensch Sie gehören, spielt im Zusammenhang mit diesem Kursus keine Rolle.

Sie können sich also entspannt zurücklehnen!

Zwar werden wir ab und zu interessante Beispiele anführen und erläutern, wie Tages- und Unterbewusstsein zusammenarbeiten, im Großen und Ganzen liegt das Hauptaugenmerk jedoch auf der praktischen Umsetzbarkeit.

Was Sie in diesen Lektionen lernen, ist übertragen gesprochen, wie Sie den Zündschlüssel umdrehen, welche Pedale Sie drücken müssen und worauf es sonst noch ankommt, damit die Gurke fährt. Warum sie das tut, ist zweitrangig.

Widmen wir uns jetzt also eingehender dem ersten Grundsatz, den Wallace Wattles vor uns ausbreitet.

Alles, was wir in der physischen Welt sehen, wurde durch Gedanken über bereits bestehende Wachstums- und Aktionsabläufe aus dieser formlosen Substanz erschaffen.

Als Beispiel nennt Wattles ein Haus. In Kapitel 4 schreibt er:

„Würde der formlosen Substanz der Gedanke an ein Haus in einem bestimmten Baustil eingeprägt, so entstünde dadurch nicht sofort das Haus, aber die bereits tätige schöpferische Energie würde in solche Kanäle gelenkt, dass das Ergebnis die rasche Erbauung des Hauses wäre."

Der Gedanke ist das Ding.

Die Blume ist im Samen. Die erste wirkliche Erschaffung ist der Gedanke; was dann im sichtbaren Bereich folgt, ist lediglich eine Kopie dieser Erstschöpfung.

So gehen wir zum Beispiel vor, wenn wir eine Idee haben und dann einen Plan erstellen. Falls Sie ein Haus bauen wollen, beginnen Sie mit einer Idee.

Das ist der erste Funke.

Diesem Funken geben Sie mehr Nahrung, indem Sie über das Haus nachdenken und sich geistig ausmalen, wie es aussehen soll. Sie machen sich Notizen, messen Räume aus, reißen ein Bild aus einer Zeitschrift heraus. Und eines Tages suchen Sie einen Architekten auf, damit er Ihnen einen Bauplan erstellt.

Reichsein will gelernt sein

Das Haus steht natürlich nach wie vor nicht. Aber Ihre Ideen nehmen langsam Form an.

Sobald Sie eine Idee akzeptieren und Zielstrebigkeit, Zuversicht und Vorfreude (positive Gefühle) einbringen, hat die Formgebung ihren Lauf genommen. Ihr Denken materialisiert sich.

Jetzt verwirklichen Sie Ihren Traum. Dieser Prozess wird heutzutage auch „Manifestation" genannt.

Der jetzt beschriebene Ablauf ist jedem Erwachsenen einigermaßen bekannt. Wir können etwas nur erschaffen, wenn wir vorher eine geistige Vorstellung des zu Erschaffenden haben.

Soweit noch keine bahnbrechenden neuen Erkenntnisse.

Aber dieses Beispiel zeigt, dass wir bereits jetzt Zugriff auf diese enorme Kraft in uns haben, weil ein jeder von uns eine Denkzentrale ist und sich etwas ausdenken kann, wodurch etwas begonnen wird. Nur haben wir - bisher - meist unbewusst erschaffen.

Stichwort „Denkzentrale":

Thomas Troward (1847 - 1919) drückte dies wie folgt aus:

„Mein Unterbewusstsein ist ein Zentrum des göttlichen Wirkens.

Das göttliche Wirken ist immer auf Entfaltung und volleren Ausdruck ausgerichtet.

Dies bedeutet die Erzeugung von etwas, das über das Bestehende hinausgeht, von etwas völlig Neuem, das in der bisherigen Erfahrung noch nicht vorhanden war, wenngleich es infolge einer geordneten Wachstumsfolge daraus hervorgeht.

Da die geistige Macht ihr naturgemäßes Wesen nicht verändern kann, ergibt sich daraus, dass sie in mir ebenso wirken muss.

In meiner ureigenen Welt, deren Zentrum ich bin, wird diese Macht deshalb an der Erzeugung neuer Bedingungen arbeiten, welche immer eine Weiterentwicklung des Bisherigen darstellen."

Aus „Der spirituelle Weg zur Wunscherfüllung"
von Geneviève Behrend
(http://goo.gl/6NXDfG)

Reichsein will gelernt sein

In diesen Arbeitslektionen wollen wir nun lernen, wie wir diesen Schöpfungsprozess bewusst nutzen. Dazu, meint Wattles, müssen wir "auf erfolgsüberzeugte Weise" denken.

Wattles sagt hierzu, ebenfalls in Kapitel 4:

„Das Handeln eines Menschen ist das direkte Ergebnis der Art und Weise, in der er über etwas denkt.

Um so vorgehen zu können, wie Sie vorgehen wollen, müssen Sie die Fähigkeit erwerben, so zu denken, wie Sie denken wollen.

Das ist der erste Schritt auf dem Weg zum Reichtum.

Zwar ist jedem Menschen die natürliche Fähigkeit angeboren, das zu denken, was er denken will, es erfordert jedoch wesentlich mehr Mühe, anders zu denken, als es der Anschein nahe legt.

Dem Anschein entsprechend zu denken, ist leicht."

Diesen ersten Schritt werden wir in der nächsten Lektion tun. Darin lernen Sie, wie Sie so zu denken lernen, wie Sie denken wollen.

Lektion 8 - Wahrheit oder Schein?

Es liegt auf der Hand, dass Sie nicht mal so und mal so denken können, wenn Sie bestimmte Ergebnisse erzielen wollen. Solange Sie in einem Einerseits/ Andererseits-Konflikt gefangen sind, weiß Ihr Unterbewusstsein nicht, was Sie von ihm erwarten.

Nun sind wir aber ständig äußeren Einflüssen ausgesetzt, die uns sehr wohl in unserem Denken durcheinanderbringen.

Irgendetwas geschieht. Wir nehmen die Information über dieses Ereignis über unsere Sinne wahr (hören sie, sehen sie, lassen sie durch unsere Wahrnehmungsfilter laufen ...).

Dann entscheiden wir, ob diese Information für uns von Belang ist.

Wir messen dieser Information also unseren persönlichen Stellenwert bei.

Um etwas am Vordringen zum Unterbewusstsein zu hindern, müssen Sie es bewusst ablehnen. Aber sogar dann, wenn es eingedrungen ist, reicht eine Änderung Ihrer Wahrnehmung aus, damit es positiv statt negativ abgespeichert wird, wodurch Sie das beste Ergebnis erhalten. Damit etwas unsere Aufmerksamkeit erweckt und das Tagesbewusstsein veranlasst, als Zensor aufzutreten, muss es schon wirklich dramatisch sein.

Wenn Sie in den Nachrichten hören, dass eine religiöse Sekte für übermorgen den Weltuntergang vorhergesagt hat, bewerten Sie die Nachricht bewusst und lehnen sie ab.

Wie aber reagieren Sie, wenn die Nachrichtensprecherin bekannt gibt, dass in Ihrer Stadt ein weiterer terroristischer Anschlag bevorstünde?

So etwas ist immerhin bereits einmal vorgekommen. Jetzt agiert Ihr Tagesbewusstsein wie ein Verkehrspolizist, der Ihre Gedanken in bestimmte Bahnen lenkt und Sie werden die Nachricht wahrscheinlich als nützliche Information betrachten, die Sie direkt zu Ihrem Unterbewusstsein durchwinken.

Wir sehen also, dass wir individuell entscheiden, ob die betreffende Nachricht für uns von Wichtigkeit ist. Falls ja, halten wir sie für real. Anderes filtern wir weg. Das ist für uns irreal.

Ob wir etwas für real oder irreal halten, hängt also von unserer Wahrnehmung ab.

Reichsein will gelernt sein

Aufgrund dessen, was wir über unsere Sinne wahrnehmen (im Beispiel aus der vorhergehenden Seite, was wir in den Nachrichten hören), bilden wir uns unsere eigene Meinung. Nach dieser Meinung leben wir dann - und verteidigen sie auf Teufel komm raus!

Betrachten wir diesen Punkt aus einer anderen Warte. Jeder einzelne Ihrer Bekannten hat eine bestimmte Meinung über Sie. Aber -

wer von all den Leuten hat nun recht?

Wer kennt die Wahrheit?

Vielleicht täuschen sich einige durch und durch.

Falls aber niemand das gesamte Bild sieht, kennt er auch nicht die gesamte Wahrheit.

Und sicherlich stimmen Sie der Aussage zu, dass einige der Meinungen, die über Sie kursieren, mehr über den oder die Verbreiter dieser Meinungen aussagen als über Sie selbst.

Dabei geschieht Folgendes:

Wir denken an etwas, was den Auftakt zu einer gefühlsmäßigen Reaktion bildet.

Dafür sind unsere Gedanken verantwortlich. Die dadurch ausgelösten Gefühle veranlassen uns dann zu bestimmten Handlungen oder Verhaltensweisen. Wir halten uns selbst für „vernünftig", weil wir gute Gründe für unser Handeln haben, aber - wie Ihnen jeder Werbepsychologe bestätigen kann - mit unserem Handeln haben unsere Gründe gar nichts zu tun.

Wir handeln aufgrund bestimmter Gefühle!

Und dann schaltet sich der Verstand ein und rechtfertigt unser Handeln.

Die Reihenfolge lautet also:

1. Gedanken
2. Gefühle
3. Verhalten
4. Ergebnisse.

Reichsein will gelernt sein

Was geschieht nun, wenn wir zulassen, dass sich unsere Gedanken mit etwas beschäftigen, was wir nicht wollen?

Hierzu eine Geschichte des griechischen Philosophen Platon. Platon erzählt von Gefangenen, die für alle Zeiten in einer dunklen Höhle in Ketten gelegt sind. Hinter ihnen flackert ein Feuer, sie sind aber so aneinander gefesselt, dass sie das Feuer nicht sehen können. Sie wissen nicht einmal, was das ist. Sie sehen lediglich den Schatten, den das Feuer auf die Höhlenwand vor ihnen wirft.

Zwischen den Gefangenen und dem Feuer ist ein ständiges Kommen und Gehen. Leute kommen herein und bringen Brennholz, Nahrung und so weiter.

Die Gefesselten sehen das nicht; sie sehen nur die Schatten an der Wand.

Eines Tages gelingt es einem der Gefangenen, sich von seinen Fesseln zu befreien. Zum ersten Mal sieht er, worum es sich hier handelt. Er sieht die Wahrheit. Zuerst blendet ihn das grelle Sonnenlicht, aber nach und nach dämmert es ihm. Auf einmal merkt er, dass der Schatten nur eine Illusion war.

In dieser Geschichte erzählt Platon weiter, dass dieser freigekommene Gefangene den anderen Gefesselten mitteilen wollte, was er gesehen hatte. Doch keiner glaubte ihm. Sie lachten ihn aus und wurden wütend. Sie wollten lieber weiter in ihrer dunklen Höhle bleiben.

Jeder von uns ist in gewisser Weise wie diese Gefangenen. Wir sind auf die Umstände und Erfahrungen geeicht, die wir **für wahr halten**. Das ist die Welt, die wir kennen, das eine halten wir für gut, das andere für schlecht. Und wir glauben auch, dass wir selbst beurteilen könnten, was gut und schlecht sei, was andere davon halten, deckt sich nicht mit unserer „Wahrheit".

Diese Einstufung in „gut" und „schlecht" scheint eine Art erster Impuls zu sein.

Und aufgrund dieser Einstufung reagieren wir dann. Mit der wahren Situation oder dem wahren Geschehen hat das meist nichts zu tun, sondern nur mit unserer individuellen Wahrnehmung.

In seinem Buch „Die sieben Wege zur Effektivität" (http://goo.gl/Wc9Zkv) beschreibt Stephen Covey (1932 - 2012) eine Fahrt in der New Yorker U-Bahn.

Covey befindet sich im Abteil, als ein junger Vater mit seinen kleinen Kindern zusteigt. Die Kinder toben herum, hüpfen auf den Bänken umher und machen einen ziemlichen Radau. Den Vater scheint das nicht zu kümmern.

Reichsein will gelernt sein

Irgendwann scheint es Covey für richtig zu halten, den Vater auf das Verhalten seiner Kinder anzusprechen.

Der Vater entschuldigt sich: *„Es tut mir leid, ich weiß auch nicht was ich tun soll. Wir kommen gerade aus dem Krankenhaus, wo ihre Mutter heute verstorben ist."*

In dieser Sekunde veränderte sich Coveys Wahrnehmung um 180 Grad.

Seine Genervtheit wich dem Mitgefühl.

In diesem Augenblick konnte er die Situation anders sehen. Jetzt sah er die Wahrheit - was zu veränderten Gefühlen und damit auch zu einem veränderten Verhalten führte.

So ergeht es jedem von uns - falls wir uns dazu entscheiden, nach der Wahrheit zu suchen, statt uns wie ferngesteuert zu verhalten.

Wir alle waren schon in Situationen, in denen unsere Welt zusammengebrochen ist.

Vielleicht hat uns jemand verlassen,
vielleicht wurde unser Vertrauen missbraucht,
vielleicht hat man uns auf andere Weise übel mitgespielt.

In solchen Zeiten ist es sehr schwer, sich bewusst daran zu erinnern, dass wir selbst die Entscheidung treffen können, woran wir denken. Wie von unsichtbarer Hand gezogen, scheinen unsere Erinnerungen immer wieder auf die Schmach oder das Leid zuzusteuern.

Und dennoch tun wir uns damit nichts Gutes. Gerade dann, wenn es so unsagbar schwer ist, sollten wir uns bewusst dazu entscheiden, unseren Blick in eine andere Richtung zu lenken.

Weil die Energie unserer Aufmerksamkeit folgt.

Solange unsere Gedanken ständig um das kreisen, was uns anscheinend fehlt, prägen wir dieses Fehlen der formlosen Substanz ein, wodurch es uns auch weiterhin fehlen wird. Dann gelangen wir in einen Teufelskreis.

Wenn wir daraus ausbrechen wollen, bleibt uns gar nichts anderes übrig als uns zuerst bewusst zu machen, was wir da tun und dann bewusst eine andere Entscheidung zu treffen.

Reichsein will gelernt sein

Es steht immer in unserer Macht, darüber zu entscheiden, welchen Stellenwert wir einem Ereignis beimessen. Die Wahrheit verbirgt sich hinter dem äußeren Anschein; solange wir es damit bewenden lassen, auf den Anschein zu blicken, wird dies zur Ursache dessen, was wir erhalten.

Alles, was in Ihrem Leben passiert, ist Teil Ihres Weges, der Sie Ihrem Herzenswunsch näher bringt - sofern Sie dies zulassen können.

Falls Sie bestimmte Erlebnisse als „schlecht" bezeichnen wollen und sich von dieser Position aus nicht weiterentwickeln, geben Sie auch in Zukunft Aufmerksamkeit, Gefühle und Glaube in die Erlebnisse.

Dann verpassen Sie die Gelegenheit, aus dem Ereignis eine wertvolle Lektion zu ziehen und an der Erfahrung zu reifen.

Damit steigt auch die Wahrscheinlichkeit, dass Sie ähnliche Erlebnisse - wenngleich vielleicht mit anderen Personen - wieder in Ihr Leben ziehen - bis Sie die Lektion begriffen haben.

In seinem bekannten Buch „Denke nach und werde reich" (http://goo.gl/qePU6n) schreibt Napoleon Hill unter anderem:

In meiner Jugend bin ich Widrigkeiten aus dem Weg gegangen.

Wenn ich sie jetzt auf mich zukommen sehe, sage ich:

'Hallo, ihr Burschen! Ich weiß zwar nicht, welche Lektion ihr mir diesmal mitbringt, aber ich werde sie lernen, damit ihr kein zweites Mal vorbeischauen müsst'.

Kennen Sie Weihnachtssterne?

Dieser intensive Winterblüher ist in der Advent- und Weihnachtszeit besonders beliebt, aber er braucht etwas, damit er zum zweiten Mal blüht:

Dunkelheit!

Die Pflanze verträgt nicht einmal Störlicht durch Leuchtstoffröhren oder Glühbirnen, beim geringsten Lichteinfluss bleibt die Blüte aus.

So wie diese Pflanze wochenlange Dunkelheit braucht, um erneut zu blühen, braucht auch der Mensch seine dunklen Phasen.

Reichsein will gelernt sein

In dieser Zeit sammeln wir wieder Energien und bereiten uns auf das Licht vor.

In diesem Buch kommen nur wenige Grafiken vor, dass der Weihnachtsstern auf dieser vorhergehenden Seite abgebildet ist, hat seinen Grund. Diese Metapher soll Sie daran erinnern, **dass wir diese „dunklen" Phasen brauchen.** Manchmal dauern sie lange, aber rückblickend erkennen wir dann doch das Gute an der „schlechten" Situation.

Noch etwas kann passieren, worauf Sie vorbereitet sein sollten:

Wenn Sie anfangen, sich eine neue "Denke" anzueignen und sich anders zu verhalten, kann es so aussehen, als ob jetzt auf einmal "alles" schief ginge.

Das ist natürlich verwirrend, weil Sie das genaue Gegenteil erwarten.
Was aber geschieht in Wirklichkeit?

Die Dinge „gehen nicht schief", aber die altbekannten Ergebnisse, an die wir uns so gewöhnt haben, bleiben aus, damit neue Ergebnisse an ihre Stelle treten können. Wir machen den Weg frei, schaffen Platz. Das ist die schwerste Strecke auf dem gesamten Weg, in dieser Phase müssen wir uns entscheiden, worauf wir unsere Aufmerksamkeit lenken wollen.

Eine Möglichkeit, dies konstruktiv anzugehen, besteht darin, dass Sie sich bessere Fragen stellen.

Statt sich zu fragen: *„Was ist denn nun schon wieder los?"*, könnten Sie sich zum Beispiel fragen:

„Was ist das Gute an dieser Situation?"

Danach sollten Sie suchen!

Der amerikanische Erfinder Thomas A. Edison (1847 - 1931) sagte einmal:

„Die Taubheit war mir eine große Hilfe. Sie hat mich davor bewahrt, mir viel belangloses Geschnatter anhören zu müssen und sie hat mir geholfen, nach innen zu horchen."

Eines Morgens an einem kalten Dezembertag stand er im Regen und blickte auf die Asche seines Labors, das die Nacht zuvor in Feuer aufgegangen war.

Und er sagte: "Gott sei Dank, dass meine Fehler jetzt verbrannt sind."

Oder nehmen Sie Hellen Keller. Diese Frau war berühmt, weil sie im neunzehnten Jahrhundert als Taubblinde ein Universitätsstudium absolvierte.

Reichsein will gelernt sein

Damals waren solche Gebrechen das berufliche Aus für einen Menschen. Was aber sagte Hellen Keller (1880 - 1968)?

„Ich danke Gott für meine Widrigkeiten.
Ohne sie wäre ich nicht zu dem geworden, der ich jetzt bin.“

Eine Fülle ähnlicher Fälle finden Sie bei Interesse im Buch „Anfangen und durchhalten“ (http://goo.gl/CgjOEI) von Orison Swett Marden.

Es liegt also an jedem von uns selbst, wie er eine Situation beurteilt.

Nirgendwo steht hier, dass es leicht sei.
Aber es ist jede Mühe wert!

Überlegen Sie sich bitte zum Abschuss dieser achten Lektion, **ob Sie etwas Gutes, das sich auf dem Weg zu Ihnen befand, vielleicht verneint haben, weil sie es nicht erkennen konnten.**

Das kann die unterschiedlichsten Bereiche betreffen. Zwar geht es in diesem Buch ums Reichwerden, es könnte genauso gut aber Ihre gesundheitliche, partnerschaftliche oder andere Situation betreffen.

- Was tut sich momentan in Ihrem Leben, das Sie als “schlecht” bezeichnen?
- Wie viel Energie stecken Sie in diese Sache oder Situation?
- Wie sehr hängen Sie an der Vergangenheit fest?
- Und wie sehr bringt Sie dieses Sich-Sorgenmachen oder Verurteilen näher an Ihre Ziele heran?
- Gefallen Ihnen die Ergebnisse?
- Wie wirkt sich das auf Ihr Umfeld aus?
- Wie könnten Sie die Situation anders sehen?

Stellen Sie bessere Fragen - und bleiben Sie nicht bei dem stehen, wie es „aussieht” - die Wahrheit verbirgt sich dahinter!

In der nächsten Lektion gehen wir kurz auf praktische Möglichkeiten ein, wie Sie Ihre Gedanken schützen können. Das macht Ihr Leben auch stressfreier.

Lektion 9 - Achten Sie auf Ihre Gedanken!

Dass Gedanken zu unserer physischen Realität werden, ist keineswegs eine neue Erkenntnis.

Bereits vor unserer Zeitrechnung, etwa um das Jahr 100 v. Chr., schrieb der jüdische Schriftgelehrte Hillel der Ältere:

Achte auf deine Gedanken, denn sie werden Worte.
Achte auf deine Worte, denn sie werden Taten.
Achte auf deine Taten, denn sie werden dein Charakter.
Achte auf deinen Charakter, denn er wird dein Schicksal.

Ergo: Ihre Gedanken werden Ihr Schicksal!

Laut Wattles zeigt sich jeder Gedanke, den wir der formlosen Substanz einprägen, als physische Form oder Auswirkung, er verwirklicht sich.

In Lektion 8 sprachen wir darüber, wie wir einzelne Ereignisse oder Erlebnisse interpretieren, wie wir auf den äußeren Anschein sehen, statt auf die dahinter liegende Wahrheit, und dass wir uns nicht nach dem verhalten, was wirklich ist, sondern entsprechend dem, was wir glauben und für die Wahrheit halten.

In dieser neunten Lektion sprechen wir nun darüber, wie wir **unser Denken davor schützen, dass sich unerwünschte Gedanken einnisten können.**

Wussten Sie, dass Ihr Gehirn an einem durchschnittlichen Tag zwischen 40.000 und 60.000 Gedanken verarbeitet? Wir werden mit Gedanken förmlich bombardiert, sie scheinen aus dem Nichts aufzutauchen. Natürlich lässt sich eine solche Gedankenfülle nicht bis ins Kleinste steuern.

Wir haben aber eine Wahl:

Wir können uns entscheiden, welchen Gedanken wir Wohnrecht gewähren, welchen Gedanken wir Aufmerksamkeit widmen wollen und in welche Gedanken wir Gefühle investieren.

An welche Gedanken glauben Sie?

Darüber hinaus steht es in Ihrem Ermessen, zu entscheiden, welche Gedanken Sie an sich heranlassen.

Reichsein will gelernt sein

In Kapitel 4 schreibt Wallace:

„Alle anderen Vorstellungen vom Universum müssen Sie rigoros ablegen und sich die genannten Annahmen so lange verinnerlichen, bis sie in Ihrem Bewusstsein verankert sind.

Lesen Sie diese Aussagen immer wieder durch!

Brennen Sie sich Wort für Wort in Ihr Denken ein und denken Sie so lange darüber nach, bis Sie ganz selbstverständlich von diesen Aussagen ausgehen.

Wenn Ihnen Zweifel kommen, wischen Sie sie weg.

Hören Sie sich keine anderslautenden Argumente an.

Besuchen Sie keine Kirchen oder Vorträge, bei denen gegen diese Vorstellung argumentiert oder gepredigt wird.

Lesen Sie keine Zeitschriften oder Bücher, die von anderen Konzepten ausgehen."

Wir leben heute in einer wesentlich komplexeren Welt als zu Zeiten Wattles'. Tag für Tag werden wir mit Negativität gefüttert, mit genau den Inhalten, vor denen uns Wattles warnt. Manche Informationen sind auch bewusst falsch. Vielleicht haben Sie im Zusammenhang mit der Ukraine-Krise die Leserzuschriften in größeren Zeitungen verfolgt. Es ist ein offenes Geheimnis, dass viele dieser Kommentare - vor allem in Online-Foren - von Spionen verfasst werden, um „Meinung zu machen", und doch fallen viele Zeitungsleser darauf herein und nehmen diese Propaganda für bare Münze.

Zu Wattles' Zeiten waren es nur Bücher, Predigten, Vorträge und Zeitschriften, jetzt überfluten uns auch Fernsehen, Rundfunk, Kino und endlose Werbung, ja sogar Songtexte mit Negativität.

Schalten Sie diese Quellen aus!

Wir leben heute im Satellitenzeitalter. Wir nehmen heute nicht mehr nur an den Tragödien in unserer unmittelbaren Nachbarschaft Anteil, sondern erfahren vom hintersten Zipfel der Erde.

Damit wird nicht nur unser Denken mit Inhalten gefüllt, die wir nicht wollen, wir überfordern damit sogar unseren Körper. Dafür wurde er nicht geschaffen.

Nehmen Sie sich also bitte Ihre aktuelle praktische Übung aus diesem Kursteil vor (mindestens eine Woche lang!).

Wahrscheinlich ist dies eine harte Nuss für Sie. Es geht ziemlich schnell, sich so an negative Nachrichten zu gewöhnen, dass dadurch sogar eine Art Abhängigkeit entsteht.

Vielleicht sagen Sie jetzt, dass man doch „informiert" sein müsse, man müsse wissen, was auf der Welt geschieht. Darüber lässt sich streiten - dass dafür stundenlanges Fernsehen und übertriebenes Zeitunglesen erforderlich sei, halten wir nicht nur für falsch, sondern schlichtweg für schädlich. Noch dazu ist es einseitig.

Unseres Erachtens ist es objektiver, gezielt aus mehreren Quellen auszuwählen. Es gibt automatisch erstellte Internet-Nachrichtenseiten, die einen Querschnitt aus hunderten von Informationsquellen liefern. Sollte Sie ein Thema speziell interessieren, könnten Sie auch „Google Alerts" schalten. Dann erhalten Sie ein E-Mail, sobald über dieses Thema etwa Neues im Internet erschienen ist.

Betrachten Sie es mal so: Wessen Leben wird in irgendeiner Weise besser dadurch, dass Sie über sein Missgeschick lesen oder darüber reden?

Wer hat irgendeinen Nutzen davon, dass Sie wissen, dass 5000 km weiter etwas Fürchterliches geschehen ist?

Vielleicht sind Sie ja immer noch nicht überzeugt. Denken Sie nochmals an die 40.000 bis 60.000 Gedanken, die Ihnen Tag für Tag durch das Gehirn gehen. Gut und gerne 85% dieser Gedanken sind negativ: Ängste, Sorgen, Gereiztheit, Neid, das Schlimmste erwarten, über andere Leute herziehen, ausrasten, Stress ...

Es bleiben dann lediglich noch 15% für etwas Positives über.

Welche Ergebnisse können Sie bei solchen Gedanken erwarten?

Probieren Sie's einfach mal eine Woche lang aus. Wenn Sie die Negativität um ein paar Prozentpunkte vermindern können, ist es auf jeden Fall ein Gewinn für Sie. Sie übernehmen dadurch wieder mehr die Kontrolle über Ihr eigenes Denken und Erleben. Mindestens die Hälfte dieser Nachrichten wird sich ohnedies niemals auf Ihre Leben auswirken.

Verpassen Sie vielleicht etwas Wichtiges?

Machen Sie sich darüber keine Gedanken! Ihre Mitmenschen werden sich darin überbieten, Sie über die schlimmsten Vorfälle auf dem Laufenden zu halten!

Reichsein will gelernt sein

Wir schützen uns vor allem Möglichen, haben Alarmanlagen in Häusern und Autos oder sperren sie zumindest ab, eine Kette am Fahrrad und Passwörter für unsere Onlinekonten - aber unser Denken bleibt ungeschützt.

Bitte ändern Sie das.

Sie sind es wert!

Praktische Übungen

Erste Übung.

Eine gute Übung ist folgende dem Buch „*Ab jetzt gelingt's*" (http://goo.gl/0rE1ng) von Dorothea Brande entnommene Empfehlung:

„Schreiben Sie einen Brief in einem „erfolgreichen" oder gelassenen Ton. Falschaussagen sind nicht gestattet. Sie sollen keine Erfolge erfinden oder Lügen zu Papier bringen.

Suchen Sie einfach nur nach Aspekten oder Aktivitäten, die Sie guten Gewissens als erfolgreich beschreiben können, und beschränken Sie Ihren Brief darauf. Bringen Sie durch den Ton Ihres Briefs zum Ausdruck, dass Sie zum Zeitpunkt des Schreibens optimistisch und zuversichtlich sind.

Mit dieser Übung wird eine zweifache Absicht verfolgt:

- *Zum einen geht es um eine Abkehr von der negativen und entmutigenden Haltung hin zu einer positiven und gesunden Einstellung.*

Selbst wenn Sie anfänglich nur sehr wenige Anhaltspunkte für eine positive Darstellung finden sollten, werden Sie doch einige Bereiche entdecken, in denen es gut vorangeht. Sie hatten diese aber übersehen, weil Sie sich auf Enttäuschungen oder Frustrationen konzentriert hatten.

- *Noch wichtiger aber ist, dass Sie mit einem Brief dieser Art, den Sie an fast all Ihre Korrespondenzpartner senden, viele Hürden beseitigen, die einem erfolgreichen Geschäft im Wege stehen.*

Das Schreiben von Briefen ist etwas, das wir gerne vor uns herschieben. Wenn nichts anderes zu tun ist und wir uns etwas gelangweilt oder mühe fühlen, greifen wir uns unser Schreibzeug und schreiben an unsere Lieben.

Die Folge ist, dass wir Bedrückendes zu Papier bringen und Entsprechendes auch wieder zurückerhalten. Wir bekommen tröstende oder mitfühlende Briefe. Manchmal kommen solche Briefe gerade dann, wenn wir uns gut fühlen, und ziehen uns dann wieder herunter.

Doch wir uns können uns entscheiden:

Wir können diese Rückantworten lesen, deren Ton wir uns selbst zuzuschreiben haben und uns wieder selbst bemitleiden, oder wir können uns unsere Dummheit bewusst machen und besser handeln.

Denn wenn wir beim nächsten Brief wieder nur schlechte Nachrichten verbreiten, ist es in der Tat eine Dummheit.

Für den Erfolg ist es nötig, dass Selbstbemitleidung und Niedergeschlagenheit auf Dauerurlaub gesandt werden!"

Zweite Übung: Achten Sie auf Ihre Gedanken!

Achten Sie bewusst darauf, wie häufig Sie sich die Nachrichten anhören, ansehen oder lesen.

Es geht darum, wacher zu werden.

Achten Sie darauf, was Sie in Ihr Denken hineinlassen.

1. Wie viele Stunden pro Tag lassen Sie Nachrichten an sich heran?

Raten Sie nicht! Machen Sie sich bitte wirklich Gedanken.

a) Zeitunglesen ________________
b) Fernsehen ________________
c) Rundfunk ________________

2. Achten Sie ab sofort darauf, welche Nachrichten Sie aufnehmen.

Wie viele der Nachrichten, die Sie lesen, hören oder sehen, sind:

positive, aufbauende Nachrichten („gute Nachrichten")	negative, bedrückende Nachrichten („schlechte Nachrichten"

3. Legen Sie eine Empfangspause ein!

Fassen Sie jetzt den Entschluss, eine Woche lang eine „Nachrichtendiät" zu machen:

Ich ____________________ gelobe, mich die nächsten sieben Tage von jeder Art von Nachrichten fernzuhalten.

Ich sehe keine Tagesschau, verfolge keine Nachrichten im Internet, höre sie mir auch im Radio nicht an und lese keine Zeitung!

Unterschrift

oder

Ich ____________________ gelobe, dass ich die nächsten sieben Tage maximal 30 Minuten pro Tag Nachrichten an mich heranlasse.

Unterschrift

4. Notieren Sie sich über diesen Zeitraum hinweg, inwieweit Sie Unterschiede in Ihrem Fühlen feststellen.

Achten Sie vor allem auf das Gefühl, „unbedingt" Nachrichten sehen zu müssen, auf Gereiztheit oder Anspannung.

Lektion 10 - Ein klares Wunschbild

Wattles zeigt uns, dass wir der formlosen Substanz unsere Gedanken einprägen können und dass diese dann physische Form annehmen.

Er spricht von einem „geistigen Bild“, von einem „plastischen Bild“ und von einem „klaren und präzisen Bild“ und erteilt uns Anweisungen darüber, wie wir bei der Einprägung dieser Vorstellungsbilder vorzugehen haben.

Bevor wir einer Höheren Macht unseren Wunsch einprägen können, müssen wir uns darüber natürlich zuerst selbst im Klaren sein.

Lesen Sie heute bitte die Kapitel 6 (Seite 18) und 8 (Seite 26) aus der „Wissenschaft des Reichwerdens“ nochmals aufmerksam durch.

Als Nächstes sollten Sie sich folgenden Fragen widmen. **Lassen Sie sich dafür einen oder zwei Tage Zeit, aber machen diese Übung bitte, bevor Sie die nächste Einheit durcharbeiten.**

Auf der Basis der dabei gewonnenen Erkenntnisse werden wir dann nächstes Mal weitermachen.

1. *Warum schaffen es viele Menschen nicht, der formlosen Substanz ihre Wünsche einzuprägen?*

2. *Was ist der erste Schritt auf dem Weg zum Reichtum?*

3. *Denken Sie an den Mann, der um einen neuen Teppich bat (Kapitel 6, Seite 21). Was war das auslösende Moment für ihn?*

   Sein Aha-Erlebnis?

4. *Was sind die ersten drei Schritte, die Sie tun müssen, damit Sie keine „schwammigen und vagen Vorstellungen" aussenden*, welche die schöpferische Kraft nicht zum Wirken veranlassen würden?

a)

b)

c)

5. *Welches ist Ihr Anteil am schöpferischen Prozess?*

6. *Notieren Sie weitere Tipps oder Hinweise, die Ihnen bei der Formulierung Ihres eigenen klaren geistigen Bildes zugutekommen:*

Wenn Sie diese Übungen ausfallen lassen, haben Sie zu viel für dieses Buch bezahlt.

Wenn Sie die aufgrund des Studiums und der praktischen Übungen gewonnenen Erkenntnisse und Einsichten jedoch ernst nehmen und Ihnen Ihre persönliche Weiterentwicklung am Herzen liegt, werden Sie feststellen, dass Sie in jedem Fall einen höheren Nutzwert erhalten als der Geldbetrag, den Sie für dieses Arbeitsbuch ausgeben.

Lektion 11 - Der erste Schritt auf dem Weg zum Reichtum

Haben Sie sich die Fragen aus Kursteil 10 beantwortet?

Ist Ihnen bewusst geworden, worauf es ankommt?

Auf ein klares geistiges Wunschbild!

Klar und spezifisch, nicht allgemein oder schwammig oder vage!

Wie bereits angekündigt, basiert Lektion 11 auf Ihren Notizen, die Sie sich in Lektion 10 gemacht haben. Nehmen Sie sich diese jetzt bitte zur Hand.

Wattles schreibt:

„Gehen Sie nochmals zu Kapitel 6 zurück und lesen Sie die Geschichte des Mannes, der sich ein geistiges Bild von seinem Wunschhaus formte. Diese Geschichte vermittelt sehr deutlich, auf welche ersten Schritte es ankommt, wenn Sie reich werden wollen:

Sie müssen sich zunächst ein klares und präzises Bild des von Ihnen Gewünschten machen.

Sie können eine geistige Vorstellung nur dann weitergeben, wenn Sie diese zunächst selbst besitzen.

Sie müssen zuerst haben, erst dann können Sie geben.

Viele Menschen sind deshalb nicht in der Lage, auf die denkende Substanz einzuwirken, weil sie selbst nur eine schwammige und vage Vorstellung von den Dingen haben, die sie tun, haben oder werden wollen.

Ein allgemeiner Wunsch nach mehr Reichtum ist nicht ausreichend. Solche Wünsche hat jeder.

Es reicht nicht aus, dass Sie gerne reisen würden, dass Sie andere Länder kennenlernen wollen, dass Sie besser leben wollen und dergleichen. Auch solche Wünsche hat fast jeder.

Wenn Sie einer Freundin eine drahtlose Nachricht zukommen lassen wollen, würden Sie die einzelnen Buchstaben nicht in alphabetischer Reihenfolge senden, damit sich Ihre Freundin die Nachricht selbst zusammensetzt. Sie würden auch nicht beliebige Wörter aus einem Wörterbuch nehmen. Sie würden vielmehr zusammenhängende Sätze senden, die einen Sinn ergeben.“

Reichsein will gelernt sein

Damit gibt uns Wallace klare, spezifische und präzise Instruktionen. Er vermittelt klar und deutlich, worauf es ankommt, wenn wir der formlosen Substanz unsere Wünsche einprägen wollen.

Und doch kommen die meisten von uns an diesem Punkt ins Schwimmen. Wir wissen nicht genau, was wir wollen und haben meist sehr unklare Vorstellungen. Das ist keine Krankheit unserer Zeit. Vor diesem Problem standen auch schon unzählige frühere Generationen.

Der amerikanische Humorist Mark Twain (1835 - 1910) schrieb einmal:

„Ich kann jedem beibringen, wie er das erhält, was er will.

Das Problem ist, dass ich einfach niemand finden kann, der mir sagen könnte, was er wirklich will"

Wallace Wattles sagt, dass Sie es zuerst haben müssen, bevor Sie geben können.

Sie müssen es erst wissen, bevor Sie es der formlosen Substanz einprägen können.

Nun wollen wir uns also an die Aufgabe machen, uns durch die jahrelang aufgebauten Schichten durchzuwühlen, um herauszufinden, was Sie wirklich wollen. Uns wurde so viel Begrenzung gepredigt, dass wir unsere Herzenswünsche erst wieder mühsam ausgraben müssen und die Schatzkarte, auf der sie eingezeichnet waren, ist im Laufe der Jahre und Jahrzehnte verloren gegangen.

Also ran an den Innenschauspaten. Sobald Ihr Herzenswunsch wieder sichtbar ist, werden wir ihn in ein klares Bild ummodeln und der denkenden Substanz einprägen.

Das ist übrigens die Antwort auf Frage 2 aus Kursteil 10:

„Was ist der erste Schritt auf dem Weg zum Reichtum?"

Wattles sagt es in Kapitel 8 klar und deutlich:

„Sie müssen sich zunächst ein klares und präzises Bild des von Ihnen Gewünschten machen".

Reichsein will gelernt sein

Gut, dass Sie diese erläuternden Praxislektionen durcharbeiten - Sie hätten es in der „Wissenschaft des Reichwerdens“ sonst vielleicht überlesen?

Nun zu Frage 3. Die Geschichte dieses Mannes hat mehrere Aussagen, eine davon ist:

Bitten Sie ruhig um Großes!

Wir zaudern und zögern ständig und haben Angst davor, große Dinge zu erbitten.

Und so zerquetschen wir unsere wahren Wünsche und geben uns immer häufiger mit noch weniger zufrieden; unsere Obergrenze ist das, was wir für „möglich" oder „machbar" halten.

An dieser Stelle nochmals ein Zitat aus Kapitel 6:

„Ich erinnere mich an den Fall eines Kursteilnehmers, dem gesagt wurde, dass er eine klare Vorstellung des Gewünschten im Geiste halten solle, damit dieses kreative Denken der formlosen Substanz eingeprägt werden könne. Er war ein sehr armer Mann, wohnte in einer Mietskaserne und lebte praktisch von der Hand in den Mund. Dass er mehr Reichtum verdiente, konnte er sich nicht vorstellen.

Nachdem er sich diese Angelegenheit eine Zeit lang durch den Kopf gehen hat lassen, entschloss er sich dazu, um einen neuen Teppich zu bitten, damit der Fußboden während der kalten Jahreszeit wärmer sei. Er folgte die Anweisungen aus diesem Buch und hatte nach wenigen Monaten den gewünschten Teppich.

Dann dämmerte ihm, dass er zu wenig erbeten hatte ...“

Ist das nicht toll? Sie brauchen sich in keiner Weise zu beschränken.

Sie brauchen lediglich darum zu bitten!

Aber **bitten müssen Sie** - und was Ihnen gegeben wird, entspricht genau dem, worum Sie bitten!

Wenn Sie um wenig bitten, erhalten Sie wenig.
Wenn Sie um viel bitten, erhalten Sie viel!

Und wie „bitten" Sie?

Dies tun Sie, indem Sie nach innen gehen.

Reichsein will gelernt sein

Wattles reitet auf diesem wichtigen Punkt immer wieder herum. Er will wirklich sicher gehen, dass der Leser versteht, worauf es ankommt, dass wir kapieren, dass wir es wert sind. In unserem E-Book „Erfolgswissen für Fortgeschrittene" (http://goo.gl/IHXK91) haben wir ebenfalls ein gesamtes Kapitel diesem Bereich gewidmet; es trägt die Überschrift: „Werden Sie ein würdiger Empfänger".

Wenn Sie sich mit Almosen begnügen, verzichten Sie nicht nur auf Ihr angestammtes Geburtsrecht: Sie lehnen die unerschöpfliche Fülle des Universums ab, oder - anders ausgedrückt - Sie lehnen Gott ab.

Sie verweigern dann die Geschenke des Universums und vertun Ihre Talente.

„Wer (die klare Vorstellung) hat, dem wird gegeben, wer (sie) aber nicht hat, dem wir auch das wenige genommen, das er besitzt".

Erfolgreich zu sein, ist Ihre Pflicht!

Wenn Sie das erreichen, was Sie sich in Ihrem Innersten wünschen, verbessern Sie nicht nur zu Ihre persönliche Situation – Sie tragen auch zu einer Verbesserung des menschlichen Glücks im Allgemeinen bei.

Warum?

Weil Sie andere dabei unterstützen, ihrerseits erfolgreich zu sein.

Erfolg nimmt niemanden etwas weg. Im Gegenteil: Ihr Erfolg bewirkt wiederum Erfolg für andere und hilft vielen anderen Menschen.

Je erfolgreicher die Volkswirtschaft funktioniert, umso mehr Chancen gibt es für alle.

Je gesünder Ihre finanzielle Situation, umso mehr Geld können Sie für Waren und Dienstleistungen ausgeben. Dies bedeutet wiederum mehr Einnahmen und Gewinn für andere Leute, welche dann ihrerseits wieder mehr Geld in Umlauf bringen.

Erfolgreiche Menschen geben uns ein Beispiel und sind ein wertvoller Gegenpol in der allgemeinen Jammerlandschaft.

Erfolgreich zu sein ist deshalb Ihre Pflicht!

Reichsein will gelernt sein

Sie sind es sich selber schuldig,

Ihrer Familie,
Ihrem Herzblatt,
Ihrer Umgebung,
allen, die mit Ihnen in Kontakt kommen!

Jeder profitiert davon!

Ihr Erfolg kann vielen Menschen helfen!
Ihr Versagen hilft niemandem!

Wenn Sie hundert Leute fragen, was Erfolg bedeutet, erhalten Sie wahrscheinlich 98 verschiedene Antworten.

Was verstehen wir darunter?

Wir verstehen unter **Erfolg:**

Das kontinuierliche Näherkommen an ein selbstgestecktes, lohnenswertes Ziel! (Diese Definition stammt von Earl Nightingale)

Kontinuierlich: Vielleicht in kleinen Schritten, aber es geht voran.

Näherkommen: Das Ziel rückt jeden Tag näher.

Selbstgesteckt: Es geht darum, was für Sie wichtig ist. Nicht für Ihr Herzblatt, nicht für Ihre Eltern, nicht für Ihre Nachbarn ...

Lohnenswert: Ein neues Auto oder ein modernerer Fernseher ist kein lohnenswertes Ziel. Das sind im Endeffekt nicht mehr als nette Begleiterscheinungen.

Ziel: Ein dickes Bankkonto, Schönheit und teuere Spielzeuge können also an sich nicht als Ziel betrachtet werden. Diese Dinge sind in Ordnung, aber sie werden keine Spur hinterlassen.

Jetzt verstehen Sie, wieso Sie **Ja zu Überfluss und Fülle sagen** müssen, sich entfalten und weiterentwickeln müssen.

In den nächsten Lektionen werden wir den Spaten nochmals ansetzen und noch tiefer graben, Innenschau betreiben. Sie werden froh sein, dass wir das getan haben, denn Sie werden mehr Klarheit denn je dadurch gewinnen. Sie werden endlich wissen, was Sie wirklich sein, tun und haben wollen.

Lektion 12 - Meine Lebensaufgabe

Auf das Warum geht Wattles an mehreren Stellen ein, wenngleich er unterschiedliche Formulierungen benützt. Manchmal benutzt er das Wort „Absicht", manchmal „Entschlossenheit", manchmal „Lebensinhalt" oder „Lebensaufgabe". In jedem Fall geht es um einen tieferen Grund.

Unsere Aufgabe zu kennen, hilft uns auch, unseren Herzenswunsch wieder an die Oberfläche zu befördern.

Wenn wir wissen, in welcher Richtung wir vorankommen wollen, fällt es uns leichter, ein klares und präzises Bild zu formen.

Wie bereits angesprochen, werden wir heute ein paar Spatenstiche tiefer graben. Vielleicht gelingt es uns ja, Ihre Aufgabe ans Licht zu befördern!

Es gibt eine alte Hindu-Geschichte, die ungefähr so geht:

Als die Götter den Menschen erschufen, überlegten sie, wo sie das Göttliche verstecken könnten, damit der Mensch danach trachten könne. Einer meinte: *„Versenken wir es doch auf den Meeresgrund, dort werden sie es niemals finden." Ein anderer sagte: „Nein, lieber auf der Spitze des höchsten Berges."* Jeder hatte einen anderen Vorschlag. Aber letztendlich kamen sie dann überein, dass sie das Göttliche im Menschen selbst verstecken würden.

Denn nach innen blicke der Mensch sowieso nie.

In der Tat bleibt die Innenschau gar allzu oft auf der Strecke. Ihre Aufgabe befindet sich in Ihnen.

Es ist ein innerer Funke, ein inneres Gefühl.

Es ist wichtig, dass Sie Ihre Aufgabe entdecken. Weil sie wichtig ist. Ohne Sie wäre die Welt nicht komplett.

Sie sind wichtig. Und Ihr Beitrag ist wichtig!

Vielleicht fragen Sie sich jetzt, was das denn mit dem Reichsein zu tun habe. Es hat damit mehr zu tun als alles andere!

Sie haben wahrscheinlich schon mit diesen Prinzipien experimentiert, sind sich aber nicht sicher, ob Sie alles richtig verstanden haben oder sind mit Ihren Ergebnissen noch nicht zufrieden. Woran hapert es bloß?

Reichsein will gelernt sein

Es könnte genau daran hapern. **Sie müssen zuerst herausfinden, wer Sie sind.** Bewusst!

Ihre spezielle Aufgabe wollen wir nun herausfinden. Sie brauchen dazu die **praktische Übung.**

Tun Sie bitte zuerst das und lesen Sie erst dann hier weiter.

Wen bewundere ich?	Eigenschaften, Qualitäten, Charakterzüge (siehe Seite 126)

Schreiben Sie jetzt bitte 10 Personen auf, die Sie aus irgendwelchen Gründen bewundern - „Tod oder lebendig", wie es auf den Fahndungsplakaten im Wilden Western hieß.

Es spielt also keine Rolle, wenn Sie diese Leute nie persönlich kennengelernt haben, wichtig ist lediglich, dass es sich um Menschen handelt, die in Ihren Augen etwas Bewundernswertes an sich hatten.

Dieses Kapitel wird an dieser Stelle bewusst unterbrochen. Das soll Sie daran erinnern, dass Sie bitte zunächst diese Übung machen. Schreiben Sie in die linke Spalte 10 „Helden" oder Vorbilder. (Es ist Platz unterhalb des Rahmens)

Reichsein will gelernt sein

Jetzt geht's weiter.

Zu jeder Person schreiben Sie nun bitte auf, welche persönlichen Eigenschaften, Charakterzüge, Merkmale, diese Person Ihrer Meinung besitzt oder besessen hat. Dafür steht Ihnen die rechte Spalte zur Verfügung.

Beispiele:

- ausdauernd
- authentisch
- ehrlich
- einfühlsam
- geduldig
- großzügig
- inspirierend
- kommunikativ
- liebenswert
- loyal
- lustig
- mitreißend
- mutig
- positiv
- pünktlich
- souverän
- spirituell
- weise
- zielstrebig
- zuverlässig ...

Diese Aussagen können für mehrere Personen auch dieselben sein.

Tun Sie
jetzt
bitte das!

Fantastisch!

Sie haben jetzt eine Sammlung mehrerer Eigenschaften. Machen Sie jetzt bitte wieder eine **Pause** und markierten Sie diejenigen, die **mehrfach** vorkommen (zum Beispiel umringeln oder abhaken).

Jetzt nehmen Sie bitte alle Eigenschaftsworte, die Sie auf der vorhergehenden Seite markiert haben und übertragen sie in die folgenden sechs Kästchen. Das sich oben befindliche größere Kästchen lassen Sie frei.

Dafür .....

-	-	-
-	-	-

Vielleicht sind es zwei oder drei Eigenschaften, vielleicht auch fünf oder sechs. Übertragen Sie sie in die obigen Kästchen.

Fertig?

Jetzt haben wir's gleich. In das horizontale Kästchen darüber schreiben Sie bitte in großen Lettern:

Dafür bin ich auf die Welt gekommen!

Die von Ihnen in die sechs Kästchen hineingeschriebenen Eigenschaften sprechen Sie deshalb an, weil Sie sich auf derselben Schwingungsebene befinden. So wie eine bestimmte Stimmgabel eine bestimmte andere zum Schwingen bringt, auch wenn noch hundert weitere im Raum sein sollten, schwingen auch Sie in Harmonie mit diesen Eigenschaften.

Reichsein will gelernt sein

Diesen Eigenschaften sind Bestandteil des Geschenks an die Welt, welches Sie sind!

Wie Sie dieses Geschenk umsetzen - wobei Sie ein klares und präzises Bild Ihres Herzenswunsches aufbauen und dann realisieren - werden wir in der nächsten Lektion behandeln.

Wir werden uns dabei nicht mit Bagatellen abgeben, wir gehen direkt ans Eingemachte, an Ihren **Herzenswunsch**.

Das war viel Arbeit diesmal.

Sie haben sich eine Pause redlich verdient!

Lektion 13 - Die Macht des brennenden Verlangens

Haben Sie das auch schon mal erlebt: Sie haben das Geld für einen größeren Auftrag erhalten, eine Sonderprämie oder eine andere außergewöhnliche Zahlung, und machen sich auf in die Einkaufsstraße.

Heute wollen Sie sich mal etwas Besonderes gönnen.

Und dann stehen Sie vor den Schaufenstern oder in den Kaufhäusern - und wissen gar nicht, was Sie eigentlich wollen.

Woher kommt das?

Nun, häufig bilden wir uns ein, dass wir etwas „wollen", aber es entstammt keinem wirklich tiefen Wunsch in uns. Es ist eher ein Symptom eines Mangeldenkens.

Solange wir glauben, dass wir nicht genug hätten - oder nicht genug seien - suchen wir nach Möglichkeiten, wie wir diesen Mangel, diese unbewusste Leere, ausgleichen können. Unser Verstand macht uns dann weis, dass wir Dinge haben müssten, die andere besitzen. Eine Neidgeschichte also.

Wir verzehren uns nach etwas (oder auch nach jemanden) und wenn es dann in Reichweite ist, ist es auf einmal gar nicht mehr so erstrebenswert.

Wieder einmal müssen wir also innen ansetzen. Ein innerer Mangel kann nicht durch äußere Faktoren ausgeglichen werden. Eine wirkliche Veränderung geht immer von innen nach außen.

Die Ursache liegt innen, die Wirkung außen.

Bevor wir uns in dieser Lektion dranmachen, die wahre innere Sehnsucht, den Herzenswunsch, aufzudecken, wollen wir uns zunächst etwas damit beschäftigen, was Wattles über die Dinge sagte, die wir wollen.

Dabei müssen wir sehr sorgfältig auf seine Wortwahl achten: Zwischen „wollen" und „verlangen" ist ein himmelweiter Unterschied.

Ein Verlangen ist ein brennender Wunsch, eine Sehnsucht, also wesentlich stärker. Das ist nicht bloß Hoffen und Bangen, das ist etwas, das aus dem tiefsten Inneren kommt. Sie brauchen das nicht zu erschaffen, es ist bereits da. Sie nehmen es an, Sie bringen es an die Oberfläche und verwirklichen es - oder auch nicht.

Reichsein will gelernt sein

Es ist der Schlüssel zur Erfüllung, zum Glück und zu wahrem Wohlstand.

Ein wirkliches Verlangen kommt aus dem wahren Ich.

Ein bloßer Wunsch kann da nicht mithalten. Ein Wunsch scheint aus dem Kopf zu kommen, aus dem „kleinen Ich", wie Enrico Caruso, der italienische Opernsänger, es einmal nannte (Nachzulesen bei Joseph Murphy: Die Macht Ihres Unterbewusstseins).

Denken Sie nochmals an das von Wattles genannte Beispiel von dem Mann, der sich lediglich einen Teppich wünschte (Seite 21). Das erschien ihm "vernünftig". Sein Aha-Erlebnis kam, als er erkannte, dass er um zu wenig gebeten hatte.

Wir erhalten nur das, worum wir bitten.

Wenn wir wirklich nach innen gehen, und um Großes bitten und unsere wahren Sehnsüchte aufdecken, werden wir das auch erhalten. Oder gar noch Besseres!

Das Wort „Verlangen" klingt nicht nur stärker, es ist auch stärker. Wattles schreibt in Kapitel 8:

„Für Dinge, die man sich wirklich ersehnt, braucht niemand Konzentrationsübungen zu machen.

Es sind die Dinge, die Sie sich nicht wirklich ersehen, welche eine bewusste Anstrengung verlangen."

Das ist auch die Erklärung, warum sich die meisten Leute ihre Ziele nicht erfüllen können.

Da werden Ziele festgelegt, die einem nicht wirklich am Herzen liegen. Oder man glaubt im Grunde nicht an ihre Erreichung.

Viele Leute glauben deshalb nicht an ihre Ziele, weil sie sich nicht vorstellen können, wie das gehen soll. Der Haken dabei ist, dass Sie dann, wenn Sie bereits wissen, wie es gehen soll, wahrscheinlich zu klein denken.

Ein kleines Ziel bietet keinen Anreiz.

Reichsein will gelernt sein

Wattles schreibt:

„Wenn Sie nicht wirklich reich werden wollen und Ihr Verlangen nicht so stark ist, dass sich Ihr Denken darauf ausrichtet wie ein magnetischer Pol von der Kompassnadel angezogen wird, dürfte es sich für Sie kaum lohnen, den Anweisungen aus diesem Buch zu folgen."

Sie müssen also wissen, was Ihre Sehnsucht ist, was Sie verlangen. Nur dann machen Sie sich auch daran, ein klares geistiges Bild zu entwerfen, das Sie der formlosen Substanz einprägen.

Frischen wir unser Gedächtnis nun erst mal anhand einiger Buchauszüge auf und danach steht wieder eine praktische Übung für Sie bereit.

Kapitel 1:

„Wahres Leben bedeutet, die Gesamtheit dessen zum Ausdruck zu bringen, was ein Mensch durch Körper, Geist und Seele hervorbringen kann.

Auch wenn man anders daherreden kann, kann man doch erst dann wirklich glücklich sein, wenn auch der Körper seinen Ausdruck findet. Und dasselbe gilt für den Geist und für die Seele.

Wenn ein Teilbereich unterdrückt oder seine Funktion nicht erfüllt wird, bleibt eine unerfüllte Sehnsucht. Diese Sehnsucht ist die potenzielle Möglichkeit, die sich zum Ausdruck bringen möchte."

Kapitel 5:

„Jede Sehnsucht ist das Bemühen einer noch nicht zum Ausdruck gebrachten Möglichkeit, sich zu verwirklichen. Es ist die Macht, die sich manifestieren will, welche die Sehnsucht entstehen lässt. Was Sie dazu drängt, mehr Geld verdienen zu wollen, ist dasselbe wie das, was die Pflanze zum Wachstum drängt. Es ist das Leben, das sich eine vollere Entfaltung wünscht.

Die alleinige lebende Substanz muss diesem Gesetz allen Lebens unterworfen sein.

Sie wird von der Sehnsucht durchflutet, mehr leben zu wollen und ist deshalb der Notwendigkeit ausgesetzt, Dinge erschaffen zu müssen. Die einzige Substanz will durch Sie leben.

Das Universum möchte, dass Sie alles haben, was Sie haben wollen. Die Natur ist Ihren Plänen wohlgesonnen. Alles ist naturgemäß auf Ihrer Seite."

Kapitel 6:

„Die Ursubstanz möchte, dass Sie die Fülle des Lebens haben, zu dem Sie in der Lage *sind; sie möchte, dass Sie alles haben können, was Sie nutzen können, um ein reiches Leben zu führen.*

Wenn Sie Ihr Bewusstsein auf die Tatsache lenken, dass Ihre Sehnsucht nach Reichtum eins ist mit dem Wunsch des Allmächtigen nach einem volleren Ausdruck, wird Ihr Glaube unbesiegbar.“

Kapitel 16:

„Zögern und zaudern Sie nicht, aus Angst, dass es Ihnen an Fähigkeiten mangele, sobald Sie an einem bestimmten Platz angelangt sind. Machen Sie weiter!“

Kapitel 12:

„Eine erfolgreiche Handlung ist in ihren Ergebnissen kumulativ und aufbauend. Da die Sehnsucht nach mehr Leben allen Dingen innewohnt, zieht ein Mensch in dem Maße, in dem er sich auf ein erfolgreicheres Leben zubewegt, auch mehr Dinge an, was den Einfluss auf seine Sehnsucht vervielfacht.“

Kapitel 13:

„Das zu tun, was Sie tun wollen, ist Leben. Es gibt keine wirkliche Befriedigung im Leben, wenn wir gezwungen werden, ständig das zu tun, was uns zuwider ist und niemals das tun können, was wir eigentlich tun möchten.

Es ist absolut sicher, dass Sie das tun können, was Sie tun möchten. Die Sehnsucht, es tun zu wollen, ist bereits Beweis genug, dass Sie in sich die Kraft besitzen, es auch tun zu können.“

Kapitel 8:

„Verbringen Sie möglichst viel Muße und Freizeit mit der Betrachtung Ihres geistigen Wunschbildes.

Für Dinge, die man sich wirklich wünscht, braucht niemand Konzentrationsübungen zu machen. Es sind die Dinge, die Sie sich nicht wirklich wünschen, welche eine bewusste Anstrengung verlangen.“

Widmen Sie sich nun bitte der praktischen Übung, wobei Sie diese ausschlaggebenden Informationen berücksichtigen.

Praktische Übung

Die ersten beiden Fragen stammen von Wallace Wattles selbst:

1. *Was ist Sehnsucht?*

Geben Sie mindestens zwei Definitionen.

---

2. *Auf welche Weise beweist der starke Wunsch, etwas zu tun, dass Sie es tun können?*

---

3. *Was beweist ein starker Wunsch?*

---

4. *Was können Sie tun, um Ihren starken Wunsch zu verstärken?*
Welchen Nutzen ziehen Sie daraus?

---

5. *Was verursacht den starken Wunsch (das Verlangen, die Sehnsucht)?*

6. *Was hält Gott (die Ursubstanz, der Unendliche, die Höchste Macht) von der Sehnsucht nach Reichtum?*

Lektion 14 - Auf der Suche nach dem Herzenswunsch

Hoffentlich sind Sie gut ausgeruht, in dieser Lektion haben wir nämlich ein beträchtliches Pensum vor uns!

Haben Sie sich schon mal einen Neujahrsvorsatz vorgenommen und sind dann kläglich damit gescheitert?

Oder haben Sie sich Ihre Ziele aufgeschrieben und die Sache dann im Sande verlaufen lassen?

Einfach das Interesse verloren?

Vielleicht sind Sie bei der Frage hängengeblieben: „*Was will ich eigentlich wirklich?*" ... und haben jahrelang keine Antwort darauf gefunden?

Das ist gang und gäbe.

Aber es bedeutet nicht, dass Sie keine starken Wünsche hätten - sie sind schlichtweg unter jahrelangen „Verpflichtungen" begraben worden.

Wenn Sie Ihre Gefühlssituation nach dem Schulnotensystem bewerten sollten (1 bis 6, beziehungsweise 1 bis 5 in Österreich. In Deutschland ist „1" ist beste Note, in der Schweiz ist es genau andersherum. „6" ist sehr gut), wie fühlen Sie sich dann die meiste Zeit? Wie begeistert sind Sie von Ihrem eigenen Leben?

- Machen Sie Ihre Arbeit gerne?
- Sind Sie gerne mit den Leuten zusammen, mit denen Sie tagein, tagaus zu tun haben?
- Haben Sie das Gefühl, dass Sie sich auf dem richtigen Weg befinden?
- Oder schleppen Sie sich nur noch mühsam voran?

Damit keine Missverständnisse aufkommen:

Auch wenn Sie sicher sind, dass Sie sich auf dem richtigen Weg befinden, wird es nicht ausbleiben, dass Sie an manchen Tagen am liebsten alles hinschmeißen wollen. Manchmal ist es einfach wie verhext.

Reichsein will gelernt sein

An manchen Tagen ist der Wurm drin. Das sind die Zeiten, in denen wir uns auf unsere Willenskraft verlassen und uns zwingen, weiter auf das Ziel zuzugehen.

Statt auf die Autobahn zu sehen, konzentrieren wir uns auf die Insekten an der Windschutzscheibe und lassen uns davon ablenken. Übertragen gesprochen.

In solchen Zeiten ist unsere Glaube daran, dass unsere Sehnsucht bereits „in der Mache ist" und dass wir dran bleiben müssen, bis wir sie auf der physischen Ebene sehen, besonders wichtig.

Diese Ausnahmezeiten meinen wir hier nicht. Wir sprechen davon, dass Ihr Stimmungsbarometer die meiste Zeit über im Keller ist, dass Sie fast immer mit zusammengebissenen Zähnen weiterwursteln und ein Tag ebenso lustlos vergeht wie der andere.

Falls das Ihre Situation beschreibt, enthalten Sie sich und der Welt ein wertvolles Geschenk vor: sich selbst.

In diesem Fall kommt der Funke, der Ihr Leben zum Zünden bringen kann und der auch alle anderen, die mit Ihnen in Kontakt kommen, anstecken kann, nicht zum Ausdruck.

Das hat die Bezeichnung „Leben" nicht verdient.

Es ist sehr leicht, sich an dieses ereignislose Dahinplätschern zu gewöhnen. Unmerklich schleicht sich die Routine ein und wir gehen wie Schlafwandler durchs Leben.

Bei der Wissenschaft des Reichwerdens geht es nicht zuletzt ums Aufwachen. Darum, uns mit offenen Augen am Leben zu beteiligen und in jeder Hinsicht ein reiches Leben zu führen.

Vielleicht haben Sie zur Zeit ja nicht die Ausbildung, das Wissen oder die Kenntnisse, die Sie sich wirklich wünschen, das aber sind nur scheinbare Hinderungsgründe.

Solange Sie diese Dinge für Hindernisse halten, werden sie auch Hindernisse bleiben.

Falls Sie einen starken Wunsch nach einem bestimmten Beruf haben, sollten Sie ihn als Endziel anstreben. Das dauert natürlich seine Zeit. Aber es die Mühe wert.

Reichsein will gelernt sein

Wattles hierzu:

„Das zu tun, was Sie tun wollen, ist Leben. Es gibt keine wirkliche Befriedigung im Leben, wenn wir gezwungen sind, ständig das zu tun, was uns zuwider ist und niemals das tun können, was wir eigentlich tun möchten"

Diese Aussage gilt auch für das Sein und für das Haben. Wie wir vor allem in unserem E-Book „Erfolgswissen für Fortgeschrittene" immer wieder betonen, kommt es auf diese Reihenfolge an:

1. Sein
2. Tun
3. Haben.

Das sind die drei Seiten des Diamanten, der sich Leben nennt.

Nun, wenn Sie zur Heerschar jener gehören, die auf der Stelle nicht sagen könnten, was sie wirklich

- sein
- tun und
- haben wollen,

wenn Ihr innigster Herzenswunsch unter einem Berg von Seelenmüll begraben liegt, auf dem Aufschriften wie *„ich weiß nicht"*, *„eigentlich müsste ich"* oder *"ich kann unmöglich ..."* stehen, haben wir es mit einer Notsituation zu tun. Jetzt lauert Gefahr am Horizont!

Aber ...

Hilfe ist bereits unterwegs!

Beginnen wir also mit der Traumrettung!

Falls Sie sehr wohl wissen, woran Ihr Herz hängt, aber bislang nicht recht wussten, wie Sie das anstellen sollten oder Ihnen die Trauben zu hoch erschienen, sind diese Hinweise ebenfalls für Sie. So oder so sollten Sie in jedem Fall auch die praktische Übung machen, selbst dann, wenn Sie der Meinung sind, dass Sie bereits eine „klare und präzise Wunschvorstellung" besäßen.

Die Ergebnisse dürften Sie überraschen. Sie werden bestimmt etwas Neues entdecken!

Reichsein will gelernt sein

Wattles schreibt, ebenfalls in Kapitel 13:

„Dass Sie das tun können, was Sie tun möchten, ist absolut sicher.

Der starke Wunsch, es tun zu wollen, ist bereits Beweis genug, dass Sie in sich die Kraft besitzen, es auch tun zu können.“

Der starke Wunsch ist eine Ausdrucksform dieser Kraft.

Sobald Sie wissen, was Sie sich wirklich wünschen, wird dieses klare und präzise Wunschbild nach und nach sein Angesicht zeigen. Dieses Bild kommt aus Ihrem wahren Ich, es handelt sich also nicht um eine Fantasie oder irgendwelche Flausen, die aus dem Ego stammen oder die auf Ängste oder Mangeldenken zurückzuführen seien.

Sie brauchen dazu keinerlei Klimmzüge zu machen oder Kraftanstrengungen zu erbringen.

Sie werden sich mit den Gesetzen, die für das gesamte Universum gelten, im Fluss befinden, weil Sie sich im Einklang mit Ihrem Lebensinhalt verhalten.

Das Schöne dabei ist, dass es infolge Ihrer Ausrichtung auf Ihren Herzenswunsch leicht ist, dafür bereits dankbar zu sein, bevor sich Ihr Wunsch verwirklicht hat. Falls Sie sich in Harmonie mit Ihrem Herzenswunsch befinden, ist es leicht, sich so zu verhalten, „als ob” Sie die Verwirklichung bereits genössen.

Weil Sie es ja bereits tun!

Seien Sie also bereit, nach innen zu blicken.
Öffnen Sie sich für das, was Sie dabei entdecken.

Alles Weitere fügt sich von selbst.

Praktische Übung, Teil A

Machen Sie jetzt also Ihre praktische Übung.

Was wollen Sie wirklich in diesem Leben?

___

___

___

Was möchten Sie tun?

- *Wo?* ___

- *Wann?* ___

- *Mit wem?* ___

Was würden Sie tun, wenn Sie hundertprozentig wüssten, dass Sie der Erfolg gesichert ist?

___

___

Falls Sie Ihren jetzigen Beruf an den Nagel hängen könnten, was würden Sie dann tun?

___

___

Was würden Sie gerne für sich und für Ihr Herzblatt oder Ihre Familie haben?

___

___

Falls Sie hierauf bereits Antworten haben, fantastisch!

Es ist aber eher unwahrscheinlich.

Reichsein will gelernt sein

Falls Ihre erste Reaktion also heißt „*Ich weiß auch nicht*“, ist es auch in Ordnung.

Was haben Sie als Kind gerne gemacht?

Als Jugendlicher?

Gibt es etwas, das Sie schon immer tun wollten?

Was schwebt Ihnen schon seit ewigen Zeiten im Hinterkopf?

Falls Geld und Zeit nicht das geringste Problem darstellten, was würden Sie dann tun?

Haben Sie bereits schriftliche Ziele?

Nehmen Sie Sie Ihre Ziellisten vor.
Welche dieser Ziele lösen Begeisterung in Ihnen aus?

Reichsein will gelernt sein

Was bringt Sie in eine Stimmung der Vorfreude?

Benutzen Sie nun bitte das untenstehende Formular, um einige Möglichkeiten zu skizzieren, was Sie

sein,
tun oder
haben wollen.

(Kästchen in der linken Spalte).

Beginnen Sie mit Kästchen 1 und schreiben Sie ein oder zwei Zeilen hinein, die sich auf Ihren innersten Wunsch beziehen.

Stellen Sie sich einen Augenblick lang vor, wie Sie das Gewünschte erleben.

Fühlen Sie sich in die erlebte Wunschsituation hinein!

Wie wäre das?

Falls Sie dabei ein tolles, starkes und aufbauendes Gefühl erleben, benutzen Sie die entsprechenden Worte, um es zu beschreiben.

Unterbrechen Sie die Lektüre jetzt und machen Sie zunächst diese Übung (Spalte links außen). Falls Sie nicht in das Buch hineinschreiben wollen, könnten Sie parallel dazu die PDF-Version downloaden (http://i-buxshop.com) oder sich Ihre eigenen Formulare erstellen.

Wunschbeschreibung	Benotung	Ja schon, aber	Einwand entkräften
	1 2 3 4 5 6		
	1 2 3 4 5 6		
	1 2 3 4 5 6		
	1 2 3 4 5 6		
	1 2 3 4 5 6		
	1 2 3 4 5 6		
	1 2 3 4 5 6		
	1 2 3 4 5 6		

Reichsein will gelernt sein

Prima! Konnten Sie bereits etwas zu Papier bringen? Falls nicht, besteht auch kein Grund, den Kopf hängen zu lassen. Sie haben noch Zeit. Aber lassen Sie sich die Chance nicht entgehen, ernsthaft herauszufinden, was Sie wirklich wollen.

In der zweiten Spalte sehen Sie die Zahlen 1 bis 6.
(Wieder grob angelehnt an das Schulnotensystem)

Das sind Begeisterungsstufen.

Stufe 1 = Spitze! Das wäre der Übertraum! Das Nonplusultra. Die Erfüllung.
Stufe 6 = Na ja, Geht so. Ganz nett.

Grübeln Sie hier nicht zu viel nach, umkringeln Sie einfach aus dem Bauch heraus.

Der erste Impuls ist der richtige.

Verschwenden Sie auch keine Gedanken daran, wie das zustande kommen soll.

Wie toll wäre es, wenn es einträfe. Unterstreichen oder Kringelchen machen und weiter geht's.

Es geht um das **Gefühl**, das Sie dabei hätten.

Falls Ihnen noch weitere Dinge einfallen, die Sie sein, tun oder haben wollen, schreiben Sie sie jetzt dazu und beurteilen Ihre Begeisterung auch für diese anderen Erlebnisse oder Punkte.

Sobald Sie damit fertig sind, lesen Sie bitte auf der nächsten Seite weiter.

Praktische Übung, Teil B

Ich will .... *sein,*
damit ....
....
....
....

Ich will .... *tun,*
damit ....
....
....
....

Ich will .... *haben,*
damit ....
....
....
....

Reichsein will gelernt sein

Haben Sie die bisherigen Übungen wirklich gemacht?

Es ist absolut witzlos, Übungen zu überspringen. Es geht immerhin um Ihr Leben!

Falls Sie nun auf der Begeisterungsskala bei irgendeinem Wunsch die 6 oder weniger angekreuzt haben (sofern Sie sich nach dem deutschen Notensystem richten), streichen Sie diesen „Wunsch" und vergessen Sie ihn. Das ist nicht das, was wir suchen!

Falls etwas nur „ok", oder „gut und schön" oder „ganz nett" oder „cool" sein sollte, ist es als Lebenstraum unbrauchbar.

Uns geht hier darum, herauszufinden, **was Sie wirklich begeistert!**

Was würde den Vogel abschießen?

Nehmen Sie sich Ihre Wunschliste nun bitte nochmals vor und sehen Sie sich Ihre Beurteilung an.

Falls darauf etwas steht, das die Note „1" (oder gar 1 mit Stern) erhalten hat, wie fühlt sich das an?

- Ist das aufregend?
- Spüren Sie schon ein Kribbeln?
- Schmetterlinge im Bauch?
- Feuchte Hände?
- Vielleicht sogar ein bisschen Lampenfieber?
- Oder Nervosität?

Stellen Sie sich jetzt bitte vor, wie Sie die übrigen Wünsche, die Sie mit 2, 3 oder schlechter benotet haben, einer guten Freundin oder einem Freund vorlesen.

Machen Sie das gerade eben mal noch.

Danach sehen wir weiter.

Reichsein will gelernt sein

Nehmen wir an, dass Ihnen jemand anders im selben Tonfall, wie Sie das soeben gedanklich getan haben, denselben Wunsch vorträgt. Würde Sie das vom Hocker reißen? Wären Sie überzeugt?

- Hat sich Ihre Stimme überschlagen?
- Haben Sie vielleicht schneller gesprochen?
- Haben Sie überhaupt etwas gefühlt bei dieser Aufzählung?
- Hat das ein anerkennendes „Mensch Meier!“ ausgelöst?

Falls Sie noch nicht voll und ganz überzeugt sind, sollten Sie Ihre Benotung nochmals überdenken.

Falls Sie aber wirklich einen Spitzenreiter haben, die absolute Nummer eins, dann:

Herzlichen Glückwunsch!

Und glauben Sie ja nicht, dass Sie sich mit einem einzigen Wunsch begnügen müssten.

Sie haben - hoffentlich - noch viele Jahre vor sich und können noch vieles verwirklichen.

Keine falsche Bescheidenheit!

Ach so, Sie haben immer noch keinen absoluten Spitzenplatz. Überall Dreier, zwei Mal die Vier und die anderen sind gar noch schlechter.

Sehen wir uns das einmal näher an.

Vielleicht haben Sie Manches ja falsch benotet, weil Sie sich von vorneherein von irgendwelchen *„Ja schon, aber...*-“Einwänden abhalten haben lassen.

Nehmen wir ein Beispiel:

Sie mögen Kinder und würden gerne als Erzieherin arbeiten.

Ja schon, aber ich habe doch überhaupt keine Ausbildung.
Ja schon, aber der Beruf scheint nicht gut bezahlt zu sein.
Ja schon, aber überhaupt sieht es so aus, als bestünde wenig Nachfrage danach.

Ja schon, aber ich bin auch nicht mehr die Jüngste.
Ja schon, aber ich wohne viel zu weit weg vom Schuss.
Ja schon, aber es gibt doch eh immer weniger Kinder ...

Ja, Hindernisse gibt es. Eine körperliche Behinderung, eine Rassenzugehörigkeit (auch heute noch), eine bestimmte Nationalität oder Geschlechtszugehörigkeit können das Aus bedeuten.

Das ist schon häufig vorgekommen.

Ebenso häufig ist es vorgekommen, dass all diese Dinge völlig unbedeutend waren. Wenn es einer geschafft hat, können es andere auch schaffen. Sie gehören auf jeden Fall zu denen, die es schaffen können (Sie sind bereits in Lektion 14! Alle Achtung!)

Je besser Sie Ihren Platz ausfüllen, umso besser für alle.
Sie tun nicht nur sich einen Gefallen, sondern auch der Welt!

Gut, Sie haben also keine Ausbildung. Andere Erzieherinnen sind auch nicht voll ausgebildet auf die Welt gekommen, Sie können sich ausbilden lassen.

Und Sie meinen, dass dieser Beruf nicht gut bezahlt sei? In jeder Sparte gibt es immer wieder Leute, die wesentlich mehr verdienen als der Durchschnitt. Zeigen Sie, was Sie drauf haben!

Sie fühlen sich zu alt? Solange Sie noch atmen, ist es nie zu spät! Es gibt Leute, die mit 66 Jahren noch das Abitur nachmachen.

Keine Zeit? Wenn Sie auf etwas verzichten, was Ihr Herzenswunsch ist, bedeutet das nichts anderes, als dass Sie Ihre Zeit mit etwas weniger Sinnvollem vertrödeln. Ihre Leidenschaft sollte wichtiger sein als das, was Ihnen momentan die Zeit nimmt.

Das ist nur ein Ausschnitt aus einer unendlichen Liste von *Ja schon, aber*-Ausflüchten.

Wattles sagt in Kapitel 12:

„Wenn keiner seinen Platz ausfüllen würde, müsste es insgesamt zu einem Rückschritt kommen. Leute, die ihren Platz nicht ausfüllen, sind eine Belastung für die Gesellschaft, für den Staat, für Handel und Gewerbe. Sie müssen von anderen mitgetragen werden."

Wir wollen es nicht beschönigen, es gibt Grenzen und es gibt Hürden. Alles hat seine Ecken und Kanten.

Reichsein will gelernt sein

Vielleicht erhalten Sie wirklich nicht die Idealstelle als Erzieherin (in unserem Beispiel), aber Sie können auf jeden Fall etwas tun, um Ihrem Ziel näher zu kommen. Mark Twain hatte einmal sinngemäß geschrieben: *"In zwanzig Jahren werden Sie nicht das bereuen, was Sie getan haben, sondern dass, was Sie unterlassen haben."*

Und was ist bei ernsthaften Behinderungen?

Denken Sie an den Supermann-Darsteller Christopher Reeve. Er fiel vom Pferd und war querschnittsgelähmt.

Aus mit der Schauspielerei. Aber sein Gehirn funktionierte weiterhin. Er war nach wie vor kreativ. Und hat vom Rollstuhl aus als Regisseur gearbeitet.

Oder sehen wir uns Clint Eastwood an. Er ist jetzt (im Jahre 2014) 84 Jahre alt. Und wagt sich an ein neues Genre. Als Regisseur für ein Musical. Wenn er sich etwas darum scheren würde, was die Leute von ihm erwarten, würde er heute noch als Westernheld durch die andalusische Wüste bei Almería reiten. (Übrigens die einzige Wüste in Europa und sehr sehenswert. Googlen Sie bei Interesse nach „Tabernas").

Betrachten Sie sich Ihre Benotung bitte nochmals im Lichte dieser Erklärungen. Falls auf Ihrer Liste etwas steht, das die Bestnote „1" verdient, Sie aber aufgrund Ihrer „Ja schon, aber"- Einwände eine andere Bewertung vorgenommen haben, können Sie vielleicht eine Alternative finden.

Den Weg dahin finden Sie über eine einfache Frage:

Warum?

Warum wollen Sie gerade das?

Was ist der tiefer liegende Wunsch?

Versuchen Sie, dem auf die Spur zu kommen, indem Sie *„um"* anhängen.

„Ich will als Berufssänger reich werden, um ...."

Welches Gefühl würde Ihnen das vermitteln?

Alles, was wir tun, tun wir, um ein Gefühl zu bekommen. Die Psychologen sprechen von „Lustgefühl" bzw. „Unlustgefühl". Wir tun etwas, um ein „Lustgefühl" zu erhalten, oder um ein „Unlustgefühl" zu vermeiden.

Reichsein will gelernt sein

Wir treffen unsere Entscheidungen aufgrund von Gefühlen, der Verstand erfindet nachträglich lediglich „vernünftige" Gründe. Die Logik ist aber nicht der Auslöser, das ist immer das Gefühl. Sie brauchen sich bloß eine Fernsehwerbung, sagen wir, für ein Auto anzusehen. Sie hören heute gar nichts mehr von kW-Zahlen, Motorleistung, Straßenlage oder sonstigen technischen Details.

Die Werbeleute haben verstanden, dass wir aufgrund dieser nüchternen Daten nicht aktiv werden. Mit einem Allradfahrzeug über die Dünen zu brausen, das spricht unser Gefühl an. Zwar werden die meisten künftigen Besitzer das so gut wie nie machen, aber so funktioniert der Mensch nun mal.

Gut. Sie wollen also Berufssänger werden. Falls Sie eine Tonleiter für eine Leiter halten, die aus Ton geformt ist oder einen Notenschlüssel am Schlüsselbrett suchen, wird's kritisch. Aber auch solche Hindernisse lassen sich überwinden. Falls nicht, wie gesagt, es gibt Alternativen. Verbohren Sie sich nicht.

Die praktische Übung besteht aus zwei Teilen. In Teil A ergänzen Sie ganz einfach die Aussagen.

Bleiben Sie nicht an der Oberfläche. Lassen Sie sich bei dem, was Sie wirklich tun möchten, nicht von dem abhalten, was Sie scheinbar nicht tun können!

Leicht ist es für niemanden, auch wenn es manchmal so aussieht. Aber bewundern wir nicht gerade jene Menschen, die es trotz aller Widrigkeiten geschafft haben?

„Bleiben Sie Ihren Visionen treu, halten Sie an Ihren Idealen fest", schreibt James Allen in *„Wie der Mensch denkt, so ist er"*.

Sie werden Durststrecken zu durchwandern haben, Sie werden einiges einstecken müssen. Jeder muss das.

Aber letztendlich kommt es darauf an, wie Sie die Dinge sehen. Das ist das Zünglein an der Waage.

Sie können den lieben Tag lang jammern und sich selbst bedauern. Was haben Sie dann am Ende des Tages. Immer noch nichts!

Oder Sie sagen sich: *„Jetzt erst recht! Das ist mein Herzenswunsch und auf diese Weise möchte ich mich ausdrücken. Das wäre doch gelacht!"*

Nu denn, wie ist das?

Baut Sie das auf?

Oder klingt es ein wenig zu forsch für Sie?

Es ist eine Gesetzmäßigkeit, ein Prinzip. Nichts anderes. Wie Sie zu diesem Prinzip stehen, ist völlig Ihnen überlassen. Sie können es nutzen - oder von ihm benutzt werden.

Sie können
sein
tun und
haben,
wofür Sie sich entscheiden!

Erfassen Sie also bitte Ihre Herzenswünsche in der Spalte links außen von Übungsteil A.

Benoten Sie sie von 6 („Gähn“) bis 1 („Waaaaaaaaaaaahnsinn“).

Für die Fünfer und Vierer erfassen Sie separat Ihre Einwände (*„Ja schon, aber ..“*)

Und in die letzte Spalte schreiben Sie dann mindestens eine Möglichkeit hinein, wie Sie diese Einwände neutralisieren könnten. Das bedeutet noch nicht, dass Sie das auch umsetzen werden, aber Sie überlegen sich schon mal eventuelle Möglichkeiten.

Falls Sie jetzt immer noch nicht wissen, was Sie wirklich wollen, schreiben Sie drei oder vier Dinge auf, die Ihnen gefallen könnten oder was Sie gerne wären, täten oder hätten. Vielleicht müssen Sie dazu in Ihren Kindheitserlebnissen graben. Gold findet nur der Gräber, der auch wirklich gräbt.

Nun redet Wattles nicht um den Brei herum. Damit ist es noch nicht getan. In Kapitel 11 schreibt er:

„Auf erfolgsüberzeugte Weise zu denken, wird Ihnen Reichtum bringen, Sie dürfen sich jedoch nicht auf das Denken alleine verlassen und das Tun vernachlässigen. Dies ist der Fels, an dem so viele ansonsten wissenschaftlich Denkende Schiffbruch erleiden.

Diese Leute versäumen es, das Denken mit dem persönlichen Tun zu verbinden.“

Wichtig sind **regelmäßige Praxisschritte.**

Das ist die Empfehlung, die wir Ihnen mit auf den Weg geben wollen:

Reichsein will gelernt sein

Wählen Sie die größte Sehnsucht, den innigsten Hauptwunsch aus, der Sie am meisten begeistert und **schreiben Sie sich auf ...**

was Sie innerhalb der nächsten 48 Stunden tun werden, um der Verwirklichung dieses Wunsches näherzukommen!

Es geht um etwas Praktisches.

Dies muss nichts Weltbewegendes sein, ein Minischritt vielleicht nur.

Eventuell ...

- melden Sie sich bei einem Internetkursus an,
- nehmen Sie Kontakt mit jemanden auf, der im betreffenden Bereich bereits Erfahrung hat,
- suchen sich im Internet Ihr Reiseziel heraus,
- überweisen 50 Euro oder Franken auf einen Edelmetallsparplan,
- bestellen sich ein E-Book über Partnerschaftswissen
- schenken Sie Ihrem Herzblatt einen Blumenstrauß
- informieren Sie sich über Indexfonds
- unternehmen einen Spaziergang ...

Es hängt von Ihrem Ziel ab, aber tun Sie bitte einen ersten praktischen Schritt.

Sie lösen damit eine Ereigniskette aus.

Wallace Wattles schreibt dazu in Kapitel 12:

„Da der starke Wunsch nach mehr Leben allen Dingen innewohnt, zieht ein Mensch in dem Maße, in dem er sich auf ein erfolgreicheres Leben zubewegt, auch mehr Dinge an, was den Einfluss seines Wunsches vervielfacht."

Reichsein will gelernt sein

„Nimm die erste Stufe voller Zuversicht.
Du brauchst nicht die ganze Treppe zu sehen, mach einfach nur den ersten Schritt!“

Mit diesem Zitat von Martin Luther King wollen wir Lektion 14 ausklingen lassen.

Dieser erste Schritt bringt Sie in eine Aufwärtsspirale, die Sie Ihrem Herzenswunsch näher bringt.

Übrigens:

Falls es Ihnen heute nicht gelingen sollte, Ihren Herzenswunsch aufzudecken, ruhig Blut!

Haben Sie **Geduld** mit sich.

Geduld ist heutzutage zu einer Mangelware verkommen, allzu viele Menschen können nicht mehr warten.

Es wäre jammerschade, wenn Sie sich für die Entdeckung Ihrer größten Wünsche ein Zeitlimit setzen würden.

Lektion 15 - Die Prägung

Es ist wirklich toll, dass Sie immer noch dabei sind!!

Sprechen wir ein bisschen über Visionen. Die Bedeutung dieses Wortes hat sich in den letzten Jahrzehnten gewandelt beziehungsweise aufgefächert. Wenn wir uns Wikipedia ansehen, finden wir eine Unterscheidung in vier Bedeutungen:

a) Zukunftsvisionen
b) religiöse Erscheinungen
c) Sinnestäuschungen (Halluzinationen) und
d) die Motivation oder Überzeugung, in eine Sache zu investieren.

Wie erhalten Sie eine Vision im Sinne von Punkt a)?

Sie werden staunen. Sie haben sie bereits!

Das, woran Sie den lieben langen Tag denken, alles, worauf Sie Ihre Aufmerksamkeit lenken, womit Sie sich geistig beschäftigen, worin Sie Gefühle investieren, all das zusammen ist Ihre momentane Vision.

Und damit haben wir auch schon beschrieben, worauf es ankommt, wenn Sie Ihre Vision der formlosen Substanz einprägen wollen.

Auf:

- konzentrierte Aufmerksamkeit
- Glaube
- Gefühl.

Wenn Sie diese drei Eigenschaften in irgendeine Sache einbringen, prägen Sie sie der formlosen Substanz ein - auch dann, wenn Sie diese Sache nicht wollen!

Deshalb verwenden wir hier jetzt auch den neutraleren Ausdruck „Vision", ein „Wunschbild" wäre nur das, was Sie sich wünschen, nicht aber auch das Gegenteil.

Diese Vision ist bei den meisten eine ziemlich konfuse Angelegenheit, ein chaotisches Gebilde aus Vorwürfen, Ressentiments, Sorgen und Klagen. Eine Menge Negativität eben.

Reichsein will gelernt sein

Aber wir befinden uns auf dem richtigen Weg. Seit einigen Wochen (sofern Sie sich für die bisherigen 14 Lektionen die gebührende Zeit genommen haben) hatten Sie nun bereits Gelegenheit, sich klarer zu werden und bewusster durchs Leben zu gehen. Sie sind jetzt wacher und wachsamer.

Sie wissen nun bereits, was Ihr Herzenswunsch ist und Sie wissen, dass Sie eine Wahlmöglichkeit haben.

Sie brauchen nicht alles in sich hineinzulassen, und selbst wenn es schon in Ihnen ist, können Sie es noch neutralisieren.

Wie erschaffen wir nun ein klares Bild, das uns und anderen zugutekommt, das den Namen "Wunschbild" auch wieder verdient?

Stufe 1

Sehen wir uns hierzu wieder an, was Wattles dazu zu sagen hatte. In Kapitel 8 äußert er sich hierzu folgendermaßen:

„Sie müssen sich ein klares und präzises Bild des von Ihnen Gewünschten machen."

und an anderer Stelle im selben Kapitel:

„Nehmen Sie sich Ihre Wünsche so vor wie der Mann, der durch sein Haus gegangen ist. Verschaffen Sie sich ein klares geistiges Bild dessen, was Sie wollen, damit Sie es dann, wenn Sie es erhalten, auch erkennen.

Dieses klar umrissene Bild muss ständig in Ihren Gedanken sein!

So wie ein Seemann den Zielhafen ständig im Kopf hat, während er sein Schiff steuert, müssen auch Sie zielgerichtet denken."

Haben Sie schon mal etwas von Anfang an gebaut oder gebastelt, ein Bücherregal zum Beispiel?

Zuerst machen Sie sich Gedanken darüber, wie es aussehen soll.
Was soll hineinpassen?

Taschenbücher oder auch Aktenordner? Soll es Schubladen enthalten? Dinge dieser Art.

Dann fertigen Sie eine Skizze an. *„Nein, das sieht nicht gut aus. Lieber höher und nicht so breit."*

Und so nimmt das Ganze nach und nach Gestalt an. Falls Sie es wirklich bauen wollen, macht Ihnen diese Bastelei Spaß. Sie genießen jeden Augenblick. Selbst wenn es nicht preisverdächtig sein sollte, werden Sie stolz auf Ihre „Marke Eigenbau" sein.

Sie wussten, was Sie wollten.

Sie hatten ein „klares und präzises Wunschbild" davon.

Erst dann fingen Sie mit dem Bauen an.

Sich ein klares und präzises Bild zu formen, ist ein Prozess.

Das ist Ihr Anteil am Schöpfungsprozess!

Wallace Wattles gibt mehrere Tipps zu diesem Ablauf:

„Sie können eine Vorstellung nur dann weitergeben, wenn Sie diese zunächst selbst besitzen ...“

„Viele Menschen sind deshalb nicht in der Lage, auf die denkende Substanz einzuwirken, weil sie selbst nur eine schwammige und vage Vorstellung von den Dingen haben, die sie tun, haben oder sein wollen.“

Oder

„Ein allgemeiner Wunsch nach mehr Reichtum ist nicht ausreichend. Solche Wünsche hat jeder.

Es reicht nicht aus, dass Sie gerne reisen würden ... auch solche Wünsche hat fast jeder.“

Es kommt also auf die **Detailgenauigkeit** an.

Die einzelnen Details lösen das Gefühl aus. Denken Sie bitte daran, dass es das **Gefühl** ist, das den Schöpfungsprozess in Gang bringt. Der Gedanke kommt zuvor, aber ohne das Gefühl bewirkt er nichts.

Stufe 2

„Verbringen Sie möglichst viel Muße und Freizeit mit der Betrachtung Ihres Vorstellungsbildes ... begeben Sie sich so lange in Ihr Bild hinein, bis es klar und eindeutig ist.“

Reichsein will gelernt sein

Sie beginnen mit Ihrem Herzenswunsch. Dann investieren Sie so viel Zeit wie nötig, bis Sie eine klare Vorstellung davon haben.

Das ist so wie die Bestellung eines Essens im Restaurant. Sie sagen dem Kellner nicht bloß: *„Bringen Sie mir irgendetwas zu essen."* Sie sagen ihm genau, was Sie wollen und je klarer Sie das zum Ausdruck bringen, umso wahrscheinlicher erhalten Sie genau das, was Sie gerne essen.

Wallace gibt uns also den Ratschlag, unser Wunschbild häufig zu betrachten und unsere Freizeit dazu zu benutzen. Er spricht auch davon, dass wir dieses Wunschbild ständig vor Augen halten sollten und möglichst viel Energie darin einbringen sollten.

Er sagt aber nicht, dass wir uns verbohren oder verkrampfen sollen!

Manche Leute begehen diesen Fehler und handeln sich damit nur Enttäuschungen ein.

Was bedeutet *„betrachten"*?

Doch nichts anderes, als seine Aufmerksamkeit (Gedanken und Gefühle) auf etwas Bestimmtes zu lenken. Ohne Stress!

Sehr wichtig ist auch, dass Sie sich immer auf das konzentrieren, was Sie wollen, nie auf das Unerwünschte!

In Kapitel 4 sagt Wallace, dass Denkarbeit die härteste Arbeit überhaupt sei. Dies gelte vor allem, wenn die Wahrheit dem Anschein widerspreche.

Das ist die „Denke", die wir manchmal brauchen, um uns bei nachlassendem Glauben, bei einem „Durchhänger" oder in einer physischen Talsohle wieder auf den rechten Weg zu bringen. Wenn wir uns auf unser Wunschbild konzentrieren, brauchen wir keine Verrenkungen zu machen, wir brauchen die Zähne nicht zusammenzubeißen, ganz im Gegenteil:

- Loslassen!
- Geschehen lassen.

Wir fühlen uns in unser Wunschbild hinein und lassen dann los.

„Ihr Part besteht darin, Ihren Wunsch zunächst intelligent zu formulieren, diesen Wunsch in ein zusammenhängendes Ganzes zu bringen und dann der formlosen Substanz, welche die Macht hat, Ihnen das Gewünschte zukommen zu lassen, einzuprägen."

(Kapitel 8)

Reichsein will gelernt sein

„Es ist nicht Ihre Aufgabe, diesen schöpferischen Prozess zu überwachen!“

(Kapitel 11)

Und das könnten Sie auch gar nicht! Sie können nur Ihren Teil beitragen. Im E-Book „Erfolgswissen für Fortgeschrittene“ ist es wie folgt formuliert:

Ihr Beitrag besteht in der Einbringung des gewünschten Endergebnisses.
Ihr Unterbewusstsein steuert seinerseits das "Gewusst-Wie" bei!

Sie tragen Ihren Teil bei, das heißt, Sie stimmen sich harmonisch ein, indem Sie an Ihrem Wunschbild festhalten und lassen die schöpferische Energie fließen.

Erst nachdem Sie einen „unbändigen Handlungsdruck“ verspüren, werden Sie aktiv („inspiriertes Handeln“).

Solange Sie noch nicht wissen, wie diese Aktivität aussehen soll, tun Sie vorerst gar nichts. Das würde nur in Aktionismus ausarten und bestenfalls zu nichts führen. Schlechtestensfalls würde es alles wieder zunichtemachen.

Vielleicht möchten Sie in diesem Zusammenhang auch die Gratis-Broschüre *„Sich regen bringt Segen? Von wegen!“* lesen? (http://goo.gl/BVKU07)

Wie machen es die meisten Leute?

Grundverkehrt!

Diese Leute versuchen ständig, die Dinge in ihrem Sinne hinzubiegen, sind ständig am Machen und Werkeln. Ja, auch damit kann man ans Ziel gelangen. Das Problem dabei?

Wenn Sie diese Machertour bevorzugen, statt den schöpferischen Weg zu wählen, müssen Sie immer wieder auf dieser Tour weiterreiten. Das bedeutet Druck. Und es bedeutet Stress. Und innerer Stress ist die Ursache fast aller Krankheiten und Wehwehchen.

Diese Leute sind ausgelaugt, sie wittern überall Konkurrenz.

Das ist auf Dauer unbefriedigend und ungesund.

Reichsein will gelernt sein

Wattles empfiehlt, das Wunschbild in den Mußestunden und in der Freizeit so lange zu beobachten, bis es so fest und detailliert im Denken verankert ist, dass der bloße Gedanke daran sofort ein Gefühl der Vorfreude und Begeisterung auslöst und Sie sich **sofort** in diesem Bild sehen.

Sofort!

Übersetzt bedeutet dass, dass Sie

Ihr Wunschbild vor Ihrem inneren Auge sehen und
sofort hören,
riechen,
sehen, schmecken
und fühlen Sie alle Einzelheiten.

Damit ist Ihre Aufgabe erledigt. Jetzt befassen Sie sich wieder mit anderen Dingen.

Und dennoch fällt das vielen Menschen schwer.

Viele tun sich schwer damit, sich Ihr Wunschbild auszumalen und als wunderbares Erlebnis auf der inneren Leinwand plastisch vorzustellen. Manchmal fehlt es schlichtweg an der Übung, es ist noch kein Meister vom Himmel gefallen; um diesen Vorgang aber deutlicher zu beschreiben, wollen wir kurz ausholen. Spannen wir das Pferd mal verkehrt herum an den Wagen:

Wir stellen uns etwas Unerwünschtes vor: Sorgen.

Wer kennt sie nicht? Das ist doch wesentlich leichter vorzustellen, nicht wahr? Denken Sie also mal einen Augenblick lang an etwas, das Ihnen Kummer bereitet und das Sie einfach nicht aus Ihrem Kopf kriegen können. Eine leidige Angelegenheit. Fürchterlich.

Was haben Sie jetzt getan?

Schlicht und einfach das: Sie haben sich ein klares und präzises Bild ausgemalt.

Zwar in diesem Fall von etwas, das Sie auf keinen Fall wollen oder das Sie befürchten, aber die Tatsache bleibt bestehen.

Sie sind durchaus in der Lage, Ihre Energien in ein geistiges Bild zu stecken.

Der kleinste Anstoß genügt bereits, um dieses Bild in Ihnen auszulösen. Vielleicht haben Sie vor einer Minute noch gut gelaunt ein paar Zeilen weiter vorne gelesen, aber jetzt ist dieses verflixte Bild auf einmal da.

Solange Sie Energie in Sorgen (oder in ein Problem) hineinbringen, halten Sie dieses Problem aufrecht!

Den Ablauf kennen Sie also bereits.

Jetzt müssen wir ihn nur noch von der richtigen Seite her beginnen.

Erinnern Sie sich noch daran, als Sie frisch verliebt waren?
Hals über Kopf, Mann, das waren noch Zeiten!

Jetzt sind Sie wieder auf dem positiven Dampfer!

Willkommen an Bord!

Stufe 3

„Nehmen Sie geistig vom Gewünschten Besitz. Zweifeln Sie auch nicht einen Augenblick lang an der Verwirklichung."

(Kapitel 8)

Im Klartext:

Verhalten Sie sich jetzt bereits so,
als ob Ihr sehnlicher Wunsch bereits Fakt wäre!

Leben Sie geistig bereits in Ihrem neuen Haus, bis die physische Umsetzung nur noch eine Frage der Zeit ist. Im geistigen Bereich können Sie die gewünschten Dinge und Zustände bereits uneingeschränkt genießen.

Sehen Sie das Gewünschte so, als wäre es bereits ständig bei Ihnen.

Stellen Sie sich vor, dass es Ihnen gehöre und Sie es benutzten. So als ob es bereits physisch anwesend wäre.

Von Schwarzenegger kann man halten, was man will. Moralisch ist er vielleicht kein nachahmenswertes Beispiel, aber eines muss man ihm lassen: die hier beschriebenen Prinzipien hat er verstanden. Und sehr erfolgreich umgesetzt.

Reichsein will gelernt sein

1976 war er als Bodybuilder abgetreten und hatte als Schauspieler noch keine Erfahrung. In einem Interview antwortete auf die Frage: *„Was haben Sie als nächstes vor?"*

„Ich werde der Hollywood-Star Nr. 1 sein." Hmm. Er hatte einen für die Amerikaner schwer aussprechbaren Namen, einen ausländischen Akzent und noch keinen einzigen Film gedreht. Also wollte der Reporter wissen, wie er das denn anstellen wolle.

"Genauso, wie ich es beim Bodybuilding gemacht habe. Zuerst baut man sich seine Vision auf - so will ich sein. Und dann lebt man sich so in dieses Bild hinein, als ob es bereits Wirklichkeit wäre."

Solche Beispiele gibt es viele.

Deshalb:

Verhalten Sie sich so, **als ob.**

Verhalten Sie sich so, **als ob** es ein Spiel wäre, das Spaß macht.

Verhalten Sie sich so, **als ob** Sie bereits hätten, was Sie sich wünschen.

Verhalten Sie sich so, **als ob** sich das Gewünschte bereits auf dem Weg zu Ihnen befände.

Verhalten Sie sich so, **als ob** sich die Welt verschwöre, um Ihnen Gutes zu bringen.

Verhalten Sie sich so, **als ob** das Angestrebte bereits Wirklichkeit wäre.

Verhalten Sie sich so - und es wird sich alles ändern!

(Über diese eine psychologische Wahrheit gibt es von Hans Vahinger ein Buch mit dem Titel „Die Philosophie des Als-Ob". Es ist 1911 erschienen. Vahingers Aussagen decken sich nicht immer mit den in diesem Buch enthalten Aussagen, aber der Professor erklärte sehr überzeugend, wieso wir über den Umweg des Als-Ob etwas erreichen).

Skeptiker könnten jetzt einwenden, dass man sich damit doch an der Nase herumführe. Nun gut, Skeptiker hätten wahrscheinlich nicht bis hierher gelesen. Das Gesetz der Anziehung hätte sie bereits seit Langem woanders hingezogen.

Überhaupt ist das so eine Sache mit den Skeptikern: In der Broschüre „Es funktioniert“ (gratis erhältlich: http://goo.gl/FmSQFE) schreibt der Autor, R. H. Jarret, im Jahre 1926 unter anderem „*... Vor einiger Zeit kam Emile Coué nach Amerika und zeigte Tausenden, wie man sich selbst heilen könne.*

Tausende machten sich darüber lustig, lehnten seine Hilfe ab und befinden sich heute noch dort, wo sie auch vorher schon waren.

Dasselbe gilt für die Ausführungen in diesem Heft“. Und auch für dieses Buch.

Leute, die ihren Traum leben, werden nicht behaupten, dass man sich etwas vormache. Man macht sich damit nichts vor, sondern man sieht über seine momentanen Umstände hinaus!

Sich wirklich etwas vorzumachen, heißt auf die kleine Stimme zu hören, die einem Begrenzungen einzureden versucht. Das kleine Ich, das einem nichts zutraut, das alles beim Alten belassen will.

Gut. Machen wir weiter. Es bleiben noch zwei Stufen.

Stufe 4

Bleiben Sie fest entschlossen, aufgeschlossen und bereit.
Vertrauen Sie dem Prozess!

„*Alles hat seine Zeit.*
Alles braucht seine Zeit“,

schrieb der Prediger Salomon - wann? Na ja, seinerzeit ...

Es könnte sein, dass Ihnen diese Wartezeit schwerfällt. Glauben und vertrauen, schön und gut, aber scheinbar tut sich ja doch nichts.

Falls Sie damit Schwierigkeiten haben, sollten Sie klein anfangen. Ihr Wunsch muss aber real sein, Sie müssen diese Sache oder was immer es ist, wirklich wollen. Falls nicht, wird es nicht ausreichen, um das Feuer der Begeisterung in Ihnen zum Entfachen zu bringen.

Wattles weist jedoch mehrfach darauf hin, dass wir in keiner Weise zögern sollten, um Großes zu bitten. Je größer Ihr Wunschbild, umso größer die Begeisterung.

Und nun zur

Stufe 5

Diese Stufe betrifft die **Dankbarkeit**. Das ist eine äußerst wichtige Stufe, Wattles widmet ihr ein ganzes Kapitel.

Sie werden in späteren Lektionen mehr darüber erfahren.

Rekapitulieren wir:

Stufe 1: Ein klares und plastisches Wunschbild

Stufe 2: Möglichst häufige innere Betrachtung des Wunschbildes

Stufe 3: Geistige Vorwegnahme des Angestrebten. Ausschluss aller Zweifel.

Stufe 4: Vertrauensvolles und geduldiges Abwarten.

Stufe 5: Dankbarkeit für das Erreichte bereits im vornherein.

Lektion 16 - Visualisierungshilfen und Verstärker

Dieser Kursteil ist eine Art Dreingabe, es geht um etwas, das in der Wissenschaft des Reichwerdens zwar indirekt angesprochen wird („das Wunschbild beobachten"), heutzutage haben wir jedoch mehr technische Hilfsmittel.

Es gibt eine Reihe von Hilfsmitteln, die dazu beitragen, dass man sich ein klares und präzises Bild formen kann, um es danach der formlosen Substanz einzuprägen (oder auch dem eigenen Unterbewusstsein - was dasselbe ist).

Sie erfahren in dieser Lektion von verschiedenen Methoden.

Probieren Sie sie einfach aus, Sie sehen dann schon, welche bei Ihnen am besten funktioniert.

Einige Methoden:

1. Ziellisten

2. Affirmationen

3. Schatzkarte (Bilderbuch, Collage)

4. Brainwave Entrainment

5. Mind Movies

1. Ziellisten

Wenn Ihnen Listen und Aufzählungen liegen, ist das die Methode für Sie. Sie könnten Ihre Listen beispielsweise in folgende sechs verschiedene Lebensbereiche untergliedern:

Gesundheit	Arbeit und Beruf
Familie und Partnerschaft	Finanzen
Bildung	Abenteuer und Spaß.

Listen lassen sich natürlich auch mit anderen Methoden kombinieren, zum Beispiel mit Affirmationen.

Reichsein will gelernt sein

Jemand, der mit Ziellisten Erstaunliches erreichte, war John Goddard (1924 - 2013).

Goddard konnte auf das vielgestaltigste und aufregendste Leben zurückblicken, das man sich vorstellen kann. Er war Anthropologe, Forscher und Abenteuerer, und erreichte über hundert außergewöhnliche Ziele, weil er sich eine „Lebensliste" erstellte.

Als John fünfzehn Jahre alt war, bekam er eines Tages Probleme in der Schule. Offenbar nichts Ernsthaftes, aber doch schlimm genug, um sich disziplinarische Maßregelungen einzuhandeln und sich eine Strafpredigt anhören zu müssen.

Der Lehrer machte John klar, dass er sich *„endlich klar werden sollte, was Du willst, weil sonst nie was aus Dir wird,"* und sandte den Jungen dann nach Hause.

Zu Hause blieb John nichts anderes übrig, als seinen Eltern das Vorgefallene zu beichten, was ihm prompt eine weitere Schelte einbrachte, da *„Leute, die in der Schule unangenehm auffallen und nicht aufpassen, ein Leben als Taugenichtse"* vor sich hätten.

So zumindest lautet eine Variante der Geschichte, wie Goddard auf die Idee der „Lebensliste" kam. John musste sich also als einem Tag zweimal Vorhaltungen gefallen lassen. Das war nun offenbar doch zu viel für ihn.

Er musste folglich Aktivität entfalten und allen zeigen, dass er durchaus imstande war, alles zu erreichen, was er sich vorgenommen hatte und das verwirklichen konnte, was er wollte.

Um erfolgreich zu werden, brauchte er von niemandem eine Erlaubnis einzuholen und würde es auch niemandem gestatten, ihm sein Scheitern zu prophezeien.

John Goddard entschloss sich noch am selben Tag dazu, sein eigenes Drehbuch für das Leben zu schreiben und sich von niemandem Begrenzungen einreden zu lassen.

John schnappte sich also ein Ringbuch und ein paar Stifte, schloss sich in seinem Zimmer ein und ...

fing zu schreiben an.

Und er schrieb
und schrieb und schrieb.

Reichsein will gelernt sein

Und so verbrachte John den restlichen Nachmittag bis in den Abend hinein damit, sich das Leben „auszumalen“, von dem er wusste, dass er es sich schaffen konnte. Nach dieser heldenhaften Fantasiereise hatte John Goddard, ein fünfzehnjähriger Schüler, das Drehbuch für sein Leben und seine Träume fertiggestellt.

An diesem Nachmittag erstellt John eine Liste, die aus 127 absolut erstaunlichen Zielen bestand. Dazu gehörten Erkundungen des Nils, des Amazonas und des Orinoco, Besuche bei Eingeborenenkulturen in Kongo, Neuginea, Borneo, Australien, Kenia, Äthiopien und Alaska, Bergbesteigungen und Fotoaufnahmen der Igaçu-Wasserfälle, Niagarafälle, Yosemite-Fälle und Unterwasserexpeditionen im Roten Meer, auf den Fidschi-Inseln und den Bahamas.

Er hatte den Nord- und den Südpol besucht, die Chinesische Mauer gesehen, Eifelturm, Vatikan, den Schiefen Turm von Pisa und den Ayers Rock in Australien besucht. Fallschirmsprünge, U-Boote, Flugzeugträger, Segelflugzeuge ..., all das hatte er ausprobiert.

Insgesamt erreichte nicht nur die Ziele auf seiner ursprünglichen Liste, sondern noch vierhundert weitere mehr. Aber alles fing mit einer einzigen Liste an!

Die Liste allein machte es natürlich nicht aus, Goddard tat auch jeden Tag etwas Praktisches auf die Erreichung seiner Ziele hin. Sie brauchen also zusätzlich auch ein **System**!

Und egal, welche Methode Sie verwenden, bringen Sie immer viel **Gefühl** ein!

Vielleicht glauben Sie beim ersten Aufschreiben noch gar nicht hundertprozentig an alles, was Sie da aufgeschrieben haben, wenn Sie sich aber bewusst dazu entscheiden, in das betreffende Ziel Aufmerksamkeit, Glaube und Gefühl einzubringen, werden Sie feststellen, dass Sie bald davon ausgehen, dass Sie das Gewünschte auch erhalten.

Wenn Sie dann auch noch hierfür dankbar sein können, was soll da noch schiefgehen?

„Wenn Gott für mich ist, wer kann dann wider mich sein?“, stand schon bei Johannes 8/31.

Versteifen Sie sich nicht auf genau diese eine Sache.

Wünschen Sie sich dies - **oder etwas Besseres!**

Listen bringen Ordnung in Ihr Denken.

Aber zeigen Sie sie nicht herum, das geht andere nichts an.

Listen bringen auch Disziplin in Ihr Leben und Sie behalten die Übersicht. Sie können das Erreichte abhaken und sehen Ihre Fortschritte.

2. Affirmationen

Es gibt Leute, die nichts von Affirmationen halten.

Andere machen damit erstaunliche Fortschritte.

Zu behaupten, dass Affirmationen nicht funktionieren, wäre etwa so als würde man sagen, dass Hämmer zu nichts taugten. Was dann der Fall ist, wenn Sie sie für die Gehirnchirurgie verwenden.

Ein Hammer ist nur ein Werkzeug, ein Hilfsmittel. Eine Affirmation ebenso.

Es kommt auf den Verwendungszweck an.

Wir affirmieren sowieso ständig, bewusst oder unbewusst. Wenn jemand sagt: *„Das kann ich mir nicht leisten"* oder *„ich bin ein ewiger Pechvogel"* affirmiert er diese Vorstellungen. Er prägt sie seinem Unterbewusstsein ein, welches keine Möglichkeit hat, zu unterscheiden, ob diese Aussage richtig oder falsch ist.

Der Same ist gesetzt, er wird wachsen. **Jede Aussage ist eine Einsage!**

Bei bewussten Affirmationen wird ein Gedanke oder eine Vorstellung in Worte gefasst, die dann in geschriebene oder gesprochene Form - oder auch beides - gebracht werden.

Die Worte an sich besitzen keine Macht. Wenn Sie nicht daran glauben und kein Gefühl einbringen, erreichen Sie damit nichts. Denn Sie lehnen diese Information ja ab und gestatten ihr gar nicht, im Unterbewusstsein Wurzeln zu fassen.

Wattles schreibt in Kapitel 8 der „Wissenschaft des Reichwerdens":

„Diese Einprägung nehmen Sie nicht vor, indem Sie eine Reihe von Worten wiederholen; diese Wunscheinprägung erfolgt, indem Sie die Vorstellung mit der unerschütterlichen Absicht, den Wunsch verwirklicht zu sehen, in Ihrem Denken halten und fest daran glauben, dass dieser Wunsch in Erfüllung gehen wird!"

Reichsein will gelernt sein

Falls Sie sich heute Morgen ein Bein gebrochen haben sollten, würden Sie sich sicherlich komisch vorkommen, wenn Sie sich vorsagten, dass Ihr Bein völlig gesund sei und dass Sie damit fest auftreten könnten.

Als Endzustand können Sie dies jedoch durchaus affirmieren, weil es die Wahrheit ist.

Beachten Sie bitte folgende Vorgaben:

Verwenden Sie die **Gegenwartsform!**

Formulieren Sie **positiv!**

Verwenden Sie eine **aufbauende und plastische Wortwahl!**

Seien Sie s**pezifisch!**

Eine weitere Möglichkeit besteht darin, Ihren Wunsch auf ein Kärtchen zu schreiben und mit der folgenden Aussage zu beginnen:

„Ich bin so froh und dankbar, dass ich jetzt ein Bankguthaben von 50.000 Euro habe!"

Da Ihr Verstand die Affirmation eventuell ablehnt, sollten Sie den Verstärker hinzufügen: *„Mein Verstand hat das jetzt akzeptiert!"*

Doch besser noch als das bloße Ablesen und es, die Affirmationen immer wieder (von Hand!) zu schreiben! Bauen Sie den Satz leicht um, aber verwenden Sie jede Formulierung mindestens dreimal. Wenn Sie eine Seite vollgeschrieben haben, hören Sie auf und widmen sich wieder Ihren Alltagsangelegenheiten.

Beispiel:

I*ch, Robert, habe ein Bankguthaben von 50.000 Euro!*
Ich, Robert, habe ein Bankguthaben von 50.000 Euro!
Ich, Robert, habe ein Bankguthaben von 50.000 Euro!

Du, Robert, hast ein Bankguthaben von 50.0000 Euro!
Du, Robert, hast ein Bankguthaben von 50.000 Euro!
Du, Robert, hast ein Bankguthaben von 50.000 Euro!

Der Robert hat ein Bankguthaben von 50.00 Euro!
Der Robert hat ein Bankguthaben von 50.00 Euro!
Der Robert hat ein Bankguthaben von 50.00 Euro!

Denken und handeln Sie so, als wäre der gewünschte Zustand eine unumstößliche Tatsache und bereits erreicht!

Mit Affirmationen verändern Sie Ihren Blickwinkel. Sie machen einen Schwenk von der Ist- zur Soll-Situation.

Als Nebeneffekt erhalten Sie dadurch auch wieder mehr Schwung und Auftrieb.

3. Die Schatzkarte

Eine alleinerziehende Mutter mit drei kleinen Mädchen hatte davon gehört, dass sich das verwirklichte, worin wir Glaube, Konzentration und Gefühl einbringen. Das veranlasste sie dazu, zunächst eine „Gebetsliste" zu erstellen.

Dann schnitt sie aus Zeitschriften Bilder aus, die zu Ihren Wünschen passten. Sie klebte diese in ein teures Album ein (teuer deshalb, weil sie sich wohlhabend fühlen wollte) und weil sie sich dieses Gefühl einprägen wollte.

Sie war sehr genau. Ihre Bilder zeigten:

- Einen attraktiven Mann
- Ein glücklich aussehendes Paar im Hochzeitslook
- Viele schöne Blumen
- Diamantenschmuck
- Eine romantische Insel in der Karibik
- Ein geschmackvoll eingerichtetes neues Haus
- Eine Frau, die zur Vize-Präsidentin eines großen Unternehmens befördert worden war (was damals eine Seltenheit war).

Nur acht Wochen später geschah Folgendes:

Eines Tages fuhr sie auf der Straße und sah aus Ihren Seitenfenster in der nächsten Fahrspur einen teuren Wagen. Der Fahrer - ein gut aussehender Mann - lächelte ihr zu und sie lächelte zurück. Er folgte ihr etwa 20 Kilometer, was sie zunächst etwas verängstigte, aber sie vereinbarten ein Treffen.

Nach dem ersten Rendezvous traf ein Strauß mit einem Dutzend Rosen ein. Die beiden trafen sich zwei Jahre lang regelmäßig und jeden Montag Morgen wurde ihr von einem Blumengeschäft eine langstielige Rose zugestellt.

Beim ersten Treffen erfuhr sie von seinem Hobby: Er sammelte Diamanten!

Reichsein will gelernt sein

Etwa drei Monate vor ihrem geplanten Hochzeitstermin eröffnete er ihr seine Idee für ein Flitterwochenparadies: eine Insel in der Karibik!

Es stellte sich heraus, dass dieser Mann als Großhändler für eine Möbelfirma arbeitete, wodurch die Einrichtung des Hauses ein Klacks wurde.

Und etwa acht Monate später wurde die Dame Vize-Präsidentin dieses Unternehmens.

Obwohl alles wie am Schnürchen lief, hatte sie dennoch ein unwohles Gefühl bei der Sache und brauchte nochmals ein Jahr, bis sie ihrem Ehemann etwas von ihrem Fotoalbum erzählte.

Eine vergleichbare Geschichte erzählt John Assarf im Film „The Secret" (http://goo.gl/lXxYzM). Er zog genau in das Haus ein, dessen Foto er etwa fünf Jahre vorher auf einem so genannten „Story Board" (auch „Dream Board" oder „Vision Board" genannt) aufgeklebt hatte.

Bei dieser Gelegenheit eine Anmerkung zu „The Secret/Das Geheimnis".

Diese DVD-Produktion behandelt im Wesentlichen das Gesetz der Anziehung.

Es könnte so interpretiert werden, als ob es damit bereits getan sei. Das Wort „Arbeit" kommt in diesem Film nicht vor.

Das universelle Gesetz der Anziehung ist unleugbar - doch es ist nur ein Steinchen im gesamten Mosaik. Wie Wattles schreibt, dürfen wir die geistige Macht nicht vom physischen Tun trennen.

Egal, ob Sie Tag für Tag über Ihre Listen gehen oder sich eine Collage Ihrer Wünsche an die Wand hängen, überlegen Sie sich genau, was Sie wollen. In allen Lebensbereichen.

Malen Sie es sich so plastisch wie möglich aus.

Und dann verhalten Sie sich so, als ob Sie es bereits erreicht hätten.

Und seien Sie **dankbar!**
Vorher bereits!

In jedem Fall gewinnen Sie über solche Methoden mehr Zielklarheit und erreichen Ihre Ziele schneller!

4. Brainwave Entrainment

„Brainwave" = Gehirnwelle. Das Wort „Entrainment" ist etwas schwieriger zu übersetzen. Es bedeutet so viel wie „hineinschmeicheln". Einen griffigen Einzelbegriff gibt es im Deutschen dafür nicht.

Wir müssen also etwas ausholen:

Wenn ein Sinnesreiz kontinuierlich mit einer Taktrate von mehr als 4 Hertz wiederholt wird, beginnt das Gehirn unter bestimmten Voraussetzungen, sich synchron auf den gleichmäßigen Strom an Sinnesreizen einzupendeln.

Sobald das Gehirn in großen Teilen in einem gleichmäßigen Rhythmus arbeitet, bleibt ihm wenig Zeit, in diesen unablässigen Strom der hervorgerufenen Gehirnreaktionen auch noch eigene Aktivitäten einzustreuen; die übrigen Gehirnrhythmen werden also gewissermaßen unterdrückt.

Auf diese Weise wird Gehirn dazu gebracht, in einem bestimmten Rhythmus zu arbeiten, so wie dies z.B. ein Herzschrittmacher beim Herzen tut.

Da sich bei dieser Technik der Rhythmus der Gehirnaktivität dem Rhythmus der äußeren Reize anpasst, könnte man „Brainwave Entrainment" deshalb sinngemäß mit „Gehirnwellensynchronisation" übersetzen.

Äußere Umstände spielen durchaus ihre Rolle. Doch bei Weitem nicht so stark, wie gemeinhin angenommen. Um Walles Wattles zu zitieren:

„... natürlich spielt der Standort eine gewisse Rolle. Niemand würde inmitten einer Wüste ein gutgehendes Geschäft aufziehen können.

Es ist unvermeidlich, dass ein Kontakt mit Menschen möglich sein muss, damit Geschäfte abgeschlossen werden können. Doch falls an Ihrem Wohnort jemand anders reich geworden ist, können auch Sie es ....

Umstände oder das wirtschaftliche Klima können Sie gar nicht unten halten.
Falls Sie im eng abgesteckten Rahmen eines Großbetriebs nicht reich werden können, dann vielleicht selbstständig oder freiberuflich, sofern dies Ihr Wunsch ist ..."

Es kommt also nicht vornehmlich auf den „Standort", „die Wirtschaft" oder „harte Arbeit" an.

Worauf dann?

Ihr Erfolg hängt überwiegend von der Programmierung Ihres Gehirns ab!

Diese Programmierung kann so tief gehen, dass ein normaler Erwachsener im Normalfall keine Chance hat, an diese unteren Schichten heranzukommen.

Die gute Nachricht!

Die Programmierung des Gehirns lässt sich verändern!

Nun ist es so, dass die meisten dieser mentalen „Programme“ in (sehr) jungen Jahren in unser Gehirn gelangen. Damals arbeitete das Gehirn auf einer völlig anderen Frequenz als bei einem Erwachsenen!

Beta

Würde man das Gehirn eines normalen Erwachsenen mit einem EKG-Gerät betrachten, so sähe man hauptsächlich so genannte Beta-Gehirnwellen. Das ist ein bewusster Zustand des Denkens, den wir als Erwachsene im Wachzustand am meisten benutzen.

Alpha

Bei jemandem, der bereits viel meditiert hat, sowie auch kurz vor dem Einschlafen, bewegt sich das Gehirn in den Alpha-Zustand.

Im Alpha-Zustand ist das Gehirn wesentlich empfänglicher für äußere Reize. Sie haben wahrscheinlich selbst bereits die Erfahrung gemacht, dass Ihnen abends im Bett „die besten Einfälle“ kommen. In diesem Fall befanden Sie sich im Alpha-Zustand und hatten einen besseren Zugang zu Ihrer Intuition.

Wie bereits erwähnt, arbeitet das Gehirn eines Kindes auf einer völlig anderen Frequenz, was auch der Grund dafür ist, dass Kinder viel schneller lernen als ältere Menschen.

Delta

Säuglinge - und sogar Ungeborene - haben wieder einen anderen Gehirnrhythmus: Den Delta-Zustand. In diesem Zustand nimmt das Gehirn alle Informationen völlig ungefiltert auf. Das bedeutet, dass sich unsere Glaubenssätze bereits zu bilden beginnen, bevor wir überhaupt geboren werden!

Reichsein will gelernt sein

Theta

Wenn der Säugling nach und nach zum Kleinkind heranwächst, verändert sich der Gehirnrhythmus in den Theta-Zustand. In diesem Zustand ist das Gehirn aufnahmefähig wie ein Schwamm.

In diesem Lebensalter beobachtet das Kleinkind, wie sich seine Eltern, Geschwister und andere Menschen verhalten.

Falls das Kind zum Beispiel stolpert und hinfällt, blickt es danach sofort zu seiner Mutter auf. Wenn die Mutter lächelt, lächelt auch das Kind. Wenn die Mutter schimpft, fängt das Kind zu weinen an.

In dieser Zeit wird auch der Grundstein für das gelegt, was wir im späteren Leben von Geld, vom anderen Geschlecht, von der Kirche, der Politik und allem anderen halten, was wir in dieser Phase aufnehmen (zum Beispiel auch unser Selbstbild, unser Selbstwert, Ausländer - praktisch unsere gesamte Lebensanschauung).

Es liegt auf der Hand, dass die Programme, die wir als Kleinkinder in dieser Lebensphase aufnehmen, zu einem großen Teil von den geistigen Programmen unserer Erziehungsberechtigten beeinflusst werden.

Da das Unterbewusstsein in dieser Phase alles ungefiltert aufnimmt, nisten sich natürlich auch zahlreiche begrenzende Einstellungen und Fehlvorstellungen in unser Unterbewusstsein ein.

Es reicht bereits ein Streit der Eltern über das liebe Geld und das Unterbewusstsein des Kleinkinds nimmt die Botschaft auf, dass Geld Probleme bereite und „knapp“ sei.

Oder wenn dem kleinen Kind erzählt wird, dass es „schlampig angezogen“ oder „immer schmutzig“ sei, wird sich in seinem unkritisch aufnehmenden Unterbewusstsein ein negatives Selbstbild formen.

Ab 6 Jahren ...

Die vorhergehenden Sätze beziehen sich auf das früheste Kindesalter. Ungefähr ab dem sechsten Lebensjahr bewegt sich das Kind in den Beta-Zustand.

Jetzt fängt das Unterbewusstsein an, die Schleusen, durch welche „beleidigende“ Informationen hereinkommen, nach und nach zu schließen. Es meint, dass es nun genügend Programme habe, um diesen Menschen sicher durchs Leben zu bringen.

Denn letztendlich ist das Unterbewusstsein eine Überlebenshilfe. Ob Sie neben dem Überleben auch noch „glücklich", „wohlhabend" oder „frei" sein wollen, interessiert das Unterbewusstsein nicht.

Jetzt befindet sich das Gehirn überwiegend im Beta-Zustand. Das ist zwar nicht unbedingt „schlecht", aber da es sich hier um einen bewussten Zustand handelt, fällt jede Veränderung ziemlich schwer.

Das ist genau der Grund, warum Ihre bisherigen Versuche, Ihr Unterbewusstsein umzuprogrammieren, vielleicht nicht funktioniert haben. Das Unterbewusstsein hat schlichtweg die „Schotten dichtgemacht". Es wehrt sich gegen neue Ideen oder Glaubenssätze!

Was macht die Schleusen wieder auf?

Damit neue und konstruktivere Glaubenssätze (die Ihnen helfen, das Leben zu führen, das Sie haben wollen) in das Unterbewusstsein gelangen können, muss das Gehirnwellenmuster verändert werden.

Das bringt uns zum „Brainwave Entrainment".

Dies können Sie selbst durchführen oder Sie können entsprechende Internetrecherchen durchführen, um nach wissenschaftlichen Erkenntnissen vorgenommene Aufzeichnungen zu finden. Auch auf Amazon werden Sie fündig werden. (Das meiste ist allerdings auf Englisch).

5. Mind-Movies

Bei „Mind-Movies" werden Bilder und Text mit Musik verbunden. Es handelt sich um eine Visualisierungs-Software, die auf dem Computermonitor läuft und sich das sich an das Retikuläre Aktivierungssystem wendet (siehe Lektion 7).

Pro Sekunde werden vom Unterbewusstsein etwa vierzig Millionen Datenbits von der Umgebung aufgenommen. Das RAS filtert diese und sendet das, was seiner Auffassung nach für Sie das Wichtigste ist, an Ihr Tagesbewusstsein weiter.

Mit Mind-Movies wird zweierlei beabsichtigt: Zum einen müssen Sie zunächst ein klares geistiges Wunschbild erstellen, also genau wissen, was Sie wollen. Im nächsten Schritt visualisieren Sie den erreichten Zustand gefühlsintensiv. Das Gefühl darf auf keinen Fall unterschätzt werden. Ohne Gefühl wird das RAS (vgl. Seite 96) nichts unternehmen, um Sie der Erfüllung Ihrer Wünsche näherzubringen!

Mind-Movies stellen dabei eine Art „Abkürzung“ her.

Indem Sie positive Affirmationen (die Sie selbst formulieren) mit Bildern (das System gibt welche vor, Sie können aber auch eigene hochladen) und mit Musik kombinieren, wird es leichter, den angestrebten Endzustand zu visualisieren.

Der Zeitaufwand beträgt etwa drei Minuten pro Tag.

Allerdings wird die Programmbeschreibung nur auf Englisch angeboten:
http://goo.gl/D5XAPg

Lektion 17 - Dankbarkeit, Stufe 1

Für das mit Lektion 1 begonnene Thema werden wir drei Kurseinheiten benötigen. Daran können Sie schon erkennen, wie wichtig es ist. Wattles hat diesem Thema ein separates Buchkapitel gewidmet.

Den Außenstehenden mag es vielleicht überraschen, dass Dankbarkeit etwas mit „Reichsein" zu tun haben soll.

Es hat nicht nur mit Reichsein zu tun, es ist in allen Lebensbereichen von außerordentlicher Bedeutung. Wie der japanische Parawissenschaftler und Alternativmediziner Dr. Masaru Emoto belegen konnte, ist die Schwingung der Dankbarkeit sogar noch mächtiger als die der Liebe!

Wallace Wattles schreibt:

„Viele Leute, die ihr Leben in anderen Bereichen ordnen und regeln, bleiben deswegen arm, weil es ihnen an Dankbarkeit mangelt."

Wollen wir uns nun also zum einen der Frage widmen,

- warum die Dankbarkeit so wichtig ist und zum anderen
- wie wir Dankbarkeit erlernen können.

Wenn es darum geht, Dinge auf den Punkt zu bringen, ist Wattles ein Meister seiner Klasse.

Das Kapitel über die Dankbarkeit ist ein weiteres Beispiel hierfür.

Er erinnert uns zuerst daran, dass wir zu glauben haben, dass es eine einzige intelligente Substanz gibt, aus der alles entstammt.

Als Nächstes glauben wir, dass uns diese Substanz alles gibt, was wir sehnsüchtig wünschen und dieser Substanz gegenüber klar zum Ausdruck bringen (ihr einprägen).

Und als dritten Schritt bringen wir uns mit dieser Kraft in Einklang, indem wir eine tiefe Dankbarkeit empfinden.

Auf diese tiefe Dankbarkeit wollen wir nun näher eingehen. Hier geht es also nicht um ein nettes Dankeschön, weil uns jemand die Tür aufgehalten hat.

Diese Art von Dankbarkeit ist eine Sache der Höflichkeit und situationsbedingt. Wattles hingegen spricht von einer **ständigen Dankbarkeit.**

Er spricht von einer grundsätzlichen Geisteshaltung. Dies ist eine höhere Ebene der Dankbarkeit und auch eine höhere Ebene der Lebensführung.

Sehen Sie sich bitte nochmals die Warnung auf der vorherigen Seite an. Wattles sagt, dass viele Leute durchaus alles richtig machen, sie würden aber arm bleiben, weil es ihnen an Dankbarkeit fehle. Er schreibt, dass diese Leute damit *„den Draht kappen, der sie mit Gott verbindet."*

Das ist eine gute Umschreibung.

Falls Sie mit Elektrik etwas bewandert sind, kennen Sie diese Situation bei einem Kurzschluss. Sie haben die schwarze Ader, die eine beträchtliche Leistung durchlässt, die weiße Ader ist aber durchgeschnitten. Ergebnis: kein Strom.

In unserem Beispiel wäre die weiße Ader die Dankbarkeit. Schließen Sie sie wieder an, damit die Kraft wieder fließen kann.

Die Kraft ist immer da. Das liegt in ihrer Natur. Sie kann gar nicht anders. Aber wenn die Leitung unterbrochen ist, kann sie nicht fließen.

Wattles nennt eine ganze Reihe von Gründen und Vorgehensweisen für die Dankbarkeit:

Wie wir bereits gesehen haben, bringt uns die Haltung der Dankbarkeit näher an die Quelle heran. *„Es gibt einen Geist, der alles weiß, was es zu wissen gibt. Über den Glauben und die Absicht, im Leben voranzuschreiten, können Sie mit diesem Geist einen engen Kontakt aufnehmen - wenn Sie eine tiefe Dankbarkeit empfinden"*, schreibt er in Kapitel 13.

„Die Dankbarkeit vereinigt das Bewusstsein des Menschen dergestalt mit der Intelligenz der Substanz, dass das Denken des Menschen von der formlosen Substanz aufgenommen wird.

Ein Mensch kann nur dann auf der schöpferischen Ebene verbleiben, wenn er sich über ein tiefes und ständiges Gefühl der Dankbarkeit mit der formlosen Intelligenz vereinigt", heißt es weiter in Kapitel 17.

„Die Dankbarkeit wird Ihr Bewusstsein auf dem Wege nach außen führen, auf dem Sie auch diese Dinge erhalten; sie hält sie in enger Harmonie mit dem schöpferischen Denken und verhindert, dass Sie wieder in Konkurrenzdenken zurückfallen." Kapitel 7.

Reichsein will gelernt sein

Wattles spricht von einem Gesetz der Dankbarkeit, Sie haben davon schon im Physikunterricht gehört. Es handelt sich um dasselbe Gesetz, das Isaac Newton wie folgt formuliert:

„Für jede Aktion gibt es eine gleich große Reaktion."

Dieses Wechselwirkungsprinzip ist als das dritte Newtonsche Gesetz bekannt.

Ihre Gedanken, Ihre Gefühle und Ihr Ausdruck von Dankbarkeit sind Aktionen.

Als Reaktion darauf wird sofort eine Bewegung in Ihre Richtung ausgelöst.

Sofort? Ja doch.

Eine der unverzüglichen Wirkungen ist, dass Sie sich sofort besser fühlen.

Eine der neueren Forschungsrichtungen ist die so genannte „positive Psychologie". Einer ihrer Hauptvertreter ist der US-amerikanische Psychologe Dr. Martin Seligman.

Im Gegensatz zu dem bisherigen Ansatz, wonach sich Therapie und Heilung hauptsächlich mit psychischen Problemen beschäftigten, wird bei der positiven Psychologie untersucht, was glücklich macht. Etwas Vergleichbares hat der Psychologieprofessor Mihály Csíkszentmihalyi in seinem Besteller „Flow" (ISBN: 978-3-608-94555-3) getan.

Was tun diese Leute? Genau das, was Wattles schon hundert Jahre früher gesagt hatte:

„Gesundheit erreicht man nicht, indem man Krankheit studiert."

Dankbarkeit bedeutet nicht, dass alles eitel Sonnenschein sei. Es bedeutet lediglich, sich der zahlreichen guten Dinge im Leben bewusst zu werden.

Solange Sie überwiegend in Leid und Jammerei schwelgen, ist dem Unglück Tür und Tor geöffnet. Wenn Sie eine Haltung der Dankbarkeit pflegen, fühlen Sie sich in jedem Fall wesentlich besser.

Weitere „Nebenwirkungen":

Mit Dankbarkeit sind Sie vitaler und optimistischer.
Mit Dankbarkeit sind Sie spirituell wacher.
Mit Dankbarkeit sind Sie gesünder.

Reichsein will gelernt sein

Wir können drei Ebenen der Dankbarkeit unterscheiden.

Die erste Stufe ist für die meisten von uns noch relativ einfach. Uns wurde beigebracht, „Bitte“ und „Danke“ zu sagen, in manchen ländlichen Gegenden auch „Vergelt's Gott“ oder auf Schweizerdeutsch „Märssi“. Damit, dass die Dankbarkeit das Bindeglied zur Höheren Macht ist, haben solche floskelhaften Äußerungen jedoch noch nichts zu tun.

Wir müssen also klarer werden. Zur Illustrierung ein Auszug aus dem Buch „Einfachheit und Fülle” (http://goo.gl/xTwfyr) von Sarah Breathnach:

„Eines Morgens merkte ich, dass ich emotionell und körperlich erschöpft war; ich hatte mich auf Anschaffungen konzentriert, die ich mir nicht leisten konnte. Ich fühlte mich so, wie die Katze, die sich in den Schwanz beißt: Je mehr ich mich auf das Fehlen konzentrierte, umso deprimierter wurde ich. Je deprimierter ich wurde, umso mehr wurde mir dieser Mangel bewusst.

Ich wollte gar keine finanzielle Sicherheit, ich wollte finanzielle Ausgeglichenheit. Ich wurde ruhig. Ruhig genug, um in mich zu hören ...

Als ich meinen Wunsch nach finanzieller Sicherheit loslassen konnte und mich stattdessen auf die finanzielle Ausgeglichenheit konzentrierte, betrachtete ich mein Leben mit offenen Augen. Ich erkannte, dass ich eine Menge hatte, wofür ich dankbar sein konnte. Ich fühlte mich beschämt angesichts meiner Reichtümer und bedauerte, dass ich die in meinem Leben bereits bestehende Fülle für selbstverständlich gehalten hatte. Wie konnte ich vom Universum noch mehr verlangen, wenn ich das, was ich bereits besaß, nicht schätzte?

Das veranlasste mich, sofort eine Bestandsliste all der Dinge zu erstellen, die ich hatte: Gesundheit, einen wunderbaren Ehemann, eine glückliche Tochter, unser Heim (klein, aber fein), drei Haustiere, die mir Tag für Tag Freude und Gesellschaft schenken. Wir hatten immer genug zu essen und sogar Wein zu Hause. Wir hatten echte Freunde, die wirklich Anteil nahmen.

Meine Liste wurde immer länger ...

Als ich sie mir ansah, merkte ich, dass ich eine reiche Frau war.

Ich hatte lediglich ein vorübergehendes Liquiditätsproblem!

Wie die Bewusstheit in das Leben tritt, spielt keine Rolle. Wichtig ist, dass sie kommt.

Jeder Tag bot von da an neue Augenblicke der Freude und Zufriedenheit. Aber war das vorher nicht auch schon so? Jetzt aber merkte ich es. Die Macht der Dankbarkeit überraschte mich.“

Daraus lässt sich unter anderem auch ableiten, dass Sie bei der Erstellung Ihres geistigen Wunschbildes auch das berücksichtigen sollten, was Sie ohnedies bereits genießen und was Sie nichts extra kostet. Dinge wie Familienverhältnisse, Gesundheit, Wohnsitz, freie Zeiteinstellung oder dergleichen.

Nicht selten werden bei der Jagd nach mehr Einnahmen gerade diese Dinge geopfert und rückblickend stellt man dann fest, dass sie einen glücklicher gemacht haben als der Mehrverdienst.

Hier noch eine interessante Anmerkung für den Fall, dass Sie diese Schriftstellerin nicht kennen:

Sarah Breathnach fasste den Entschluss, ein Buch über die Dankbarkeit zu schreiben. Zu diesem Zeitpunkt hatte sie bereits einige Bücher über andere Themen verfasst. Dennoch war kein Verlag an einem Buch über Dankbarkeit interessiert. Sie blieb ihrem Vorhaben aber treu und bediente sich einer Visualisierungshilfe.

Was ging sie vor?

Sie schnitt die Bestsellerliste aus der New York Times aus, vergrößerte sie und klebte ihren Buchtitel an Platz 1 ein. Ein paar Jahre später stand ihr Buch wirklich an Platz 1 auf der Bestsellerliste dieser Zeitung.

Vielleicht sollten Sie sich den vorherigen Kursteil über Visualisierungshilfen doch nochmals vornehmen?

Diese praktische Übung wird Ihnen gefallen. Und mit Sicherheit werden Sie einige Veränderungen in Ihrem Denken und Fühlen bemerken, sobald Sie sich für das Gute öffnen.

In der nächsten Lektion werden wir diesen wichtigen Punkt vertiefen.

Praktische Übung

Die drei Stufen der Dankbarkeit

Stufe 1 = situationsbedingte Dankbarkeit.

Wir sagen „Danke", wenn wir das erhalten, was wir wollen oder die Dinge so laufen, wie wir uns das vorstellen.

Das Dankbarkeitsbüchlein

In unserem E-Book „Wohlstand magnetisch anziehen" (http://goo.gl/z456wc) beschreiben wir die Handhabung und den Nutzen eines "Dankbarkeitsbüchleins".

Ein solches Büchlein oder Journal zu führen, nützt Ihnen in mehrfacher Hinsicht:

Sie bleiben damit nicht nur in Verbindung mit der Höheren Macht,

Sie erfahren an Ort und Stelle ein Glücksgefühl!

Es gibt auch entsprechende Anwenderprogrämmchen („Apps") für das iPhone (z.B. „Gratitude Journal" von Happy Tapper).

Viele Wege führen nach Rom. Falls Sie das obige E-Book besitzen, können Sie so vorgehen, wie dort beschrieben.

Weitere Möglichkeiten:

1. Schreiben Sie sich ein paar Dinge auf, die Sie **nicht** verändern würden:

____

____

____

____

____

Wie fühlen Sie sich jetzt, wo Ihnen wieder einiges bewusst geworden ist?

____

Sagen Sie jetzt einfach:

Danke!

2. Schreiben Sie heute Nacht (und am besten jede weitere Nacht, mindestens bis zur nächsten Lektion) ein paar Dinge auf, die **toll gelaufen** sind. Kleinigkeiten oder große Dinge (auch hierfür gibt es Apps fürs Smart-Phone).

   Was war heute spitze?

___

___

___

3. Lesen Sie bitte das Kapitel 7 über die Dankbarkeit nochmals durch (Seite 22).

   Was geht in Ihnen vor?

„Männer und Frauen, die diese Anweisungen befolgen, werden mit Sicherheit reicht werden.

Die empfangenen Reichtümer werden in genauer Proportion

zur erfolgsüberzeugten Bestimmtheit ihres Wunschbildes,

zur Beständigkeit ihrer Absicht,

zur Unerschütterlichkeit ihres Glaubens und

zur Tiefe ihrer Dankbarkeit ausfallen."

Reichsein will gelernt sein

Gedankenanstöße für bewusste Dankbarkeit

„Was den Massenmenschen auszeichnet, ist ...
die grundsätzliche Undankbarkeit gegen alles,
was sein reibungsloses Dasein ermöglicht."

José Ortega y Gasset
(1883 - 1955)
Spanischer Philosoph und Essayist

Danke für:

- Arbeitgeber
- Ärzte
- Autoren
- Briefträger
- Ein Lächeln
- Eltern
- Erfinder
- Freunde
- Frieden
- Gerätschaften
- Geschwister
- Helfer
- Idealisten
- Kinder
- Kindergärten
- Krankenschwestern
- Kunden
- Künstler
- Lehrer
- Mitarbeiter
- Nachbarn
- Nahrung
- Partner
- Politiker
- Psychologen
- Reisen
- Sportsfreunde
- Tankwarte
- Unterkunft
- Unternehmen
- Wohltäter
- Zeit ...

- Aufmerksamkeit
- Elektrizität
- Fahrzeuge
- Geduld
- Geld
- Gesundheit
- Informationen
- Internet
- Kleidung
- Liebe
- Luft
- Mein Leben
- Möbel
- Musik
- Naturgesetze
- Pflanzen
- Sicherheit
- Sonderleistungen
- Sonnenschein
- Sprache
- Straßen
- Supermärkte
- Tiere
- Verständnis
- Wertvolle Hinweise ...
-
-
-
-
-
-

Lektion 18 - Dankbarkeit, Stufe 2

Die erste Stufe auf der Dankbarkeitstreppe haben wir ja nun bereits behandelt.

Falls Sie Ihre letzte Übung wirklich gemacht haben, dürften Sie bereits einige Veränderungen bemerkt haben.

Das ist gut so!

Nun zur nächsten Stufe. Bei dieser geht es darum, die Wahrheit zu sehen, statt nur den Anschein. Achten Sie darauf, wo Sie hintreten, auf dieser Stufe kommen Sie leicht ins Straucheln oder Stolpern.

Was ist, wenn etwas Schreckliches passiert?

Sollen wir dann auch noch dankbar sein? Was sagt Wallace Wattles dazu?

Dankbar zu sein, hilft Ihnen, sich auf die Wahrheit zu konzentrieren, statt auf den Schein. Wattles sagt, dass es ohne Dankbarkeit nicht lange dauern würde, bis wir mit dem Stand der Dinge unzufrieden seien. Andererseits würden wir uns mit Dankbarkeit auf das Beste einstimmen.

Wenn wir bei allem die Wahrheit sehen wollen, kommt eine höhere Stufe der Dankbarkeit ins Spiel.

Dann verlassen wir die Maulwurfsebene und begeben uns auf die Adlerebene, um von dort aus das Gute an dem zu finden, was momentan „schlecht" aussieht.

Das bedeutet nicht Verdrängung oder Wegwischen von Gefühlen.

Es bedeutet, **wach** zu werden.

Wir treten geistig einen Schritt zurück und beobachten:

Handelt es sich um eine bewusste Aktion oder reagieren wir lediglich auf die Situation?

Diesen Punkt zu erreichen, an dem wir uns zumindest darum bemühen, das Gute an der Sache zu sehen, ist eine lohnenswerte Angelegenheit.

Es wird Zeiten oder Augenblicke geben, an denen Sie es wieder vergessen. Das ist Teil des Entwicklungsprozesses.

Reichsein will gelernt sein

Es geht um die Bereitschaft, die aufbrausenden Gefühle zu besänftigen und die gute Seite an der Angelegenheit sehen zu wollen.

Solange wir sofort mit einer definitiven Schlussfolgerung zur Hand sind und etwas für durch und durch schlecht halten, versperren wir den Blick auf das Gute daran. Wir verpassen es schlichtweg, wodurch wir uns schaden.

Wir kappen damit den Draht zur Höheren Macht, wie Wattles sagte.

Können Sie für etwas dankbar sein, das für Sie ein harter Schlag war? Aus einem zeitlichen oder auch räumlichen Abstand betrachtet, verändert sich unsere Einstellung häufig wieder.

Wir allen haben Tage, an den wir am liebsten in die Luft gehen würden. Es hilft, sich daran zu erinnern, dass wir eines Tages darüber lachen werden.

Aber wieso erst „eines Tages"?

Wenn Sie es schaffen, gleich darüber zu lachen, haben Sie den Weg zur Dankbarkeit abgekürzt.

Jetzt überlassen wir Sie wieder Ihrer praktischen Übung.

In der nächsten Lektion befassen wir uns mit der dritten und höchsten Stufe der Dankbarkeit.

Lektion 19 - Dankbarkeit, Stufe 3

Ihre momentane finanzielle Situation gefällt Ihnen ganz und gar nicht. Alles in allem ist es nicht so rosig, ständig strecken Sie sich zur Decke - und erreichen sie nie.

Vielleicht ist es in Ihrem Fall auch etwas anderes. Was immer Sie auch bedrückt ...

Herzlichen Glückwunsch!

Was ist denn nu' los?

Wenn es in Ihrem Leben nichts gäbe, womit Sie unzufrieden sind, hätten Sie dieses Buch niemals entdeckt und gekauft. Erst recht hätten Sie nicht bis hierher gelesen.

Der Kontrast sorgt dafür, dass Sie weiterwachsen.

Sie würden dann vielleicht ein ganzes Leben vertun, ohne diese Prinzipien zu erlernen. Es hat also durchaus sein Gutes, dass Sie sich fragen: *„Soll das etwa alles gewesen sein?"*

Das motiviert Sie dazu, aktiv zu werden, ab und zu Innenschau zu betreiben und über die gängige Denkweise hinauszuwachsen.

Ein ganz grundlegendes Element der Wissenschaft des Reichwerdens besteht darin, jetzt bereits so zu leben, *„als ob"*. **Als ob das, was Sie sich erschaffen wollen, bereits ganz selbstverständlich Teil Ihres Lebens wäre.**

Wattles sagt, dass dies die Aufgabe von Glaube und Erwartung sei und dass der schnellste Weg zu einem „Als ob"-Leben über die Dankbarkeit erfolgt.

Eventuell haben Sie sich schon mit den verschiedenen Weltreligionen und spirituellen Traditionen beschäftigt. In allen nimmt die Dankbarkeit eine zentrale Rolle ein. Wenn das kein Wink mit dem Zaunpfahl ist!

Ebenfalls interessant ist, dass die Danksagung immer **vorher** stattfindet. Wenn Sie die Wunder Jesu in der Bibel studieren, stoßen Sie genau auf diesen Umstand.

Reichsein will gelernt sein

Wattles schreibt in Kapitel 8:

„Der Mensch, der dem Universum aufrichtig für das danken kann, was er bisher nur in Gedanken besitzt, hat wahren Glauben.

Ein solcher Mensch wird reich werden.

Er wird die Erschaffung des von ihm Gewünschten verursachen.“

Diese Art der **ständigen Dankbarkeit** ist Ausdruck des Glaubens, dass das, was wir uns geistig und seelisch vorstellen, auf einer höheren Ebene bereits erschaffen ist und sich in der sichtbaren Form zeigen muss. Die Dankbarkeit trägt auch dazu bei, mehr Glauben aufzubauen. Auf diese Weise verhalten sich Dankbarkeit und Glaube wie Muskel: wenn einer stärker wird, wird auch der andere stärker.

Der dankbare Mensch erwartet ständig Gutes und seine Erwartung wird zum Glauben.

Der Glaube ist eine Voraussetzung für das Reichwerden über die schöpferische Methode.

Das ist die höchste Stufe der Dankbarkeit. Auf dieser Stufe ist die Dankbarkeit in unser Leben hineingeflochten, sie ist nicht mehr nur eine Reaktion auf etwas, was wir wollen, sondern fester Bestandteil der Lebensführung.

Auf diese Stufe der Dankbarkeit gelangt man nicht von heute auf morgen. Das braucht seine Zeit.

Es beginnt mit der Entscheidung, bewusst auf das zu achten, wofür wir dankbar sein können (einige Anregungen fanden Sie auf Seite 181) und diese Dankbarkeit ohne „Hintertürchen" zum Ausdruck zu bringen.

Machen Sie die Dankbarkeit zum festen Bestandteil jeden weiteren Tages in Ihrem Leben!

Jeder Meister hat einmal als Lehrling begonnen und dann einfach konsequent weitergemacht. Konsequenz leitet sich vom lateinischen "consequentia" ab und bedeutet "folgen" oder auch "mit Folge" (cum sequentia). Im übertragenen Sinne auch "Folgerichtigkeit".

Befolgen Sie dieses Prinzip.

Reichsein will gelernt sein

Selbst wenn es das Einzige wäre, was Sie aus diesem Arbeitsbuch mitnehmen, hätte sich seine Anschaffung schon gelohnt.

Üben Sie den Wert der Dankbarkeit ein und entscheiden Sie sich dazu, es hierbei zur Meisterschaft zu bringen. Das wird Ihr Leben in vielerlei Hinsicht bereichern!

Und nun wieder zur

praktischen Übung:

Stufe 1:
Situationsbedingte Dankbarkeit.

Wir sagen „Danke", wenn wir etwas erhalten, das wir wollen oder die Dinge so laufen, wie wir uns das vorstellen.

Stufe 2:
„Dankbarkeit trotz alledem".

„Mir gefällt das zwar nicht, aber ich bin trotzdem dankbar."

Stufe 3:
Ständige Dankbarkeit.

Wir sehen in allem und jedem das Gute (die Wahrheit) und sind uns ständig bewusst, dass die Schöpferkraft fließt.

Erlangen Sie die Meisterschaft der Dankbarkeit!

Der vietnamesische Mönch Thich Nhat Hanh (http://goo.gl/NOGb9s) geht jede Nacht wie folgt vor:

Jedes Mal drückt er die Dankbarkeit für etwas aus, wofür er *bisher noch nicht dankbar* war.

Es sagt, dass er auf diese Weise geistig flexibel bleibe und immer auf der Ausschau nach etwas sei, was an diesem Tag Gutes passiert ist.

Und wer suchet, der findet.

Wie könnten Sie Ihre Dankbarkeit noch zum Ausdruck bringen?

Reichsein will gelernt sein

Beispiel 1:

Unterbrechen Sie die Lektüre an dieser Stelle und sagen Sie jemanden, wie sehr Sie ihn oder sie schätzen.

Anderen Menschen Dankbarkeit zu zeigen, ist wichtig; immerhin gelangt viel Gutes durch andere Menschen zu uns!

Beispiel 2:

Nehmen Sie sich heute vor, jedem, dem Sie begegnen, Dankbarkeit auszudrücken.

Lächeln Sie ihn/sie an,

schütteln Sie ihm/ihr die Hand oder

geben Sie diesem Menschen eine Umarmung (Sie werden schon wissen, wie weit Sie gehen können).

Einfach so - ohne Grund.

Beispiel 3:

Schreiben Sie ein paar Zeilen zu diesem Buch in das Kommentarfeld auf Amazon.

"Dankbarkeit macht das Leben erst reich", schrieb Dietrich Bonhoeffer.

Lektion 20 - Aktive Vorbereitung auf den Reichtum

Mit dieser Lektion sind wir an einem Scheideweg angelangt; Wattles sagt, dass die meisten Menschen an dieser Stelle *„Schiffbruch erleiden“*.

Jetzt müssen wir unsere neu erworbene „Denke” **mit persönlicher Aktion verbinden.**

Ein sehr wichtiger Schritt!

Viele Leute meinen, dass die bisherigen Schritte ausreichen würden. Dass ihnen Glück und Wohlstand dadurch von selbst in den Schoß fallen würden. Und wenn doch nicht, behaupten sie, dass es „nicht funktionieren“ würde.

Natürlich funktioniert es, aber eben nicht, wenn diese Leute auf halben Wege stehen bleiben, weil sie eben auch nur ein Halbwissen haben. Sie haben sich ganz am Anfang bereit erklärt, diesen Kursus bis zum Ende mitzumachen. So erfahren Sie alle Schritte.

Klarheit ist wichtig,
Dankbarkeit ist wichtig,
Glaube ist wichtig ... - **aber ohne das Tun fehlt etwas ganz Wesentliches.**

Wattles weist klar und deutlich darauf hin, dass wir es mit dem Gesetz von Ursache und Wirkung zu tun haben, nicht mit Zauberei. Und dass unsere Aktivität ein wesentliches Puzzlestück ist.

- Was sollen wir tun?
- Wann ist der richtige Zeitpunkt zum Handeln?
- Wie lange sollen wir abwarten?
- In welchen Situationen sollen wir handeln, in welchen nicht?
- Wie sollen wir dabei vorgehen?
- Wie stellen wir sicher, dass unsere Handlungen effizient sind?

Eine Menge Fragen!

Aber wir haben Glück. Wattles hat uns auch hier bereits die Antworten geliefert.

Reichsein will gelernt sein

Eins nach dem anderen:

- Warum sollen wir handeln?

Hören wir uns an, was der Altmeister dazu zu sagen hat:

„Ihre Brieftasche wird sich nicht ohne Ihr Zutun in einen wundersam gefüllten Zauberhut verwandeln. Dies ist der Kernpunkt der Wissenschaft des Reichwerdens, wo Denken und persönliches Handeln zusammengebracht werden müssen.

Es gibt sehr viele Leute, die bewusst oder unbewusst durch Stärke und Beharrlichkeit schöpferische Kräfte in Bewegung setzen, aber arm bleiben, weil sie die Ankunft des Gewünschten nicht vorgesehen haben.

Durch das Denken gelangt das Gewünschte auf den Weg zu Ihnen.

Durch das Handeln nehmen Sie es in Empfang!“

(Kapitel 11)

„Wirken Sie nicht mit Ihrem schöpferischen Impuls auf die Ursubstanz ein und legen dann die Hände in den Schoß. Auf diese Weise werden Sie nichts erreichen.

Handeln Sie jetzt! Sie haben immer nur das Jetzt zum Handeln.

Wenn Sie sich auf den Empfang des Gewünschten vorbereiten wollen, dann fangen Sie jetzt damit an!“

Ihre Aktivität ist der Beweis, dass Ihnen Ihr Herzenswunsch wichtig ist. Ohne Aktivität wird sich nichts bewegen, es bleibt im Stadium der Tagträumerei. Um nochmals Mark Twain zu zitieren:

„Der Donner macht Eindruck, aber der Blitz macht die Arbeit."

Ohne Aktivität drücken Sie voll aufs Gas und der Motor heult auf - aber das Fahrzeug bewegt sich keinen Millimeter nach vorn. Legen Sie den Gang ein - und das Gefährt wird aktiv.

Jeder weiß, dass wir einen Einsatz bringen müssen, dass Däumchendrehen nicht ausreicht.

Aber das muss keineswegs „harte Maloche“ sein, wie so viele meinen. Schufterei wird Sie nicht finanziell unabhängig machen. Menschen, die ein Leben lang hart gearbeitet haben, finden Sie überall - aber sind diese auch finanziell frei?

Reichsein will gelernt sein

Aktivität ja, aber Schuften nein - was ist nun der richtige Weg?

Nehmen wir die beiden reichsten Männer des neunzehnten Jahrhunderts: Andrew Carnegie und John Rockefeller. Beide wuchsen sie in Armut auf, hatten nur eine geringe Schulbildung, wurden viel kritisiert - aber erreichten enorme Erfolge, obwohl sie wenig arbeiteten.

Rockefeller ging jeden Mittag nach Hause, um ein Nickerchen zu machen. Carnegie rühmte sich, nie mehr als drei Stunden pro Tag gearbeitet zu haben.

Ein zeitlich näher liegender Fall: Bill Gates. Er schuf Microsoft nicht etwa, weil er ein so hervorragender Softwareprogrammierer wäre. Er ging systematisch vor und schuf sich geschäftliche Partnerschaften.

Er hatte auch eine Vision: *„Ein Computer auf jedem Schreibtisch"*. Nun, ein Blick auf Ihren Schreibtisch belegt, dass er doch ein Stückchen vorangekommen ist.

Die Stundenzahl ist es also nicht. Wattles zeigt uns einen besseren Weg:

„Sie sind keinesfalls verpflichtet, etwas zu tun, das Ihnen zuwider läuft und sollten einen solchen Beruf auch nicht annehmen, es sei denn, Sie betrachten dies als Zwischenstufe zu dem, was Sie wirklich wollen."

(Kapitel 20)

Diese zwanzigste Lektion ist lediglich der Einstieg in die Thematik „Aktivität und richtiges Handeln". Auf die anderen Fragen gehen wir nach und nach ein.

Stellen Sie sich auf Erfolg ein!

Und: Durchdenken Sie bitte wieder das Gelesene, bevor Sie sich den praktischen Übungen widmen!

Praktische Übung 1

Nehmen wir an ...

dass Sie jetzt - in diesem Augenblick! - genau den Betrag erhalten würden, den Sie sich für Ihre finanzielle Unabhängigkeit vorstellen (egal, ob ein „bescheidenes Sümmchen“ oder Millionen von Euro, Dollars oder Franken).

Was würden Sie damit anfangen?

Schreiben Sie hier bitte Ihre Pläne so genau wie möglich auf:

Machen Sie bitte zuerst diese Übung.

Erst dann blättern Sie um.

Praktische Übung 2

Empfangen ist keineswegs etwas, das wir ganz natürlich tun. Falls uns zum Beispiel jemand ein Kompliment gibt, sagen wir spontan: *„Das war doch nicht der Rede wert"* oder *„Ach ja, das alte Ding ..."*

Und schon wieder haben wir eine Gelegenheit verpasst, etwas dankbar anzunehmen.

Das sind automatische Abwehrmechanismen, die uns häufig gar nicht bewusst sind.

Hier fünf Schritte, um etwas **dankbar in Empfang zu nehmen:**

1. Pausieren.

Machen Sie eine kurze Pause; das nimmt dieser automatische Abwehrreaktion den Wind aus den Segeln.

2. Tief durchatmen.

Machen Sie einen tiefen Atemzug. Auch das hält die Abwehrreaktion in Schach und erinnert Sie über eine körperliche Aktion daran, dass Sie jetzt etwas in Empfang nehmen.

3. Annehmen.

Falls es sich um etwas Physisches handelt, nehmen Sie's in die Hand.
Falls es ein Vorschlag oder Kompliment ist, lassen Sie es bewusst in sich hinein.

4. Bedanken.

Sagen Sie „Vielen Dank!" Sonst nichts. Nehmen Sie es einfach dankbar an.

5. In Besitz nehmen.

Jetzt gehört es Ihnen. Jetzt steht es Ihnen frei, was Sie damit anfangen. Sie können es behalten oder weiterverschenken. Oder auch wegwerfen. Jetzt haben Sie die Freiheit der Entscheidung.

Wenden Sie diese „Formel" auf alles an, was Sie erhalten!

Reichsein will gelernt sein

Ein guter Start sind Komplimente, weil wir diese gar allzu leicht abtun.

Dehnen Sie diese fünf Schritte dann nach und nach auf andere Bereiche aus, egal, ob Sie Sachen, Vorschläge, Empfehlungen oder Geld erhalten.

Seien Sie für neue Vorschläge und Ideen aufgeschlossen. Im Zuge dessen werden Sie feststellen, dass Ihre Beziehung mit sich selbst besser wird, Sie werden sich würdiger finden, etwas zu erhalten.

Das bringt Ihnen Wohlstand und Fülle näher.

Seien Sie bei Ihren Übungen bitte konsequent. Je mehr Sie schätzen, was Sie bekommen, umso mehr Gelegenheiten und Chancen werden Sie erhalten.

Ein paar Worte zur vorhergehenden Übung Nr. 1 in dieser Lektion:

Konnten Sie klare und spezifische Pläne erstellen, was Sie mit einem größeren Geldbetrag tun würden?

Falls ja, *herzlichen Glückwunsch!*

Falls nein dürften Sie für einen Betrag dieser Größenordnung noch nicht empfangsbereit sein.

Lektion 21- Was sollen wir tun?

Weiter geht's! **Sie sind einfach großartig!** Immer noch bei der Stange -

Alle Achtung!

Wie ist es Ihnen mit der letzten praktischen Übung ergangen?

Was haben Sie über Ihre Empfangsbereitschaft herausgefunden?

Gibt es in diesem Bereich noch Nachholbedarf?

Üben Sie einfach weiter ...!

Sind Sie vielleicht ein bisschen verwirrt und wissen nicht genau, was Sie nun eigentlich tun sollten, damit Ihre klare geistige Vorstellung Realität wird?

Wie sollen die ersten Schritte aussehen?

Dies könnte ein Zeichen dafür sein, dass Sie noch nicht voll und ganz hinter Ihrem Herzenswunsch stehen. Irgendetwas - in Ihrem Denken - steht Ihnen im Wege.

Falls dies auf Sie zutrifft, wäre es eine gute Idee, sich die praktische Übung aus Lektion 14 nochmals vorzunehmen (Seite 141): *„Ja schon, aber ..."*

Diese inneren Einwände könnten nach wie vor das Sagen haben.

Falls es Ihnen immer noch schwer fällt, diesen ersten Schritt zu ermitteln, könnten Sie sich folgende Fragen stellen:

- Falls Sie Brief und Siegel hätten, dass Ihr Wunsch auf jeden Fall in Erfüllung geht, **was würden Sie dann als Erstes tun?**

- Falls eine gute Freundin oder ein guter Freund von Ihnen einen Rat darüber erbeten würde, wie man seinen Herzenswunsch findet, was würden Sie ihm oder ihr sagen?

Reichsein will gelernt sein

Sie brauchen also keineswegs gleich eine generalstabsmäßige Strategie, aus der jeder Einzelschritt ersichtlich ist. Wahrscheinlich denken Sie schlichtweg noch zu klein.

Zum jetzigen Zeitpunkt brauchen Sie nur einen einzigen Schritt in Richtung auf Ihre Träume zu kennen. Etwa 50 Jahre, bevor Wallace Wattles die Wissenschaft des Reichwerdens verfasste, schrieb Henry David Thoreau folgende Zeilen:

„Gehen Sie zuversichtlich weiter auf Ihre Träume zu,
und Sie werden Erfolge erzielen, die Sie in normalen Stunden nicht erwartet hätten".

Wenn Sie zuversichtlich - das heißt, voller Glauben und erfolgsüberzeugt - auf Ihre Träume zuschreiten, wird sich Ihnen der Weg zeigen!

Es ist wie eine Nachtfahrt. Die Scheinwerfer Ihres Fahrzeugs leuchten Ihnen immer nur fünfzig Meter aus, aber in diesen 50-Meter-Schritten gelangen Sie an Ihr Ziel, auch wenn es Tausende von Kilometern entfernt ist.

Das geschieht auch mit Ihrem Lebensziel oder Herzenswunsch.

Sie sehen immer nur einen kleinen Bereich vor sich, aber Sie kommen ihm unaufhörlich näher.

Und falls Sie immer noch unsicher sein sollten, hier Wattles' Ratschlag aus Seite 48:

„Solange Sie noch Zweifel haben, warten Sie lieber ab."

Das ist nicht gleichzusetzen mit herumsitzen und nichts tun. In Kapitel 13 empfiehlt er:

„Widmen Sie sich wieder der Betrachtung Ihres Wunschbildes und arbeiten Sie an einer Stärkung der Erfolgsüberzeugung und Ihrer Absicht.

Denken Sie vor allem daran, in diesen Zeiten des Zweifels und der Unentschlossenheit eine Haltung der Dankbarkeit zu pflegen!

Ein oder zwei Tage damit verbracht, dass Sie Ihr inneres Wunschbild betrachten und ernsthaft dafür Danke sagen, dass Sie das Gewünschte auch erhalten, wird Ihr Denken so stark in Einklang mit der Allmacht bringen, dass Sie keine Fehler machen, sobald die Zeit fürs Handeln gekommen ist.

Es gibt ein allwissendes Bewusstsein.

Reichsein will gelernt sein

Über den Glauben und die Absicht, im Leben voranzuschreiten, können Sie mit diesem Geist einen engen Kontakt aufnehmen - wenn Sie eine tiefe Dankbarkeit empfinden!

Fehler entstehen dann, wenn Sie übereilt handeln oder aufgrund von Angst oder Zweifel tätig werden oder wenn Sie den wahren Grund fürs Handeln vergessen. Dieser Grund heißt: Mehr Leben für alle!"

Hören Sie also auf Ihre innere Stimme. Bevor Sie aktiv werden, fragen Sie Ihr wahres Ich, Ihr höheres Selbst:

„Ist das für mich und für alle anderen letztendlich gut?"

Damit handeln Sie im Einklang mit dem obigen Ratschlag Wattles': *Mehr Leben für alle!*

Falls Sie dies guten Gewissens bejahen können, tun Sie den ersten Schritt.

Der zweite Schritt wird sich Ihnen dann schon zeigen.

Behalten Sie einfach die vorbeschriebene Analogie mit der Nachtfahrt im Gedächtnis. Sie drücken deshalb aufs Gas, weil Sie davon ausgehen, dass das Endziel existiert.

Auch wenn Sie es nicht sehen können!

Aber manchmal zögern wir einfach. Selbst dann, wenn wir bereits wissen, was wir zu tun hätten. Wir haben Angst, wir zaudern, wir wissen nicht, was uns bevorsteht, was andere davon halten, ob wir auch genug seien ...

Angst lässt sich nur durch eines überwinden: **durch die Tat.**

Tun Sie den ersten Schritt!

Haben Sie schon mal Kleinkinder beobachtet, wenn sie schwimmen lernen? Ein paar sind immer dabei, die Angst vor dem Wasser haben, auch wenn sie sehen, dass ihre Freunde bereits vergnügt im kühlen Nass plantschen. Wenn sie selbst dann aber die erste Hürde überwunden haben und im Wasser strampeln, sind sie kaum wieder herauszukriegen. Das Tun hat die Angst geheilt.

Eine weitere Hemmschwelle kann darin bestehen, dass wir manchmal glauben, wir müssten das Rad neu erfinden. Dann suchen wir nach neuen Ansätzen, tollen Aktionen und bleiben im Aktionismus stecken - der zu nichts führt.

Auch diesen Punkt hat Wattles vorausgesehen.

In Kapitel 15 schreibt er:

„Erwarten Sie von einer Gelegenheit nicht, dass diese alles beinhalte, was Sie sein wollen. Sobald sich eine Gelegenheit zeigt, die Ihnen mehr bietet als Sie jetzt haben und Sie sich von ihr angezogen fühlen, sollten Sie sie ergreifen.

Eine solche Gelegenheit ist der erste Schritt zu einer noch größeren Gelegenheit."

Und:

„Suchen Sie nicht nach irgendeinem neuen Kunstkniff, nach irgendeiner ungewöhnlichen oder bemerkenswerten Aktion, mit der Sie den ersten Schritt zum Reichwerden einleiten.

Es ist sehr unwahrscheinlich, dass sich Ihr Handeln - zumindest in der ersten Zeit - von Ihrem bisherigen Tun unterscheidet, aber Sie führen diese Handlungen nunmehr auf eine erfolgsüberzeugte Art und Weise aus, was Sie mit Sicherheit reich machen wird."

Es geht also nicht unbedingt um spezifische Aktionen, die von Ihnen erwartet würden, wichtiger ist, **wie Sie diese Handlungen vollbringen.** Mit anderen Worten: Sie brauchen nicht unbedingt etwas anders zu tun, aber Sie müssen das, was Sie tun, mit einer anderen - erfolgsüberzeugten - Geisteshaltung tun.

Was Sie sich wünschen, kann durchaus auch über völlig andere Kanäle zu Ihnen gelangen. Vielleicht machen Sie Ihre Arbeit jetzt mit einer anderen „Denke" - und plötzlich verändert sich etwas in Ihrem Privatleben - wo Sie keine Veränderungen gemacht haben.

Stellen Sie sich ruhig auf Überraschungen ein!

Es gibt zwar nur eine einzige Quelle, aus der alles entstammt, aber unzählig viele „Versorgungskanäle", die zu Ihren Gunsten aktiviert werden, sobald Sie beginnen, auf eine erfolgsüberzeugte Art und Weise zu denken und zu handeln.

Praktische Übung

1. Was machen Sie (beruflich oder anderweitig) bereits, das „auf erfolgsüberzeugte Art und Weise“ getan werden könnte, indem Sie lediglich Ihre Einstellung verändern?

Sie sehen es einfach nur mit anderen Augen.

2. Bringen Sie Ihre jetzigen Aktionen näher an Ihren Herzenswunsch heran?

Sehen Sie sich die Aktionen an, die Ihnen bereits bewusst sind, und bewerten Sie sie unter diesem Gesichtswinkel.

Welche Aktionen sind eindeutig zielgerichtet und stehen im Einklang mit Ihrem Wunsch:

3. Welche Aktionen bringen Sie Ihrem Ziel nicht näher oder schaden Ihnen vielleicht sogar:

Lektion 22 - Wann sollen wir handeln?

In dieser Lektion wollen wir uns den richtigen Zeitpunkt fürs Handeln ansehen.

Wattles dazu in Kapitel 11:

„Es ist offensichtlich, dass Sie immer nur in der Gegenwart handeln können. In der Vergangenheit können Sie nichts mehr tun und damit Sie geistige Klarheit haben, sollten Sie die Vergangenheit ohnedies aus Ihrem Denken verbannen.

Handeln Sie jetzt! Es gibt niemals eine andere Zeit als das Jetzt. Falls Sie sich auf den Empfang des Gewünschten vorbereiten wollen, müssen Sie jetzt damit beginnen."

Wattles warnt uns eindringlich davor, das Handeln zu übersehen; er warnt uns aber ebenfalls davor, zu handeln, solange wir uns noch nicht im Klaren darüber sind, was wir erreichen wollen.

Er sagt uns, dass wir nicht in Wettbewerbsdenken verfallen dürfen, welches dann auftaucht, wenn wir aus einem Mangelbewusstsein heraus handeln. Das würde uns zu Fehlern verleiten.

Stattdessen sollten wir zunächst sichergehen, dass wir in unserem Denken klar sind. Das ist die Voraussetzung. Er schreibt dazu wie folgt:

„... sollten Sie nicht überstürzt in einen anderen Beruf hinüberwechseln. Am besten verändern Sie eine Situation durch sanftes Hineinwachsen.

Dies schließt zwar einen radikalen Wechsel nicht aus, sofern sich Ihnen die Chance dazu bietet, allerdings sollten Sie auch in diesem Fall mit Bedacht und Überlegung vorgehen. Solange Sie noch Zweifel haben, ob dieser Wechsel das Richtige für Sie ist, ist Zurückhaltung geboten.

Auf der schöpferischen Ebene besteht niemals ein Gebot zur Eile. Es gibt niemals einen Mangel an Chancen.

Sobald Sie das Konkurrenzdenken aus Ihrem Kopf verbannt haben, werden Sie feststellen, dass Sie niemals hastig zu handeln brauchen. Niemand kann Sie um das Ihnen Zustehende bringen.

Es ist genug für alle da. Wenn ein Platz besetzt ist, erhalten Sie an einer anderen Stelle einen besseren. Sie haben genügend Zeit! Solange Sie noch Zweifel haben, warten Sie lieber ab!

Reichsein will gelernt sein

Widmen Sie sich wieder der Betrachtung Ihres Wunschbildes und arbeiten Sie an einer Stärkung Ihres Glaubens und Ihrer Absicht.

Denken Sie vor allem daran, in diesen Zeiten des Zweifels und der Unentschlossenheit die Dankbarkeit zu pflegen."

(Kapitel 13)
(Diese Passagen sind nicht immer
eine *wörtliche* Wiedergabe aus den Kapiteln im vorderen Teil dieses Buches!)

Sobald Sie eine klare Vorstellung haben, sobald Sie wissen, was Sie wirklich wollen und an dem Punkt angelangt sind, dass Sie erkennen, dass Sie das Gewünschte kraft Ihrer Vision jetzt bereits in Empfang nehmen, ist es an der Zeit, aktiv zu werden, damit Sie es auch in Besitz nehmen können.

Solange Sie diesbezüglich noch unsicher sind, sollten Sie sich vorerst noch mit Ihrem Wunschbild beschäftigen und die Dankbarkeit pflegen, bis Sie wirklich überzeugt davon sind, dass Sie jetzt ein klares und vorbehaltsloses Bild von Ihren Vorstellungen haben.

Erst dann werden Sie aktiv!

Manchmal zögern wir trotz alledem noch. Dann leiden wir an Aufschieberitis. Wir haben darüber bereits gesprochen. Bei der „Aufschieberitis" geht es nicht um Faulheit, es geht um Angst und unklares Denken.

Wattles schreibt dazu in Kapitel 11:

„*Wirken Sie nicht mit Ihrem schöpferischen Impuls auf die Ursubstanz ein und legen dann die Hände in den Schoß. Auf diese Weise werden Sie nichts erreichen.*"

Deutlicher lässt sich das nicht ausdrücken! **Entweder Sie werden aktiv oder Sie entscheiden sich dazu, Ihr Ziel niemals zu erreichen!**

„*Vergeuden Sie keine Zeit mit Tagträumereien!*

Betrachten Sie Ihr wahres Wunschbild solange, bis Ihr Denken davon voll und ganz erfüllt ist, und dann ergreifen Sie praktische Schritte. Sie werden dann merken, dass sich etwas verändert.

In Ihnen! Und dass diese innere Veränderung danach trachtet, sich im Außen Ausdruck zu verschaffen.

Falls Sie jedoch mit Tagträumerein beschäftigt sein sollten, müssten sich Dinge oder Menschen außerhalb von Ihnen verändern, damit Sie glücklich sein können. Das ist Zeitvergeudung und wirkungslos. Sie müssen Ihre Kraft und Ihren Glauben nach innen lenken, auf Ihre wirkliche Vision hin, das ist die Macht, die Sie zum Handeln anregen wird und die gewünschte Veränderung herbeiführen wird.

Suchen Sie nicht nach einem neuen Kunstkniff, nach irgendeiner ungewöhnlichen oder bemerkenswerten Aktion, mit der Sie den ersten Schritt zum Reichwerden einleiten können.

Es ist sehr unwahrscheinlich, dass sich Ihr weiteres Handeln - zumindest in der ersten Zeit - von Ihrem bisherigen Tun unterscheidet, aber Sie führen diese Handlungen nunmehr auf erfolgsüberzeugte Art und Weise aus, was Sie mit Sicherheit reich machen wird."

Dieses Zitat haben wir bereits in Lektion 21 einmal verwendet. Es passt auch im Zusammenhang mit dem hier behandelten richtigen Zeitpunkt sehr gut.

Sie brauchen sich keineswegs den Kopf zu zermartern, um herauszufinden, was Sie jetzt „völlig anders" zu tun hätten. Machen Sie erst mal so weiter, wie bisher auch - **aber mit einer veränderten Einstellung!** Das wird Ihnen auch veränderte Ergebnisse bringen!

„Der Umstand, dass Sie sich derzeit vielleicht nicht in der richtigen Branche oder Umgebung befinden, besagt nicht, dass Sie Ihr Handeln aufschieben müssten, bis Sie sich in der richtigen Branche oder Umgebung befinden."

Wenn Sie abwarten, bis „alles passt", sollten Sie Ihr Denken unter die Lupe nehmen.

Wovor haben Sie Angst?

Das ist es, was Sie zurückhält - nicht die noch nicht „idealen" Umstände.

Marschieren Sie los! Sie können den Kurs immer noch berichtigen.

Wussten Sie, dass sich Raketen, Torpedos, Weltraumfähren und ähnliche Gefährte die meiste Zeit nicht auf der Zielgeraden befinden? Aber wir brauchen gar nicht so weit zu gehen. Denken Sie nur an Ihr eigenes Auto. Wenn Sie zu einem bestimmten Ziel fahren, sagen wir zu einem Supermarkt, dann fahren Sie nicht in schnurgerader Linie von Ihrem Wohnsitz zu diesem Einkaufsmarkt.

Sie verändern die Fahrtrichtung ständig, manchmal so gering, dass Sie es nicht einmal bemerken.

Reichsein will gelernt sein

Nachstehend ein Beispiel aus unserem E-Book „Erfolgswissen für Fortgeschrittene", das diesen Umstand für die Segelei beschreibt:

„Ein Segelboot kann in einem Bereich von etwa 45 Grad rechts und links vom Wind nicht fahren. Das ergibt einen 90-Grad-Winkel, in dem das Boot nicht segeln kann.

Um dorthin zu gelangen, muss es aufkreuzen. Das bedeutet, dass es einmal knapp rechts außerhalb dieses Bereichs fährt und dann wieder knapp außerhalb links dieses Sektors.

Es steuert sein Ziel also in einem Zick-Zack-Kurs an.

Obwohl es scheinbar die meiste Zeit rechts oder links vom Ziel vorbeizielt, nähert es sich effektiv seinem Ziel an."

Und der letzte Ratschlag Wattles' in diesem Zusammenhang lautet:

„Erwarten Sie von einer Gelegenheit nicht, dass diese alles beinhalten sollte, was Sie sein wollen.

Sobald sich Ihnen eine Gelegenheit bietet, mehr zu sein, als Sie jetzt sind, und Ihnen diese Gelegenheit zusagt, sollten Sie sie ergreifen!"

Wir können die Aussagen aus der „Wissenschaft des Reichwerdens" also wie folgt zusammenfassen:

Handeln Sie jetzt!

Dort, wo Sie sich jetzt befinden.

An dem Arbeitsplatz, den Sie jetzt einnehmen, auch wenn dieser nichts oder so gut wie nichts mit der von Ihnen angestrebten Tätigkeit zu tun haben sollte.

Erledigen Sie das, was momentan in Ihren Möglichkeiten steht, so gut wie möglich, auch wenn es nur Kleinigkeiten sein sollten. Sie beschleunigen damit den Schöpfungsprozess.

Zum Abschluss dieser Lektion ein Zitat des größten deutschen Dichters, Johann Wolfgang von Goethe (1749 - 1832):

Was immer du tun kannst
oder wovon du träumst -
fange es an!
In der Kühnheit liegt Genie, Macht und Magie -
Beginne es jetzt sofort!

Praktische Übung

Eine einfache Zwei-Stufen-Methode, um Aktionen zu planen:

Stufe 1:

Betrachten Sie Ihr klares geistiges Wunschbild solange vor Ihrem inneren Auge, bis es in Ihrem Denken den gesamten Raum einnimmt und Sie von Ihrem Ziel begeistert sind.

Seien Sie bereits **im Voraus dankbar** für seine Verwirklichung.

Stufe 2:

Handeln Sie **jetzt.**

Seien Sie kühn und wagemutig. Ran an den Speck!

Handeln Sie voller Zuversicht!

Falls Sie noch Zweifel haben sollten, bleiben Sie zunächst solange bei Stufe 1, bis die Zweifel der absoluten Sicherheit gewichen sind.

Das sind zwei ganz einfache Schritte, die jedoch keine Abkürzung zulassen.

Falls Sie in Stufe 1 einen Teilschritt übergehen, bauen Sie auf Sand.

Achten Sie auf ein tragfähiges Fundament!

Lektion 23 - Volle Kraft voraus!

Anfang des zwanzigsten Jahrhunderts, als Wattles die Wissenschaft des Reichwerdens verfasste, war die „industrielle Revolution" immer noch in vollem Gange.

Im Zuge dessen versuchten so genannte Effizienzexperten, die Fabriken und Produktionsstätten - als auch die Menschen - noch leistungsfähiger zu machen. Dabei wandten sie wissenschaftliche Methoden an, zum Beispiel Beobachtung, Messung, Analyse und dergleichen, um ineffiziente oder nicht ausgenutzte Tätigkeiten auszumerzen.

Leider übersahen sie dabei bisweilen, dass Menschen keine Maschinen sind.

Der Gewinn konnte auf diese Weise zwar gesteigert werden, dies ging jedoch auf Kosten der Gesundheit, der Arbeitszufriedenheit und der Belastbarkeit der Arbeiter. Das Konkurrenzdenken feierte fröhliche Urstände.

Das Wort „Effizienz" war damals in aller Munde. Auch Wattles benutzt es, er weist jedoch darauf hin, dass auf Ausgeglichenheit zu achten sei. So sagt er zum Beispiel klar und deutlich, dass wir nicht umherhetzen sollten, in dem Bemühen, in möglichst kurzer Zeit möglich viel zu unternehmen (was ja auch ein Ausdruck eines Mangeldenkens wäre).

Heute würde er sich wahrscheinlich anders ausdrücken; vielleicht würde er „erfolgreich, stark und wirksam" schreiben.

Soweit zum historischen Hintergrund.

Wenn wir uns der Frage stellen, wie wir „auf eine erfolgsüberzeugte Art und Weise" tätig werden sollen, müssen wir dieser Formulierung auf den Grund gehen. Immerhin sagt Wattles selbst, dass es sinnlos sei, Unwichtiges oder Falsches auf effiziente Weise zu erledigen. Dadurch würden wir nur umso rascher scheitern. Er schreibt in Kapitel 12:

„Falls die Menschen ihre gesamte Macht, die geistige ebenso wie die physische, in jede auch noch so geringe Kleinigkeit einbrächten, wäre jede Tätigkeit erfolgreich. Es liegt auf der Hand, dass jeder Erfolg den Weg für einen noch größeren Erfolg freimacht. Auf diese Weise gelangen Sie immer näher an die Erfüllung Ihres Wunschbildes heran und der Prozess wird mit der Zeit schneller.

Ein erfolgreiches Tun, Handeln und Verhalten wirkt kumulativ. Der Wunsch nach mehr Leben ist allen Lebewesen angeboren. Sobald sich ein Mensch auf ein erfüllteres Leben zubewegt, fallen ihm immer mehr Dinge zu und der Einfluss seines Wunsches vervielfacht sich".

Reichsein will gelernt sein

Wie bringen wir nun die „gesamte Kraft" in unsere Handlungen und vermeiden nutzlose oder gar schädliche Aktionen?

Auch zu diesem Punkt äußert sich Wattles eindeutig.

„Jede einzelne Handlung kann stark und effizient gemacht werden, indem Sie sich bei der Verrichtung dieser Handlung Ihre Vision vor Augen halten, und die gesamte Kraft Ihres Glaubens und Ihrer Absicht in sie hineinbegeben."

Das ist ein hoher Anspruch. Bei allem sein Wunschbild vor Augen zu haben?

Er führt dies in Kapitel 12 näher aus (nachstehend etwas anders formuliert):

„Wenn ich sage, dass Sie Ihre Wunschvorstellung im Geiste halten sollen, während Sie eine auch noch so alltägliche Handlung ausführen, meine ich damit nicht, dass es ständig notwendig sei, diese Wunschvorstellung bis ins kleinste Detail immer wieder vor Ihrem geistigen Auge zu halten.

Dieses detaillierte Ausmalen und Betrachten Ihrer Wunschvorstellung sollten Sie in Ihrer Freizeit solange durchführen, bis Ihr geistiges Bild fest in Ihrem Gedächtnis verankert ist.

Wenn Sie die Ergebnisse beschleunigen wollen, können Sie praktisch Ihre gesamte Freizeit mit dieser Übung verbringen.

Durch die ständige Kontemplation wird das Bild des Gewünschten bis ins kleinste Detail so in Ihren Geist eingebrannt und der formlosen Substanz so umfassend vermittelt, dass Sie während Ihrer Arbeitszeit nur noch an das Bild zu denken brauchen, um Ihren Glauben und Ihre Absicht zu stimulieren.

Betrachten Sie Ihr Bild in Ihrer freien Zeit solange, bis Ihr Bewusstsein damit dermaßen angefüllt ist, dass es förmlich zum Greifen nahe ist. Sie werden so mit einer großen Vorfreude erfüllt werden, dass der bloße Gedanke an dieses Wunschbild die stärksten Energien Ihres gesamten Seins aufruft."

Alles läuft auf eine klare, mächtige und motivierte Vision hinaus, Ihr Wunschbild.

Falls Sie immer noch schwanken, sollten Sie sehr viel Zeit damit verbringen, sich eine klare geistige Zielvorstellung einzuprägen; im Zuge dessen prägen Sie sie auch der formlosen Substanz ein.

Sobald Sie sich im Klaren darüber sind, was Sie wollen, und mit Ihrem Wunschbild zufrieden sind, sind Sie handlungsbereit. Sie brauchen keineswegs die ganze Zeit über daran zu denken.

Sie brauchen auch nicht Ihre *gesamte* Freizeit mit der Betrachtung Ihres Wunschbildes zu verbringen, sobald es für Sie klar ist. Sobald Sie genau wissen, was Sie anstreben, ist das Angestrebte auf dem Weg zu Ihnen; über Ihr Tun machen Sie sich empfangsbereit.

Wattles sagt, dass Sie von Vorfreude erfüllt sein werden und dass Sie lediglich an Ihr Vorstellungsbild zu denken bräuchten, und schon seien die Begeisterung und Aufregung, die Erwartung und Dankbarkeit da. Damit gibt er uns den Schlüssel zur Selbstmotivation in die Hand. Das aktiviert die stärksten Energien und mobilisiert Ihr gesamtes Sein. Sie sind inspiriert. „Sollen", „müssten", „eigentlich" ... - das erübrigt sich damit.

Auf diese Weise wird jeder einzelne Augenblick zum Erfolg an sich.

Wattles sagt auch, dass erfolgreiche Aktionen kumulativ und aufbauend wirkten.

Ein Erfolg baut auf dem vorhergehenden auf, wodurch sich der gesamte Prozess beschleunigt.

Sobald die schöpferischen Kräfte in Gang gesetzt wurden, werden Dinge passieren, die ohne Ihr Wunschbild nicht passiert wären, und es kommt Schwung in die Sache.

Wattles schreibt weiterhin, dass die Welt von denen vorangebracht würde, die mehr als das „Nötige" tun und die mehr geben als sie nehmen. Dies gilt auch für die Verwirklichung unseres eigenen Wunschbildes.

In der nächsten Lektion werden wir uns ansehen, wie wir in jede Handlung die gesamte Kraft einbringen können, wodurch uns nichts und niemand mehr aufhalten kann.

In dieser Lektion gibt es keine separate praktische Übung.

Widmen Sie sich bitte nochmals den Übungen aus Lektion 21 (Seite 198) und Lektion 22 (Seite 203).

Lektion 24 - Werden Sie unaufhaltsam!

Da es in der Natur der Dinge liegt, dass jeder Erfolg den Weg für weitere Erfolge bahnt, werden Sie sich immer schneller auf die von Ihnen erstrebten Situationen zubewegen.

Wie Wattles bereits sagte, wirken Erfolge aufbauend. Und da der Wunsch nach mehr Leben allen Dingen innewohnt, zieht ein Mensch, der sich auf mehr Fülle zubewegt, auch mehr seinesgleichen an, wodurch der Einfluss seines Strebens vervielfacht wird.

Für alles gibt es eine Entwicklungskurve.

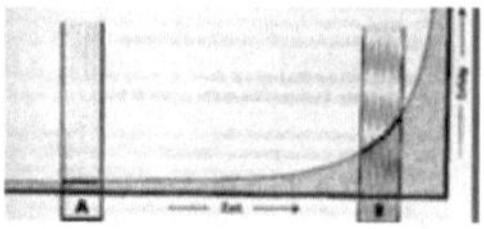

Den „schnellen Erfolg über Nacht“ gibt es nicht. Das deckt sich mit dem von Wattles beschriebenen Szenario. Sobald Sie etwas beginnen und damit weitermachen, wird der Prozess mit der Zeit immer schneller, er entwickelt sich quasi lawinenartig.

Wie können wir uns nun auf „mehr Leben“ zubewegen, und einen Erfolg nach dem nächsten verbuchen?

Wie immer, wenden wir uns wieder ratsuchend an Wallace Wattles.

Um unaufhaltbar zu werden, entscheiden Sie sich als allererstes dazu, unaufhaltbar zu werden!

In Kapitel 8 (Seite 27) schreibt Wattles:

„Hinter Ihrem klaren Wunschbild muss die **feste Absicht** *stehen, diesen Wunsch zu verwirklichen. Dieser Absicht muss der unerschütterliche Glaube zugrunde liegen, dass das Gewünschte bereits Teil Ihres Lebens ist und es zum Greifen nahe ist.“*

Das heißt nicht anderes, als dass **Sie sich dazu entscheiden, Ihr Ziel zu erreichen und solange am Ball zu bleiben, bis Sie es erreicht haben.** Ohne Wenn und Aber.

Es gibt Dinge, bei denen halbe Sachen unmöglich sind. Halbschwanger gibt es nicht. Die Wichtigkeit eines klaren Entschlusses wird immer wieder betont, nicht nur von Wattles.

Reichsein will gelernt sein

Napoleon Hill schrieb darüber 1928 und Orison Swett Marden bereits 1894 - die Botschaft hat sich nicht verändert:

Sie bleiben bei der Stange, bis Sie Ihr Ziel erreicht haben!

Solange Sie diesen festen Entschluss nicht gefasst haben, werden Sie ständig zögern. Sie befinden sich in einem ständigen Schwebezustand und erreichen nichts. Sobald diese Zauderei wegfällt, erhalten Sie Rückenwind aus unerwarteten Richtungen, es passieren unvorhergesehene Ereignisse, mit denen Sie nie gerechnet hätten.

Nicht aufgeben, wenn es nicht so läuft wie geplant!

Denken Sie nochmals an den Mann, der in Buchkapitel 16 beschrieben wird. Im letzten Moment ging alles schief.

Wattles sagt, dass dieser Mann nicht enttäuscht gewesen sei. Er habe sich sogar dankbar gezeigt und einfach weitergearbeitet.

Und kurze Zeit darauf sei etwas wesentlich Besseres eingetreten, was niemals der Fall gewesen wäre, wenn das ursprünglich Geplante funktioniert hätte. Er wurde von einer Intelligenz geleitet, die mehr wusste als er.

Das wird auch bei Ihnen der Fall sein!

Versteifen Sie sich also nicht auf ein bestimmtes Endergebnis. Manchen fällt das schwer. *„Wenn ich doch etwas mit Leib und Seele will, wie soll ich mich dann vom Endergebnis freimachen?"*

Das bedeutet nicht, dass Sie kein Gefühl in Ihren Wunsch investieren sollten, das wäre ein Widerspruch.

Es bedeutet, sich davon freizumachen, wie sich die Dinge fügen werden.

Überlassen Sie den Kanal einer Höheren Macht.
Lassen Sie sich überraschen!

- Falls Sie „scheitern", haben Sie vielleicht zu wenig erbeten.
- Vielleicht wollen Sie den Schöpfungsprozess kontrollieren und steuern?
- Vielleicht hatten Sie ein verwässertes Bild von dem, was Sie wollen?

Kein Grund zur Selbstkasteiung. Sorgen Sie dafür, dass Sie wieder in Harmonie mit dem Gesamtablauf gelangen.

Wenn Sie etwas hinnehmen müssen, das Sie nicht wollen, machen Sie einfach auf „erfolgsüberzeugte Art und Weise" weiter; meist werden Sie feststellen, dass etwas Besseres nachfolgt.

Machen Sie sich keine Gedanken über fehlende Voraussetzungen.

Alles wird Ihnen nach und nach zufließen. Auch die Kenntnisse, Fähigkeiten und Ressourcen, die Sie brauchen. Dazu gehören auch andere Menschen, die über die Fähigkeiten verfügen, die Ihnen abgehen.

- Überarbeiten Sie sich nicht!

Wattles sagt, dass wir abwarten sollten, solange wir nicht sicher sind, was zu tun ist.

- Üben Sie sich in Dankbarkeit und stiller Betrachtung.

Sobald Sie sich im Klaren sind, handeln Sie! Erst dann!
Volle Pulle!

„Was du heute kannst besorgen, das verschiebe nicht auf morgen!"

Erledigen Sie heute, was Sie erledigen können - ohne zu hetzen. Wattles sagt, dass jede einzelne Handlung entweder ein Erfolg oder ein Misserfolg sei.

Dies gilt auch für jeden einzelnen Tag. Ein Tag fügt sich an den nächsten und Sie erhalten entweder Erfolg oder Misserfolg. Falls Sie heute etwas tun könnten, und dann ungetan lassen, könnten die Folgen verheerend sein!

- Selbst die banalste Kleinigkeit kann große Folgen haben.

Bei kleinen Dingen zu schludern, kann den gewünschten Erfolg weit nach hinten schieben.

Würden Sie jemanden große Summen anvertrauen, wenn er nicht einmal mit kleinen Beträgen umgehen kann? Bedenken Sie auch, dass es im Bereich des Formlosen keine Größenordnungen gibt. Alles spielt eine Rolle, Großes und Kleines.

Was Newton als Trägheitsgesetz bezeichnet hat, kommt auch hier zum Tragen. Sobald etwas in Bewegung ist, tendiert es dazu, in Bewegung zu bleiben. Und was sich nicht von der Stelle rührt, tendiert ebenfalls dazu, sich nicht zu bewegen.

Reichsein will gelernt sein

Sie werden selbst bereits die Erfahrung gemacht haben, wie schwer es nach einem Urlaub oder längeren Feiertagen sein kann, wieder in die Gänge zu kommen. Bleiben Sie Ihrem Wunschbild treu, es wird Sie dazu motivieren, wieder aktiv zu werden.

- Eile mit Weile

Zügig ja, hektisch nein.

Wenn Sie sich dabei ertappen, dass Sie nur noch umherhasten, machen Sie eine Pause.

Jetzt ist Gefahr in Verzug: Wenn Sie so weitermachen, verfallen Sie wieder ins Konkurrenzdenken und entfernen sich vom schöpferischen Prozess.

Also Stopp: Machen Sie sich wieder bewusst, was Sie eigentlich wollen und seien Sie dankbar dafür, dass es sich dem Weg zu Ihnen befindet.

Hektik führt zu Anspannung, wir wollen dann Dinge erzwingen und „managen". Runter vom Gas!

Konzentrieren Sie sich auf Ihre Idealvorstellung, Ihr Wunschbild. Pflegen Sie ständige Dankbarkeit und überlassen Sie den Schaffensprozess einer höheren Kraft.

- Geduld ist die Mutter der Porzellankiste

Die Dinge formen sich nicht irgendwo in der Atmosphäre und werden Ihnen von einer Zauberfee vor die Füße gelegt. Glaube und Entschlusskraft spielen eine wichtige Rolle. Manchmal kann es durchaus schnell gehen, unbewusst haben Sie dann wahrscheinlich bereits Ursachen gesetzt, sozusagen hinter den Kulissen gewirkt, und sehen jetzt, was sich vor dem Vorhang abspielt.

Aber alles geschah im Einklang mit den universellen Prinzipien, auch wenn wir die Zusammenhänge nicht immer begreifen. Wir sprechen dann von „Glückfällen", „Zufällen", „Massel" oder „Synchronizität".

In Wirklichkeit ist es Ursache und Wirkung, auch wenn wir die einzelnen Verbindungspunkte nicht erkennen.

- Geben Sie immer mehr als erwartet wird!

Das gilt für das Berufs- oder Geschäftsleben ebenso wie für das Privatleben. Wattles beschreibt dies in Kapitel 6 wie folgt:

Reichsein will gelernt sein

„Zwar können Sie niemandem mehr Geld bezahlen als den Marktwert, den Sie von ihm erhalten, Sie können ihm aber einen höheren Nutzwert bieten.

Papier, Tinte und sonstige Materialien dieses Buches sind das Geld, das Sie dafür bezahlt haben, sicherlich nicht wert, doch die hier enthaltenen Informationen können Ihnen Tausende einbringen. Der Herausgeber dieses Buchers hat Ihnen einen guten Dienst erwiesen.

Sie haben für einen kleinen Obulus einen großen Nutzwert erhalten!"

Es ist leicht nachzuvollziehen, dass Geschäftsleute ihre Verkaufspreise nach dieser Regel ausrichten können, was aber, wenn Sie - zum Beispiel als Angestellter - kein Mitspracherecht bei der Preisgestaltung haben?

Kein Problem!

Sie können den Wert einer Sache immer dadurch steigern, wie Sie die betreffende Sache erledigen. Über die Art und Weise, in der Sie Ihren Beitrag leisten, können Sie dem Leistungsempfänger mehr Nutzen erbringen.

Sollten Sie sich in einer Firma befinden, in der die Kunden „über den Tisch gezogen" werden, sollten Sie schleunigst das Weite suchen. Damit sind Sie nicht mehr in Harmonie mit dem Universum.

Dieses Konzept gilt natürlich auch von der anderen Seite: Wir müssen bereit sein, für eine Leistung einen angemessenen Preis zu entrichten.

- Tun Sie mehr als nur Ihren Platz auszufüllen!

Wattles sagt, dass der Fortschritt nur über Menschen kommt, die in ihr wahres Potenzial hineinwachsen und mehr geben als sie nehmen.

Es ist durchaus in Ordnung, die Frage zu stellen: *„Was bringt mir das?"*
Dazu gehört aber auch die Geschwisterfrage: *„Was bringe ich ein?"*

Wie gesagt, muss es nicht zwangsläufig darum gehen, *mehr* zu tun, häufig geht es um das *Wie.*

Es geht um die innere Einstellung, denn: *„Ein Jegliches gedeiht nach seiner Art!"*

Für gar Manchen ist das eine harte Nuss. Mancher will mehr, ohne das Beste aus dem gemacht zu haben, was er bereits besitzt.

Reichsein will gelernt sein

Wattles drückt es folgendermaßen aus:

„Tun Sie jeden Tag alles, wozu Sie imstande sind und achten Sie in jedem Teilbereich darauf, dass Ihr Tun erfolgreich ist.

Bringen Sie Ihre Absicht, reich zu werden, in alles ein, jedoch nicht mit dem Hintergedanken, Ihren Arbeitgeber zu beeindrucken, damit dieser Ihre gute Arbeit sehen und Sie befördern möge ...

Der Mitarbeiter, der seinen jetzigen Platz gut ausfüllt und mit dem der Arbeitgeber zufrieden ist, ist an diesem Platz sehr wertvoll. Es wäre wahrscheinlich nicht im Interesse des Arbeitgebers, ihn zu befördern, da der Mitarbeiter an seinem jetzigen Arbeitsplatz gute Dienste leistet.

Für eine Beförderung reicht es nicht aus, lediglich mehr als das Nötige zu tun."

(Kapitel 15)

Diese Lektion umfasst zwei praktische Übungen.
Beide dürften Ihnen neue Horizonte erschließen.

Praktische Übung 1

Unaufhaltsam werden

1. Notieren Sie drei Möglichkeiten, wie Sie ab sofort Ihren jetzigen Platz mehr als nur ausfüllen können (egal ob/in welchem Beruf Sie beschäftigt sind, ob Sie im Haushalt arbeiten oder anderweitig einer Beschäftigung nachgehen).

Bringen Sie sich mehr ein!

____

____

____

2. Wie könnten Sie nun dasselbe in anderen Bereichen tun:

Familie __________________________

Partnerschaft __________________________

Freundschaften __________________________

Gemeindearbeit ... __________________________

Das bedeutet nicht zwangsläufig, dass Sie mehr oder etwas anderen tun sollten. Es geht eher darum, wie Sie über das denken, was Sie ohnedies bereits tun. Und zwar in allen Lebensbereichen.

Sobald Sie Ihre Rolle mit neuen Augen sehen können, das heißt vor dem Hintergrund Ihrer übergreifenden Zukunftsvision, und mehr von Ihrem wahren Ich hineinbringen können, werden Sie eine Veränderung zum Positiven erleben.

Es werden sich Ihnen neue Möglichkeiten und Chancen eröffnen.

Reichsein will gelernt sein

Praktische Übung 2

Sie wissen nun bereits, wie wichtig es ist, eine klare und präzise Vorstellung zu haben.

- Wie viel Geld möchten Sie besitzen?

- Welche Art von Einnahmen?

Nehmen Sie diesen Betrag und rechnen Sie ihn auf einen Stundensatz um:

€ ___________ pro Stunde.

Beispiel:

Angenommen Sie streben ein Jahresgehalt von 50.000 Euro an.

Ausgehend von 260 Arbeitstagen pro Jahr, ergibt dies einen Tagesverdienst von 192,30 Euro.

Geteilt durch 8 Stunden pro Tag = Stundenlohn von 24,03 Euro.

Um nun Ihren Platz mehr als nur auszufüllen, erledigen Sie die Arbeit jeder Stunde so, als ob Sie von nun an für eine hervorragend gemachte Arbeit den von Ihnen ermittelten Stundensatz bezahlt erhielten.

Machen Sie diese Gedankenübung auch dann, wenn Sie den Haushalt führen oder einer unbezahlten Tätigkeit nachgehen.

Die Wissenschaft des Reichwerdens funktioniert in jedem Fall, wenngleich die Kanäle, über die Ihnen finanzielle Zuwendungen zufließen, in diesem Fall anders aussehen dürften.

Lektion 25 - Denken und Tun zusammenbringen

In dieser Lektion wollen wir uns der Zielsetzung widmen.

Zwar gibt es dafür separate Methoden und Systeme und wir gestatten uns auch den Hinweis auf das von uns angebotene Zielerreichungssystem - http://goo.gl/F2dsju - (wobei Sie an 100 Tagen auch noch mit weiteren E-Mails über Persönlichkeitstypen und Sabotageversuche des Egos informiert werden), die in dieser Lektion enthaltenen Empfehlungen dürften Ihnen jedoch vor allem dann helfen, wenn Sie dazu neigen, sich allzu sehr zu verkrampfen.

Vermutlich kann man nicht generell sagen, dass dieses oder jenes Programm das Beste oder Wirkungsvollste wäre; wenn Sie etwas gefunden haben, das für Sie funktioniert, bleiben Sie dabei.

Punktum.

Obwohl der Wert von Zielerreichungsprogrammen unbestritten ist, scheitern dennoch viele Leute damit.

Warum?

Der wahrscheinlichste Grund dürfte sein, dass sich diese Leute Dinge vornehmen, die ihnen im Grunde gar nicht so wichtig sind. Der in diesem Buch beschriebene Prozess der Innenschau, die innere Goldschürferei, welche nötig ist, um seinen Herzenswunsch an die Oberfläche zu befördern, wird nicht vollzogen.

Wie soll man sich für etwas begeistern, wenn man gar nicht weiß, was es ist?

Wie bereits in unserem E-Book „Erfolgswissen für Fortgeschrittene“ immer wieder betont, geht es vor allem ums **Sein**. Das Tun und das Haben sind lediglich Folgen eines veränderten Seins.

Wenn wir wirklich wir selbst sind, und unsere Lebensaufgabe ausfüllen, ist Motivationsmangel kein Thema mehr. Dann sind wir automatisch motiviert.

Hier also ein Ansatz, der Ihnen helfen könnte, das Thema der Zielsetzung und Zielerreichung mit neuen Augen zu sehen:

Wenn Sie in der Vergangenheit ein Ziel nicht erreicht haben, haben Sie sich wahrscheinlich deprimiert gefühlt. Auf jeden Fall waren Sie nicht gerade zu Freudentänzen aufgelegt.

Reichsein will gelernt sein

Betrachten Sie es nun analog zu einem sportlichen Ziel, zum Beispiel einem Fußballtor, einer Wurfscheibe oder einer Zielscheibe für Pfeil und Bogen.

Was ist, wenn Sie daneben schießen? Auch dann ist es kein Grund für Freudensprünge, aber normalerweise probieren Sie es einfach nochmals.

Und nochmals.

Im sportlichen Bereich fühlen Sie sich nicht automatisch als Versager, bloß weil Sie den Ball oder der Pfeil nicht auf Anhieb ins Ziel gebracht haben.

Diesen Sportsgeist wollen wir nun auf andere Bereiche übertragen.

In der praktischen Übung aus dem heutigen Kursteil sehen Sie eine Zielscheibe. Eine solche Zielscheibe, wie sie beim Bogenschießen, Dartwerfen und Schießsport verwendet wird, ist insofern nützlich, als sie uns **verschiedene Erfolgsebenen** gestattet.

Vielleicht treffen Sie nicht auf Anhieb ins Schwarze, erzielen aber dennoch einige Punkte. Das ist eine intelligente Weise, sich Ziele anzusehen, weil wir bei dieser Sichtweise auch dann gewinnen, wenn wir keinen Volltreffer landen.

Sie können durchaus im Freundeskreis eine Runde Dart spielen und kein einziges Mal ins Schwarze treffen - und dennoch der Beste sein!

Wenn Sie Ihre praktischen Schritte planen, könnten Sie sich Ihr Ziel wie eine Zielscheibe vorstellen:

1. Das „Schwarze" ist die ideale Erreichung Ihres Zieles.

Sie unternehmen etwas und alles fügt sich auf vollkommene Art und Weise. Alles wird pünktlich und planmäßig erledigt.

2. Der äußere Kreis ist die Mindestanforderung, die Sie zu erfüllen haben.

Sie handeln, treffen zwar nicht ins Schwarze, erreichen aber doch genug, um wieder einen Schritt nach vorne zu gelangen. Durchaus ein Grund, um sich gut zu fühlen!

3. Die Innenkreise liegen zwischen der Idealsituation und Ihrer Mindestanforderung.

Mit anderen Worten: Sie nehmen sich zwar vor, zu gewinnen, gestatten sich im Zuge dessen aber mehrere Möglichkeiten.

Reichsein will gelernt sein

Wie lässt sich diese Vorgehensweise im Zusammenhang mit der Wissenschaft des Reichwerdens anwenden?

Dazu müssen wir zunächst etwas ausholen und uns nochmals das Beispiel des Mannes in Buchkapitel 6 (Seite 21) ansehen, der sehr zaghaft mit einem Teppich begann, um dann zu merken, dass er um zu wenig gebeten hatte. Als ihm endlich ein Licht aufging, gestaltete er das Haus völlig um. Wattles zeigt hierfür einen fünfstufigen Prozess auf:

Stufe 1:

Der Mann ging durch das Haus und überlegte sich alle Verbesserungen, die er vornehmen wollte.

Er baute geistig hier ein Fenster ein und dort ein Zimmer an, bis das Haus in seiner Gedankenwelt seinen Idealvorstellungen entsprach. Dann plante er die Möblierung.

Er sah sich das Haus an und sah es mit anderen Augen. Er malte sich vor seinem inneren Auge aus, was er haben wollte und hielt solange an diesem Wunschbild fest, bis dieses Bild ausgereift war.

Dann baute er die Brücke zwischen Denken und Tun, indem er einen Plan erstellte.

Wattles schreibt zwar nicht, dass er diesen Plan schriftlich erstellte, davon kann aber mit ziemlicher Wahrscheinlichkeit ausgegangen werden. Wir wissen bereits, dass Wunschbilder, die als Abbildungen oder Worte zu Papier gebracht werden, eine große Kraft besitzen.

Diese Zeit müssen Sie sich nehmen, wenn es Ihnen mit Ihren Zielen Ernst ist!

Solange Sie das nicht tun, bleibt es bei frommen Wünschen, von wirklichen Zukunftsvisionen kann man dann noch nicht sprechen.

Der Mann in diesem Beispiel plante also sein Haus, wurde sich über seine Wunschvorstellungen klar und ging die einzelnen Details solange durch, bis sie gedanklich ausgereift waren.

Stufe 2:

Ausgehend von diesem geistigen Wunschbild (was nicht bedeutet, dass er unaufhörlich daran dachte), fing er an ...

Stufe 3:

sich „auf erfolgsüberzeugte Art und Weise“ zu verhalten und sich auf das Gewünschte zuzubewegen. Er wurde aufgrund seines klaren und präzisen Wunschbildes aktiv und ging planmäßig vor.

Stufe 4:

Er ist jetzt stolzer Besitzer eines großen Hauses und baut es nach seinem geistigen Wunschbild um. Er erzielte anfängliche Ergebnisse - wurde Hausbesitzer - und blieb seinem Wunschbild weiterhin treu, wobei er die weiteren Schritte aus seinem Praxisplan umsetzte.

Die ganze Zeit über verfolgte er dankbar, wie sich das reale Haus nach und nach entsprechend seinem geistigen Wunschbild veränderte.

Schritt 5:

Aufgrund dieser Erfahrung ist seine Zuversicht noch gewachsen, was dazu führte, dass es sich an größere Vorhaben heranwagte. Wie Wattles bereits sagte, ist Erfolg kumulativ. Sobald Sie sich in Bewegung befinden, bleiben Sie in Bewegung.

Das gilt auch für die Ergebnisse, die **Sie** erzielen!
Sehen wir uns nun an, wie wir diesen Ablauf nutzen können:

Zielsetzung

Gehen Sie vom gewünschten Endzustand aus. Der Endzustand ist Ihr großes, plastisch vorgestelltes Wunschbild.

Sie fragen sich, was geschehen müsste, damit dieses Wirklichkeit wird. In dieser Phase lautet die Frage nicht notwendigerweise: *„Was muss ich dafür tun?“* - das kommt häufig erst später, die Vorbedingung ist, dass Sie eine **möglichst große Klarheit über Ihr Ziel** schaffen.

Dieser „Rückwärtstechnik“ bedienen wir uns ständig, ohne dabei auch nur einen bewussten Gedanken daran zu verschwenden.

Nehmen wir als Beispiel eine Grillfeier, wenngleich der Ablauf bei jeder Geschäftsgründung, bei jedem Berufswechsel oder einer Urlaubsplanung derselbe ist.

Reichsein will gelernt sein

Um von der Vorstellung zur Verwirklichung zu gelangen, stellen Sie sich die Feier bereits im vollen Gange vor. Sie denken an Ihre Freunde und Familienangehörigen, wie sie sich vergnügt unterhalten und es sich gut gehen lassen.

Danach ergreifen Sie praktische Schritte. Sie besorgen sich Pappteller, Besteck, Koteletts oder Würstchen, Salate, Getränke und dergleichen. Und so arbeiten Sie sich geistig immer näher an Ihr geistiges Bild heran, Sie decken die Tische, stellen ein paar Blümchen drauf, je nachdem, was Ihrer Idealvorstellung von einer gelungenen Grillfete entspricht. Damit können Sie den ganzen Tag verbringen - Einkaufen, Einladungen versenden, Anrufe machen ...

Das ist eine ziemlich alltägliche Angelegenheit, die in einer relativ kurzen Zeit über die Bühne gehen kann. Je größer das Vorhaben, umso aufwändiger - im Grunde ist der Ablauf jedoch derselbe:

Sie beginnen geistig mit dem Endzustand und arbeiten sich nach und nach durch alle größeren Schritte durch, soweit sie diese bereits vorhersehen können.

Sie überlegen sich, was Sie machen wollen, wann Sie es tun wollen und was dabei alles zu beachten ist. Dabei müssen Sie auch Hindernisse berücksichtigen.

Was könnte das Problem sein? In unserem Grillbeispiel könnte ein Problem vielleicht darin bestehen, dass Sie gar keinen Grill besitzen oder so etwas zum ersten Mal veranstalten.

Wattles hierzu in Kapitel 16:

„Zerbrechen Sie sich nicht jetzt den Kopf darüber, wie Sie künftige Schwierigkeiten meistern werden. Sofern Sie bereits heute eine Möglichkeit sehen, solche Schwierigkeiten zu vermeiden, können Sie heute tun, was möglich ist, doch verschwenden Sie Ihre Zeit nicht mit eingebildeten Problemen.

Unabhängig davon, wie groß ein Problem aus der Entfernung aussieht, werden Sie feststellen, dass es immer kleiner wird, je näher Sie ihm kommen."

Im selben Kapitel schreibt Wattles auch, dass jede Schwierigkeit das Nötige mit sich bringe, um sie zu überwinden.

Der Schlüssel zur Überwindung von Schwierigkeiten liegt natürlich in unserer inneren Einstellung.

Reichsein will gelernt sein

- Wie würden Sie das Problem angehen, wenn Sie definitiv wüssten, dass Sie nur Erfolg haben können?

  Hindernisse bringen uns zwangsläufig zu Lösungsmöglichkeiten.

- Wie ließe sich ein Hindernis auf den Kopf stellen und in ein Plus verwandeln?

- Welche Möglichkeiten und Alternativen bieten sich Ihnen?

Nicht alles, was Ihnen spontan einfällt, muss auf Anhieb einen Sinn ergeben.

Schreiben Sie's dennoch auf! Streichen können Sie immer noch.

Nehmen wir nochmals unser einfaches Grillbeispiel. Sie könnten sich einen Grill ausleihen und den Verleiher gleich zur Feier mit einladen. Er weiß bestimmt, wie sein Grill funktioniert.

Sie könnten auch einen kleinen Graben ausheben und einen ganz altmodischen Bodengrill fabrizieren.

Oder Sie sprechen mit einem Partyservice und lassen sich das Ganze professionell organisieren. Sie können Ihre Gäste auch bitten, ihr Grillfleisch selbst mitzubringen und selbst zu grillen.

Sobald die gedankliche Maschinerie einmal auf Touren ist, werden Ihnen immer mehr Möglichkeiten einfallen.

Freuen Sie sich über Ihre Hindernisse! Jawohl!

Denken Sie daran, dass jedes nützliche Produkt, das Sie heute kaufen können, gleichzeitig eine Problemlösung darstellt. Jedes Problem ist gleichzeitig eine Chance, etwas zu entdecken oder anzubieten.

Können Sie sich noch an TippEx erinnern, die weiße Korrekturflüssigkeit, die auf jedem Schreibtisch stand, bevor es Computer gab? Erfunden hat das eine Sekretärin, die es leid war, ihre Dokumente beim kleinsten Fehler komplett neu tippen zu müssen. Sie experimentierte mit weißer Farbe. Ihr Problem hat sie reich gemacht.

Oder denken Sie an die PostIt-Haftnotizen. Diese haben wir einem ehemaligen 3M-Ingenieur zu verdanken, der an einem Dauerkleber arbeitete. Sein „Versagen“, positiv betrachtet, ergab ein praktisches Produkt - und riesige Gewinnspannen.

Suchen Sie also nach der positiven Seite, machen Sie Augen und Ohren auf. Zwischen Ihnen und einem Vermögen steht lediglich eine Idee! Nicht selten entstammen gewinnbringende Ideen „Fehlern".

Damit unsere Grillparty steigen kann, brauchen wir jetzt noch den Zeitpunkt.

Nehmen wir an, dass Sie es sich überlegt hätten und die Grillerei selbst übernehmen. Sie haben sich auch eine Liste über all das gemacht, was es zu besorgen gibt, die Gewürze, Pappbecher und so weiter ...

Sie wissen nun, wie lange Sie für die einzelnen Aktionen brauchen und wann was gebruzelt werden soll. Wenn Sie um 19.00 Uhr Hühnchen anbieten wollen, müssen Sie es um 18.30 auf den Grill legen und so weiter ...

Jeder dieser Einzelschritte ist ein Ziel für sich. Alle zusammen genommen sind ein Aktionsplan. Je klarer und präziser Ihr Aktionsplan, und je spezifischer Ihre Ziele, umso reibungsloser wird alles ablaufen.

Diese einfachen Schritte lassen sich auch auf große Vorhaben übertragen.

Unser Gehirn arbeitet effizienter, wenn wir uns zeitliche Vorgaben setzen.

Wenn Sie wissen, dass Sie bis dann und dann mit einer bestimmten Angelegenheit fertig sein wollen, arbeiten Sie effizienter.

Falls alles planmäßig verläuft, fantastisch. Falls nicht, haben Sie wieder etwas dazugelernt und können dafür dankbar sein.

Falls es sich bei Ihrem Ziel um etwas handelt, was Sie zum ersten Mal in Ihrem Leben anpeilen, ist Ihre zeitliche Einschätzung in gewisser Weise ein Ratespiel.

Vor allem, wenn es sich um etwas sehr Großes oder Kompliziertes handelt. Sie werden oft vom Kurs abkommen, was Sie aber nicht weiter bekümmern sollte. Bleiben Sie wachsam und ersparen Sie sich Selbstvorwürfe. Sie haben es schließlich nicht besser gewusst.

Und noch etwas: Feiern Sie das Erreichen eines Zieles. Jedes Zieles! Belohnen Sie sich.

Falls Sie oft daneben treffen, müssen Sie eben noch nacharbeiten.

Vielleicht übernehmen Sie sich auch?
Oder lässt Ihre Motivation nach?

Reichsein will gelernt sein

Verschnaufen Sie und überlegen Sie sich nochmals das große Bild. Wie soll der gewünschte Endzustand aussehen? In jedem Fall können Sie für jede Erfahrung dankbar sein, Sie machen Fortschritte - auch wenn Sie selbst sie vielleicht gar nicht bemerken.

Was ist, wenn Sie daneben schießen?

Wie fühlen Sie sich, wenn Sie das Ziel verfehlen?

Was Sie wirklich voranbringt, ist das Gefühl der Begeisterung. Gepaart mit Dankbarkeit ist dies ein Gespann, das Sie inspiriert und eine große Zugkraft ausübt.

An den Gefühlen fangen unsere formlosen Gedanken an, sich in Gestalt zu verwandeln.

Denken Sie nur an die Liebe für eine bestimmte Person, und gleich wird Ihnen warm ums Herz, Sie können es sogar körperlich in Ihrem Brustkorb spüren. Oder denken Sie wütend an jemanden.

Schon fängt der Körper an, sich zu verspannen. Angstgefühle können einem einen Schauer über den Rücken jagen. Gedanken sind also keineswegs nur etwas Mentales, sondern auch etwas körperlich Erfahrbares.

Dasselbe gilt für die Gefühle, die wir uns selbst gegenüber haben. Was wir sein, tun oder haben wollen. Unsere Gedanken werden zu Gefühlen und nun fängt die Vorstellung an, sich vom Formlosen zum Formhaften zu bewegen. Je mehr Nahrung Gedanke und Gefühl erhalten, umso mehr drängt es uns, aktiv zu werden.

Und so entwickelt sich der Prozess weiter, bis das Gedachte dann eines Tages Realität ist.

Bringen Sie also ein tiefes Gefühl in Ihr Wunschbild ein! Begeistern Sie sich für jeden Praxisschritt, der Sie diesem Bild näher bringt. Je mehr „Ringe" Sie auf der Zielscheibe treffen, umso näher kommen Sie dem Ziel in der Mitte.

Malen Sie sich aus,
wie es aussieht,
wie es riecht,
wie es sich anhört ...

Stellen Sie sich all das Schöne vor, das damit verbunden ist.

Welche Vorteile bringt das mit sich?

Empfinden Sie bereits im vorneherein die Dankbarkeit für all diese fantastischen Dinge und Umstände, auf diese Weise bringen Sie Vorfreude - und Macht - in jeden einzelnen Praxisschritt.

Und ...

stellen Sie sich auf Überraschungen ein!

Diese Lektion verfolgte vor allem ein Anliegen:

Sie vom starren Endziel auf die Vorstellung der Zielscheibe zu lenken, welche verschiedene Erfolgsstufen zulässt.

Es ist so einfach wie eine Grillparty am Samstag-Nachmittag!

Praktische Übung - Die Zielerreichungsscheibe

Ziele intelligent setzen.

1. Das „Schwarze" im Zentrum steht für die **optimale Zielerreichung.**

Sie ergreifen praktische Schritte und alles läuft wie am Schnürchen. Pünktlich und planmäßig.

2. Der äußere Kreis steht für die **akzeptable Minimalanforderung.**

Sie werden aktiv, landen aber keinen Volltreffer.

Sie erreichen aber immerhin genug, um Ihren Ziel näherzukommen und haben ein gutes Gefühl dabei.

3. Die dazwischen liegenden Kreise stehen für **Zwischenstufen** irgendwo zwischen der Minimalanforderung und der Idealsituation.

Anhand dieser „Zielerreichungsscheibe" sind mehrere Erfolgsetappen denkbar, was Sie entspannter macht.

Seien Sie froh und **dankbar für jeden Teilerfolg!**

Lektion 26 - Das Streben nach ständiger Verbesserung

In Kapitel 14 spricht Wattles vom Streben nach ständiger Verbesserung.

Diese Formulierung besteht aus zwei Teilen.

Zum einen strahlt ein jeder von uns ständig eine Art Schwingung an andere Menschen ab, rund um die Uhr.

Zum anderen gibt es ein universelles Prinzip, das Gesetz der Verbesserung, und was für alle universellen Prinzipien gilt, gilt auch hier: Wir sollten tunlichst darauf achten, uns im Einklang damit zu verhalten.

James Allen schrieb in seinem Klassiker „Wie der Mensch denkt, so ist er":

„Die Menschen glauben, dass man Gedanken für sich behalten könne; dies ist jedoch nicht der Fall. Gedanken zeigen sich rasch in Form von Gewohnheiten und Gewohnheiten spiegeln sich ihrerseits Lebensumständen wieder."

Was wir sind, wird also im Außen sichtbar, es zeigt sich in dem, was wir tun, wir geben ständig etwas Unsichtbares ab.

1938 beschrieb ein Mann namens Ernest Holmes dieses Phänomen wie folgt:

„Jeder Mensch hat eine mentale Atmosphäre, welche das Ergebnis von allem ist, was er gedacht, gesagt und getan und was er bewusst oder unbewusst aufgenommen hat.

Die mentale Atmosphäre ist etwas sehr Reales und dieser subtile Einfluss ist es, der die persönliche Anziehungskraft ausmacht, da die persönliche Ausstrahlung wenig mit dem Aussehen zu tun hat. Sie geht wesentlich tiefer und ist fast etwas rein Subjektives.

Das erklärt unsere Sympathie und Antipathie für andere Menschen, mit denen wir in Kontakt kommen. Wir lernen jemanden kennen und wenden uns wortlos ab, während wir uns ohne ersichtlichen Grund zu Anderen hingezogen fühlen."

Auf der einen Seite gibt es also gar nichts zu tun, es geht ums Sein. Ihr wahres Ich ist für die universelle Fülle offen und aufnahmebereit. Dennoch sagt Wattles, dass „mehr nötig sei".

Worum es dabei geht, wollen wir uns in dieser Lektion ansehen und herausfinden, wie wir uns mit diesem universellen Prinzip in Einklang begeben. Wattles definiert das Gesetz der Verbesserung als einen natürlichen und fundamentalen Impuls des Universums.

Reichsein will gelernt sein

Auf eine Kurzformel gebraucht, bedeutet das für alles, was lebt: wachsen oder sterben!

„*Was Sie nach mehr Geld streben lässt, ist auch das, was die Blume wachsen lässt,*" schreibt Wattles. Wir wollen

- mehr Nahrung,
- mehr Kleidung,
- bessere Unterkünfte,
- mehr Luxus,
- mehr Schönheit,
- mehr Reisen
- mehr Wissen,
- mehr Vergnügung,
- mehr Liebe ...
- mehr Leben!

Wir können sehen, dass sich der Tod einstellt, sobald das Streben nach mehr Leben zum Stillstand gelangt. Es liegt also in unserer Natur, nach mehr zu streben.

Ein „Null-Wachstum" ist unnatürlich. Wattles verweist in diesem Zusammenhang auf das biblische Gleichnis der Talente, geht aber offensichtlich davon aus, dass seine Leserschaft bereits wüsste, worum es sich hierbei handelt.

Ein Gleichnis ist eine Lektion in Geschichtsform, eine anschauliche Beschreibung, welche eine Erkenntnis zum Ausdruck bringt.

Hier zunächst das Gleichnis:

4 Denn es ist wie mit einem Menschen, der außer Landes ging: er rief seine Knechte und vertraute ihnen sein Vermögen an;

15 dem einen gab er fünf Zentner Silber, dem andern zwei, dem dritten einen, jedem nach seiner Tüchtigkeit, und zog fort.

16 Sogleich ging der hin, der fünf Zentner empfangen hatte, und handelte mit ihnen und gewann weitere fünf dazu.

17 Ebenso gewann der, der zwei Zentner empfangen hatte, zwei weitere dazu.

18 Der aber einen empfangen hatte, ging hin, grub ein Loch in die Erde und verbarg das Geld seines Herrn.

Reichsein will gelernt sein

19 Nach langer Zeit kam der Herr dieser Knechte und forderte Rechenschaft von ihnen.

20 Da trat der herzu, der fünf Zentner empfangen hatte, und legte weitere fünf Zentner dazu und sprach: Herr, du hast mir fünf Zentner anvertraut; siehe da, ich habe damit weitere fünf Zentner gewonnen.

21 Da sprach sein Herr zu ihm: Recht so, du tüchtiger und treuer Knecht, du bist über Wenigem treu gewesen, ich will dich über Viel setzen; geh hinein zu deines Herrn Freude!

22 Da trat auch der herzu, der zwei Zentner empfangen hatte, und sprach: Herr, du hast mir zwei Zentner anvertraut; siehe da, ich habe damit zwei weitere gewonnen. (Für „Zentner" steht im griechischen Urtext „talanton", daher das Wort „Talent".)

23 Sein Herr sprach zu ihm: Recht so, du tüchtiger und treuer Knecht, du bist über Wenigem treu gewesen, ich will dich über Viel setzen; geh hinein zu deines Herrn Freude!

24 Da trat auch der herzu, der einen Zentner empfangen hatte, und sprach: Herr, ich wusste, dass du ein harter Mann bist: du erntest, wo du nicht gesät hast, und sammelst ein, wo du nicht ausgestreut hast;

25 und ich fürchtete mich, ging hin und verbarg deinen Zentner in der Erde. Siehe, da hast du das Deine.

26 Sein Herr aber antwortete und sprach zu ihm: Du böser und fauler Knecht! Wusstest du, dass ich ernte, wo ich nicht gesät habe, und einsammle, wo ich nicht ausgestreut habe?

27 Dann hättest du mein Geld zu den Wechslern bringen sollen, und wenn ich gekommen wäre, hätte ich das Meine wiederbekommen mit Zinsen.

28 Darum nehmt ihm den Zentner ab und gebt ihn dem, der zehn Zentner hat.

29 Denn wer da hat, dem wird gegeben werden, und er wird die Fülle haben; wer aber nicht hat, dem wird auch das, was er hat, genommen werden.

30 Und den unnützen Knecht werft in die Finsternis hinaus; da wird Heulen und Zähneklappern sein.

Eine Lektion aus diesem Gleichnis ist offensichtlich: Vergraben Sie Ihre Talente nicht!

Oder anders ausgedrückt: Stellen Sie Ihr Licht nicht unter den Scheffel!

Die andere lautet, dass Angst nicht zu Wachstum führt, sondern zum Totalverlust.

Reichsein will gelernt sein

Ohne Verbesserung bleibt nichts übrig. Oder, positiv ausgedrückt: Wenn wir uns in Harmonie mit dem Gesetz der Verbesserung verhalten, steht uns die Welt offen.

Wenn wir „*auf erfolgsüberzeugte Art und Weise*“ denken und handeln, können wir mit Sicherheit davon ausgehen, dass wir Verbesserung erlangen - nicht nur für uns selbst, sondern für alle, mit denen wir zu tun haben.

„Sie sind ein Schöpfungszentrum, das Verbesserung ausströmt. Machen Sie sich dies bewusst und vermitteln Sie jedem Mann, jeder Frau und jedem Kind, mit dem Sie in Kontakt kommen, diese Wahrheit.“

Das bringt uns zu dem Punkt, an dem es etwas zu tun gibt:

Wattles hierzu im Zusammenhang mit geschäftlichen Transaktionen:

„Vielleicht ist es nur ein unbedeutender Vorgang, vielleicht verkaufen Sie ja nur Süßigkeiten an Kinder, doch auch in diesem Fall sollten Ihre kleinen Kunden eine Verbesserung erfahren!”

Heute würden wir sagen, dass er über den Mehrwert spricht, was nichts damit zu tun hat, ob Sie im Geschäftsleben stehen oder nicht. Statt „Kunde“ könnte hier genau so gut „Kollege“, „Arbeitnehmer“, „Arbeitgeber“ oder eine andere Kontaktperson stehen.

Außerhalb des geschäftlichen Umfelds beschreibt Wattles dieses Streben nach Verbesserung wie folgt:

„Vermitteln Sie bei allem, was Sie tun, auch den Gedanken der Verbesserung, damit alle Menschen, mit denen Sie zu tun haben, den Eindruck gewinnen, dass Sie eine Persönlichkeit auf dem Wege der Weiterentwicklung sind und dass sich alle, die mit Ihnen Umgang haben, ebenfalls weiterentwickeln.

Selbst den Personen, die Sie im Rahmen gesellschaftlicher Ereignisse treffen, ohne dass es hierbei um Geschäftliches oder Kaufmännisches ginge, sollten Sie den Gedanken der Verbesserung vermitteln.“

Wie stellen wir das an?

„Diesen Eindruck vermitteln Sie, indem Sie an dem unerschütterlichen Glauben festhalten, dass Sie selbst sich auf dem Wege der Verbesserung befinden. Diesen Glauben lassen Sie alle Handlungen inspirieren und durchdringen ...

Reichsein will gelernt sein

Fühlen Sie, dass Sie reich werden. Und auf Ihrem Wege zu mehr Reichtum machen Sie auch andere reich und verschaffen ihnen Nutzen und Vorteile...

Mit Worten ist dieses Gefühl nicht vermittelbar. Andere Menschen werden von selbst die Verbesserung spüren, wenn sie sich in Ihrer Gegenwart befinden. Sie werden zum Magneten!"

Wir beginnen also damit, dass wir dieses Wissen einfach leben: mit unseren Erwartungen, unserem Glauben, unserer Dankbarkeit. Die richtigen Worte und Handlungen - das Wie - wird sich uns zeigen.

„Die Menschen zieht es dahin, wo sie eine Verbesserung erhalten und die Höhere Intelligenz, die für alle eine Verbesserung wünscht und alles weiß, wird Männer und Frauen zu Ihnen lenken, welche bislang von Ihnen noch niemals etwas gehört haben. Ihr Geschäft wird sich rasch verbessern und Sie werden überrascht sein, welche unerwarteten Vorzüge zu Ihnen gelangen.

Sie werden Tag für Tag größere Verbindungen knüpfen können und größere Vorteile erzielen; Sie werden einen passenderen Beruf finden, falls dies Ihr Wunsch sein sollte."

Nehmen dieses letzte Zitat - ebenfalls aus Kapitel 14 - ruhig als Prophezeiung. Erfolge bauen aufeinander auf.

Vielleicht fängt es bei Ihnen ja langsam an und bewegt sich längere Zeit über im bescheidenen Bereich. Es wird wachsen!

Über kurz oder lang wird sich Ihre Einstellung ändern und Sie werden überrascht sein, wie alles doch gekommen ist! Das ist das Gesetz der Verbesserung in der Praxis.

Die praktischen Übung aus dieser Lektion bietet Ihnen die Möglichkeit, sich Ihrer Ausstrahlung bewusster zu werden. Sie wird Ihnen die Augen öffnen.

Machen Sie diese Übung bitte - Sie werden erstaunliche Veränderungen in Ihrer persönlichen Ausstrahlung bemerken, Sie werden charismatischer. Andere werden Ihre neu gewonnene Ausstrahlung bemerken, wenngleich nicht immer bewusst.

Sie werden sich dieser Veränderung jedoch durchaus bewusst sein; die Auswirkung wird Ihnen gefallen.

Praktische Übung 1

Experiment 1

Wie wir gesehen haben, kann eine Veränderung auch dadurch zustande kommen, weil wir alte Gewohnheiten aufgegeben haben, und nicht etwa, weil wir jetzt etwas völlig Neues täten.

Halten Sie sich auch vor Augen, dass wir 24 Stunden pro Tag eine Ausstrahlung haben.

Dieses erste Experiment gestattet Ihnen, den von Ihnen ausgestrahlten Eindruck einer Verbesserung zu erhöhen, indem Sie eine Störschicht beseitigen, wodurch eine bessere Ausstrahlung möglich wird.

So gehen Sie vor:

Verzichten Sie die nächsten vierundzwanzig Stunden über völlig darauf, sich über irgend etwas oder irgend jemanden zu beklagen!

Wenn wir sozusagen durchs Schlüsselloch einen Blick darauf erhaschen wollen, was wir der formlosen Substanz - und anderen Menschen - einprägen, sollten wir den Blick zuerst auf unsere Worte lenken.

In diesem Experiment geht es um die bewusste Wortwahl. Vielleicht sehen Sie sich selbst ja überhaupt nicht als Nörgler/in oder Jammerknochen. Achten Sie auch auf ganz subtile Formen, zum Beispiel:

„Schon wieder Eintopf?“
„Der Verkehr macht mich wahnsinnig.“
„Ist es heute wieder schwül!“
„Hat der immer noch nicht angerufen!?“
„Mach Dampf. Ständig kommen wir zu spät.“

Dabei haben wir das heiße Feld der Politik noch gar nicht betreten!

Achten Sie einfach auf die Worte, die aus Ihrem Munde kommen!

Es geht um Selbsterkenntnis, nicht um Selbstvorwürfe. Sie werden sich gewisser Gewohnheiten bewusst und können dann, ebenfalls bewusst, eine andere Richtung einschlagen.

Reichsein will gelernt sein

Sind Sie bereit?

Die vierundzwanzig Stunden **beginnen jetzt!**

Ich ...., gelobe hiermit, dass ich mich die nächsten 24 Stunden lang über nichts beschweren werde!

Ich werde niemanden kritisieren oder beurteilen.

Sollte mir ein ungehobeltes oder böses Wort herausrutschen, nehme ich dies zu Kenntnis und verändere dankbar mein Verhalten.

Unterschrift

Datum .... Uhrzeit ....

Praktische Übung 2

Experiment 2

Eine sehr verbreitete Beschwerdevariante hat damit zu tun, wie wir um etwas bitten.

Wir haben bereits gesehen, dass wir bei der Formulierung unseres Wunsches klar und präzise sein müssen; wenn wir andere Menschen um etwas bitten, sind wir davon jedoch häufig weit entfernt.

Stellen wir zwei Aussagen gegenüber. Welche ist klarer?

„Das Zimmer ist völlig überheizt!"

oder

„Könntest Du bitte die Heizung etwas herunterdrehen?"

Da andere Menschen als Kanal für das Gute wirken, das uns zufließt, ist es sehr wichtig, darauf zu achten, *wie* wir um etwas bitten und nicht einfach davon ausgehen, dass die andere Person schon die richtigen Schlüsse aus unserer Aussage ziehen werde.

Zusatzübung zu Experiment 1:

Wenn Sie mit Ihrer beschwerdefreien Zeit beginnen, sollten Sie darauf achten, wie Sie andere Leute um etwas bitten. Achten Sie auch auf die Ergebnisse.

Klare Fragen oder Bitten funktionieren besser als ein Um-den-Brei-Herumreden, vielleicht sogar noch im weinerlichen oder bitteren Ton.

Warum machen wir das überhaupt: Durch die Blume sprechen?

Warum sagen wir nicht klipp und klar, was wir wollen? Das braucht keineswegs auf Kosten von Höflichkeit und Freundlichkeit zu gehen!

Lektion 27 - Die Macht des Wortes

Im letzten Kapitel der „Wissenschaft des Reichwerdens" gibt uns Wallace Wattles *„einige Warnhinweise und abschließende Bemerkungen"* mit auf den Weg. Diesen Hinweisen wollen wir einige weitere Empfehlungen hinzufügen.

Das Original der „Wissenschaft des Reichwerdens" wurde 1910, also vor über hundert Jahren, verfasst. In der Zwischenzeit hat sich viel getan. Wir können mit Fug und Recht annehmen, dass Wattles heute nicht nur moderner formulieren würde, sondern vermutlich auch einiges mehr zu sagen hätte.

Unterhalb der Ebene unseres Tagesbewusstseins geht die Post ab, dort werden die Schalthebel betätigt und die Dinge bewegt. Bei den nachfolgenden Hinweisen können wir uns zwar nicht mehr auf Wattles berufen, sie dürften Ihnen aber wertvolle zusätzliche Erkenntnisse vermitteln:

Auf die Macht des Wortes sind wir bereits kurz eingegangen. Egal, ob wir diese Worte aussprechen oder niederschreiben, sie haben in jedem Fall eine weitreichende Wirkung.

Damit bringen wir unsere Ideen zum Ausdruck und sie erlauben uns auch das Denken.

Sie können nur in einer Sprache denken, die Sie auch sprechen. Unsere Worte sind also die erste Stufe hin zur Verwirklichung unseres klaren und präzisen Wunschbildes. Sobald wir eine noch formlose Idee in Worte kleiden, fangen wir an, ihr Gestalt zu verleihen und Form zu geben. Jetzt hat diese Vorstellung Gewicht. Sobald wir den klaren Entschluss gefasst haben, etwas Bestimmtes zu erreichen, ist etwas Neues in die Welt gekommen.

Befassen wir uns heute also mit der Macht der Worte.

Wir tun Worte häufig als nicht so wichtig ab. *„Worte sind Schall und Rauch."* Nichts dergleichen!

Über Worte definieren wir uns, drücken uns aus, zeigen unsere Gedanken und Gefühle.

Erinnern Sie sich noch den Ratschlag des Gelehrten Hillel aus Lektion 9: *„Achte auf deine Worte, denn sie werden Taten!"*?

Unsere Gedanken bestimmen über unser Lebensschicksal. Das ist das A und O der „Wissenschaft des Reichwerdens".

Reichsein will gelernt sein

Unsere Worte sind ein nicht wegzudenkendes Bindeglied im Verwirklichungsprozess.

Deshalb ist es so wichtig, bewusst auf sie zu achten!

Natürlich können wir nicht jeden einzelnen Gedanken bewusst wählen. Bei 40.000 bis 60.000 täglichen Gedanken ist dies schlichtweg unmöglich. Aber wir können uns für eine **gedankliche Hauptrichtung** entscheiden. Wir können bewusst entscheiden, in welche vorherrschenden Gedanken wir Gefühl und Glaube einbringen. Es liegt an uns, welchen Gedanken wir Nahrung geben, welche heranreifen sollen.

Zwar können wir also nicht über die Gesamtheit unserer Gedanken entscheiden, über unsere Worte jedoch durchaus.

Immer!

In dem Sekundenbruchteil, bevor wir unseren Mund zum Sprechen öffnen, können wir eine Entscheidung treffen. Wir haben es nicht immer in der Hand, ob unsere Worte so verstanden werden, wie wir sie aufgefasst haben möchten, aber unsere Absicht kennen wir immer.

Es geht um *„mehr Leben für alle."*

Sofern Sie daran zweifeln, dass Ihre Worte Macht haben, können Sie spaßeshalber den gegenteiligen Ansatz probieren: Überzeugen Sie sich davon, dass Ihre Worte keine Schöpferkraft besitzen.

Sie brauchen dazu nur etwas zu beginnen oder zu sagen und dann nicht zu Ihrem Wort zu stehen. Sie geben jemandem Ihr Wort und halten es dann nicht. Damit haben Sie sich selbst überzeugt, dass Ihre Worte nur Hülsen sind.

Wir erschaffen ein Wunschbild, eine Zukunftsvision. Damit sagen wir der formlosen Substanz, dass dieses Bild unser Herzenwunsch ist.

Das bin ich,
das wünsche ich mir,
so möchte ich sein,
das möchte ich tun,
jenes möchte ich haben.

Dies bringen wir in der Gegenwartsform zum Ausdruck. Wenn wir dann zu unserem Wort stehen, erfreuen wir uns am Erfolg.

Reichsein will gelernt sein

Erfolg muss keineswegs ein ewiger Kampf sein, Erfolg kann mit Leichtigkeit vonstattengehen.

Über all das haben wir in den bisherigen Lektionen bereits gesprochen:

- **Ein klares Wunschbild,**
- **eine Haltung der Dankbarkeit,**
- **effiziente Aktionen im Hier und Jetzt.**

Worte haben eine Macht, im Guten wie im Schlechten. Denken Sie bloß an Tratsch und üble Nachrede, an politische Propaganda oder an einen „Verriss" in einem Sensationsblatt. Das ist die destruktive Verwendung der Macht des Wortes.

Vielleicht kennen Sie den „4-Wege-Test" der Rotarier?

- Ist es die Wahrheit?

- Ist es für alle Beteiligten fair?

- Fördert es den guten Willen und eine bessere Freundschaft?

- Ist es für alle Beteiligten nutzbringend?

Diese ethischen Vorgaben wurden 1943 vom Rotary Club übernommen, gehen allerdings auf eine Idee von Herbert Taylor zurück, der 1932 mit der Aufgabe betraut worden war, ein Unternehmen vor dem Konkurs zu bewahren. Diese vier Fragen bildeten die Leitschnur, nach der sich jede Abteilung zu richten hatte - und sicherte das Überleben der Firma.

Es sind gute Fragen.

Praktische Übung

Für diese Übung brauchen wir keine separate Seite.

Richten Sie sich heute bei allem, was Sie tun, einfach nach den vier Fragen der Rotarier.

Lektion 28 - Das Gesetz des Kreislaufs

Es gibt eine Eigenschaft, die sich wie ein roter Faden durch das Leben aller wirklich Erfolgreichen hindurchzieht. Diese Leute **geben gerne**. Systematisch!

Geben ist Teil des Gesetzes des Kreislaufs, des Gesetzes, wonach es um einen ständigen Austausch geht. Das gilt auch für Geld.

Geld muss zirkulieren. Diese Geldzirkulation können Sie sich wie bei einem Organismus vorstellen.

Ihr Blut muss ständig durch den gesamten Körper zirkulieren. Das ist der so genannte Blutkreislauf, ein Wunderwerk aus kilometerlangen Röhren. Tag für Tag kreisen so mehr als 7000 Liter Blut durch unseren Körper. Wenn das Blut nicht mehr zirkuliert, fängt der Körper zu sterben an.

Wenn wir das Wort „Gesetz“ gebrauchen, meinen wir natürlich nicht etwas von Menschen Gesetztes, sondern universelle Gesetzmäßigkeiten. Dagegen zu verstoßen, wäre äußerst unklug!

Wir erhalten das, was wir hinaussenden, nicht nur zurück, sondern wir erhalten ein Vielfaches dessen wieder präsentiert. Somit ist es sinnvoll, das zu geben, was wir erhalten wollen, und zwar nicht nur gedanklich oder mit anderen Taten, sondern auch mit Geld.

Mehr über das Gesetz des Kreislaufes und darüber, was Sie geben sollten, finden Sie auch bei den Schriften von Thomas Troward (http://goo.gl/LJLMdp).

Was wir anderen geben, geben wir im Grunde uns selbst. Unsere Empfangsbereitschaft kann nicht größer sein als unsere Bereitschaft, zu geben. Durch das Geben schaffen Sie ein Vakuum.

Dieses muss gefüllt werden.

Wenn Sie geben, müssen Sie erhalten. Durch das Geben schaffen Sie Kanäle, über die Gutes gleich welcher Art, also auch finanzieller Art, zu Ihnen zurückkehrt.

Denken Sie nochmals an die drei Stufen der Dankbarkeit; auch für das Geben gibt es drei Ebenen.

Die unterste Ebene ist das Geben und Nehmen, das wir jeden Tag praktizieren.

Reichsein will gelernt sein

Wir geben etwas mit der Erwartungshaltung, dafür etwas zurück zu bekommen, zum Beispiel Zeit und Arbeitseinsatz im Gegenzug zu einem Monatsgehalt. In der Regel ist das ein klar vereinbartes Tauschgeschäft.

Dann gibt es das Geben, wofür wir nichts Greifbares oder Messbares erhalten.

Wir spenden zum Beispiel für wohltätige Zwecke. Das gibt uns ein gutes Gefühl und wir sehen, dass wir im Leben anderer Menschen damit zu einer Verbesserung beitragen.

Und nun zur höchsten Stufe:

Dies ähnelt der Stufe 3 der Dankbarkeit (Seite 184), in der wir ständig dankbar sind. Auf dieser Ebene ist das Geben Teil unserer Lebensart. Wir geben also nicht, um uns besser zu fühlen, wir fühlen uns bereits vorher fantastisch, wir wissen bereits vorher, wer wir sind und wir verstehen unseren Platz im endlosen Übergang vom Formlosen ins Formhafte - im ewigen Kreislauf der Fülle - bereits.

Wir entscheiden uns bewusst dazu, am Gesetz des Kreislaufs teilzuhaben und wissen, dass Geben und Empfangen zwei Seiten derselben Medaille sind. Das eine bedingt das andere.

Alle diese drei hier angesprochenen Ebenen des Gebens können durchaus authentisch sein und alle drei können sie uns mehr einbringen als wir geben.

Wir können dieses Geben jedoch noch wesentlich systematischer und regelmäßiger einüben.

Es handelt sich um ein seit Jahrtausenden bewährtes System, das ursprünglich der jüdischchristlichen Tradition entstammte; früher wurde es „den Zehnten geben“ genannt.

Sicherlich gab es Fälle, in denen dieses Gesetz missbraucht wurde, nach dem Motto: „*Spendet reichlich - an mich!*“ Dadurch, dass ein Gesetz missbraucht wird, wird es jedoch nicht außer Kraft gesetzt. Zur Erinnerung: Wir sprechen über universelle Prinzipien!

Prinzipien gelten jenseits religiöser oder anderer Lehren!

An dieser Stelle dennoch nochmals ein paar Worte, wieso Sie die Praxis des Spendens zum festen Bestandteil Ihrer Lebensführung machen sollten:

Sie können sich die Wirkungsweise so vorstellen, wie ein Bauer, der zehn Prozent seines Saatgutes wieder in die Erde zurückgibt, damit er wieder reiche Ernte einfahren kann. Im Gegensatz zum Landwirt, der einige Monate warten muss, haben Sie beim Pflanzen von „Saatgeld“ bereits einen sofortigen Nutzen:

Zunächst - was tun Sie?

Sie geben einen bestimmten Geldbetrag - zum Beispiel 10 Prozent Ihres Nettogehalts - an Gruppen oder einzelne Menschen, welche die spirituellen Prinzipien, die Sie in Ihrem eigenen Leben zur Blüte gebracht sehen wollen, bereits anwenden. Diese regelmäßigen und bewusst vorgenommenen Spenden bauen in Ihnen die Macht auf, die Fülle des Universums anzunehmen.

Die Stelle, der Sie spenden, könnte zum Beispiel Ihre örtliche Glaubensgemeinschaft sein, Ihre Mastermind-Gruppe, ein Mentor oder jemand, der Ihnen durch sein spirituellen Leben ein Vorbild ist.

Hauptsache, Sie fühlen sich gut dabei. Solange Sie vorbehaltslos geben können und sich dabei wohl fühlen, geht Ihre Spende an die richtige Adresse. Einige Tipps finden Sie in der praktischen Übung zu dieser Lektion. Falls es für Sie keine solche Gruppe oder Stelle geben sollte, spricht auch nichts dagegen, dass Sie selbst eine solche gründen.

Nun läuft es Ihnen vielleicht eiskalt die Wirbelsäule hinunter: *„Was? Zehn Prozent soll ich einfach so verschenken???“*

Stellen Sie sich bitte folgendes vor. Denken Sie an all das Geld, das im Laufe Ihres bisherigen Leben durch Ihre Hände gegangen ist:

Einkommen,
Geldgeschenke,
Papis Finanzspritzen,
Steuerrückzahlungen ...

Lassen Sie sich das bitte einen Augenblick durch den Kopf gehen und lesen Sie dann erst weiter.

Das war doch um einiges mehr, als Sie bisher dachten, nicht wahr?

Hier die Gretchenfrage:

Falls Sie zehn Prozent weniger gehabt hätten, hätten Sie dann Hunger leiden müssen?

Wahrscheinlich nicht, Sie hätten das schon geschafft. (Und wenn Sie diese zehn Prozent bewusst weggeben hätten, würden Sie jetzt wesentlich mehr zu Verfügung haben!)

Falls Ihnen nach dieser Gedankenübung zehn Prozent immer noch überhöht vorkommen, spenden Sie eben so viel, wie Sie können. Finden Sie einen Prozentsatz, bei dem Sie sich wohlfühlen - und bleiben Sie dabei!

Je mehr Sie das Gute an dieser Methode sehen, umso mehr werden Sie von sich aus daran interessiert sein, diesen Satz zu erhöhen. Also, auch wenn es nur ein einziges Prozent sein sollte, sollten Sie sich dieses Gesetz ab sofort zunutze machen.

Verfallen Sie nicht in den Irrglauben, dass Sie damit anfangen werden, sobald Sie „flüssiger“ sind.

Damit würden Sie die Ernte vor der Saat erwarten wollen.

Ein weiterer Nebeneffekt des regelmäßigen Spendens ist, dass Sie sehr bald Ihre Angst verlieren werden. Sie öffnen sich und das Mangeldenken löst sich auf wie ein Schneeball im Feuer.

Sie geben der formlosen Substanz - Ihrem Unterbewusstsein - ein klares Signal:

Sie glauben an Fülle und Überfluss!

Wie bereits angedeutet, finden Sie in der praktischen Übung weitere nützliche Anregungen, auch für andere Bereiche des Gebens.

Interessant ist in diesem Zusammenhang auch der Werdegang von John Rockefeller. Er war - gelinde ausgedrückt - ziemlich unbeliebt und seine Gesundheit war stark angegriffen.

Wie er die Wende vom Fiesling zum Wohltäter vollzogen hat, können Sie bei Interesse hier nachlesen: http://goo.gl/Vq0XC0

Praktische Übung

Um bewusst am Gesetz des Kreislaufs (Ursache und Wirkung, Geben und Nehmen) teilzuhaben, beginnen Sie an Ort und Stelle, dort, wo Sie sich jetzt befinden, mit dem, was Sie momentan erübrigen können.

Hier ein paar ergänzende Hinweise:

Geben Sie immer das, was Sie erhalten wollen!

Wenn Sie mehr Zeit haben wollen, geben Sie mehr Zeit.

Wenn Sie mehr Geld haben wollen, geben Sie mehr Geld.

Wenn Sie mehr Liebe haben wollen, geben Sie mehr Liebe.

Wenn Sie mehr Freundschaft haben wollen, geben Sie mehr Freundschaft.

Wenn Sie mehr Aufmerksamkeit haben wollen, geben Sie mehr Aufmerksamkeit ...

Eines sollten Sie jedoch beachten:

Machen Sie sich innerlich frei von einem bestimmten Ergebnis oder Zeitpunkt!

Die Steuerung des Schöpfungsprozesses ist nicht Ihre Sache. Ihr Anteil besteht darin, Glaube, Gefühl und Aktion einzubringen. Dann überlassen Sie alles Weitere einer höheren Ebene.

Und nun einige Tipps zum „Saatgeld“:

Wer?

- Wem nützt es?
- Wer kann mitmachen?
- Sie alleine? Oder mehrere

Was?

- Ideal wäre ein Zehntel Ihres Nettoeinkommens.
- Geben Sie auch Zeit, Energie oder was Sie sonst geben können.

Reichsein will gelernt sein

Wann?

- Jedes Mal, wenn Sie etwas erhalten.

Gewöhnen Sie es sich fest an. Statt abzuwarten, bis Sie „genug" zusammenhaben, führen Sie den Zyklus einfach fort, indem Sie sofort beim Empfangen wieder den zehnten Teil spenden.

Wohin?

Sie sollten ein gutes Gefühl dabei haben. Wenn Sie von einer bestimmten Seite seelische Unterstützung oder spirituelle Kraft erhalten, oder sehen, dass dieser Mensch oder diese Gruppe die universellen Prinzipien verantwortlich beachtet, ist das eine gute Empfangsadresse. „*Mehr Leben für alle*", empfahl Wattles.

Warum?

- Schlicht und einfach, weil es funktioniert!
- Es lässt Sie wachsen.
- Sie eignen sich die Gewohnheit des Gebens an.
- Dadurch öffnen Sie sich fürs Empfangen und fühlen sich sofort wohlhabender.

Wie?

- Vorbehaltslos.
- Voller Zuversicht und gerne.

Falls Sie es widerwillig tun oder sich dazu verpflichtet fühlen, gehen Sie am Kern der Sache vorbei.
Dann prägen Sie der formlosen Substanz Ihren Widerwillen ein.

Kurze Selbstbefragung:

Wenn ich sofort damit anfange, wäre mein Betrag

pro Woche .... Euro,
pro Monat .... Euro.

In Frage kämen folgende Einrichtungen oder Menschen:

Ich spende momentan nicht, weil

....

....

Ist das wirklich der wahre Grund?

Kursteil 29 - Verzeihen

Der Name Abraham Lincoln ist weltweit bekannt. Er war der sechzehnte Präsident der USA und ist für die Abschaffung der Sklaverei berühmt. Ein weiteres seiner Verdienste war, dass er inmitten eines Bürgerkriegs eine Nation zusammenhalten konnte, die am Auseinanderbrechen war. Er war ein kluger, mitfühlender und humorvoller Mann.

Als Lincoln noch ein junger Mann war, der es gerade mal geschafft hatte, sich als Anwalt einigermaßen über Wasser zu halten, kam eines Tages ein wutentbrannter Mann auf ihn zugestürmt und forderte, dass Lincoln einen Rechtsstreit gegen den Nachbarn dieses Mannes einleiten sollte. Der Nachbar schuldete dem prozesswütigen Herrn ganze zweieinhalb Dollar und konnte diese Schuld nicht zurückzahlen.

Lincoln war von Haus aus ein friedfertiger Mann und versuchte, den Möchtegern-Kläger zu beschwichtigen; er solle sich doch eine weniger aufwändigere Methode überlegen. Dieser ließ sich dazu überreden, auf einen Gerichtsprozess zu verzichten, falls es Lincoln gelingen sollte, dieses Sümmchen herbeizuschaffen, er verlangte jedoch „Gerechtigkeit". Lincoln nahm den Auftrag an.

„Mein Honorar", beschied er dem Mann *„beträgt zehn Dollar"*.

„Abgemacht!" Der Kläger übergab Lincoln die zehn Dollar.

Am selben Tag suchte Lincoln den Nachbarn auf und informierte ihn über das anstehende Verfahren. Er holte fünf Dollar aus seiner Tasche und schlug ihm eine Lösung vor: *"Hören Sie, lieber Mann. Dieser Herr ist fest entschlossen, Sie zur Kasse zu bitten. Ich darf Ihnen jetzt folgenden Vorschlag unterbreiten: Sie suchen ihn auf und zahlen ihm die zweieinhalb Dollar.*

Die übrigen zweieinhalb Dollar behalten Sie für sich selbst".

Der Nachbar war überrascht, willigte jedoch sofort ein.

Und so endete diese Affäre. Der Nachbar hatte seine Schuld abgetragen und zudem zweieinhalb Dollar verdient.

Lincoln hatte in wenigen Minuten fünf Dollar verdient und sich ein Gerichtsverfahren erspart.

Und der Gläubiger war auch zufrieden; er hatte seinen Nachbarn zum Zahlen gezwungen.

Reichsein will gelernt sein

„Die Gerechtigkeit hatte gesiegt".

Diese Geschichte ist hahnebüchen und lehrreich zugleich. Sie zeigt uns nicht nur, wie Lincoln eine potenziell explosive Situation entschärfte, sie zeigt uns auch einen Mann, der einen unangemessen hohen Betrag zu zahlen bereit war, weil er nicht auf seine Wut verzichten konnte.

Der Leidtragende war im Endeffekt er selbst.

Und das bringt uns zum Kern dieser Lektion.

Verzeihen können
Fünfe gerade sein lassen.

Auf den ersten Blick hat das mit der Wissenschaft des Reichwerdens nichts zu tun.

Aber eben nur auf den ersten Blick.

Wenn Sie vergangenes Unrecht verzeihen können, haben Sie sich von der schädlichen Gewohnheit befreit, Ihre Aufmerksamkeit auf das zu lenken, was Sie nicht wollen.

Solange wir schmollen, nachtragend sind, es jemandem heimzahlen wollen, errichten wir innerlich Dämme, über die das Gute nicht hinweg kann, wenn es zu uns will. Wir verhalten uns dann ebenso dumm wie der Mann im Beispiel auf der vorherigen Seite.

Diese Erläuterungslektionen tragen den Titel „Reichsein will gelernt sein", der Titel hätte ebenso gut lauten können „Erfolgreich sein will gelernt sein". Alle hier behandelten Prinzipien beziehen sich nicht nur auf den finanziellen Bereich, sondern **gelten für alle Lebensbereiche:**

Finanzen,
Körperliches Wohlbefinden,
Partnerschaft, Familie, Beziehungen,
Intellekt, Bildung,
Spiritualität ...

Diese Aufgliederung ist vielleicht nicht der Weisheit letzter Schluss und mag sich in Ihrem speziellen Fall etwas verschieben, worauf es uns jetzt jedoch ankommt, ist, dass nicht alles mit Geld zu tun hat.

Reichsein will gelernt sein

Wenn Sie sich nach den hier beschriebenen Prinzipien richten, werden Sie auch in anderen Bereichen Nutznießer sein, Sie werden sich sogar körperlich wohler fühlen und immer öfter guter Dinge sein.

Warum?

Weil Sie sich in einem Bereich öffnen und in diesem Bereich loslassen können. Dadurch fließt die Energie besser, die Kanäle, durch die Gutes zu Ihnen fließt und von Ihnen wieder hinaus zu anderen fließt, werden offener - und das dehnt sich mit der Zeit auch auf andere Bereiche aus.

Im umgekehrten Fall ist dies ebenfalls leicht nachzuvollziehen. Falls einer dieser Kanäle verstopft ist, wirkt sich dies auch auf andere Bereiche aus.

Nehmen wir an, dass Ihnen ein Autofahrer die Vorfahrt nimmt. Statt darüber hinwegzusehen, regen Sie sich auf, schimpfen in Ihrem Auto herum, spannen sich an und kommen schlecht gelaunt an Ihrem Ziel an. Dann machen Sie dort Ihrem Ärger Luft, erzählen diesen von dem Vorfall oder schnauzen gar andere Leute an. Sie sind unkonzentriert oder vergessen etwas. Vielleicht lassen Sie Ihre Schlüssel irgendwo liegen, weil Sie sich immer noch über diesen „Blödmann“ aufregen. Zu Hause öffnen Sie die Post und sehen, dass Ihnen die Bank schon wieder Auszüge zugesandt hat, obwohl Sie doch Online-Banking betreiben.

„Diese Schwachköpfe“.

Und so kommt eins zu anderen. Wenn es dumm kommt, verscherzen Sie es sich durch einen unüberlegten Anruf beim Zweigstellenleiter mit Ihrer Hausbank, haben abends Kopfschmerzen und der Haussegen hängt schief. Zum Haareraufen! Bloß, weil Sie etwas Geschehenes nicht geschehen sein lassen konnten!

Wenn die Kanäle aber frei sind, läuft alles wie am Schnürchen.

Beispiele erübrigen sich, Sie kennen das sicherlich bereits.

Bei fast jedem gibt es etwas Bestimmtes, das verstopfend wirkt. Verzeihen und Loslassen fällt uns nicht leicht. Ob es sich um etwas Großes oder Kleines handelt, ist gar nicht so wichtig, dass es überhaupt etwas gibt, das uns den Tag verderben kann, ist bereits schlimm genug.

Das Paradoxe dabei ist, dass wir in Ressentiments abgleiten, solange wir an vergangenen Verletzungen festhalten. Wir schaden uns selbst.

Reichsein will gelernt sein

Nicht verzeihen zu können ist so, als würden Sie Gift schlucken, in der Hoffnung, dass der andere daran sterben möge.

Wir können die Vergangenheit nicht mehr ändern, niemand kann Geschehenes ungeschehen machen.

Wir haben immer nur das Jetzt!

Dazu kommt, dass Sie alles, was Sie anderen wünschen, sich selbst wünschen. Wenn Sie anderen etwas nicht vergönnen, werden Sie selbst es auch nicht erhalten.

Denn Sie prägen es Ihrem Unterbewusstsein ein. Und nach dem Gesetz der Anziehung werden Sie es auch anziehen.

Ein altes Sprichwort sagt:
Wer anderen eine Grube gräbt, fällt selbst hinein.

Fürwahr. Wir ernten immer, was wir säen. Dies ist mittlerweile bereits wissenschaftlich belegt.

Menschen, die nicht verzeihen können, leiden vermehrt an Stress, haben ein anfälligeres Immunsystem und neigen eher zu Herzkrankheiten als der Durchschnitt der Bevölkerung.

Wenn Sie vergeben und verzeihen können, sind Sie selbst der größte Nutznießer. Und - manchmal sollten Sie auch an sich selbst denken, wenn es darum geht, wem Sie verzeihen müssen.

Über die Jahre mitgeschleppte Schuldgefühle bringen Sie nicht weiter. Vorbei ist vorbei.

Unsere Realität fängt beim Denken an. Wenn wir diese Aussage akzeptieren, ergibt sich daraus zwangsläufig, dass ein jeder von uns selbst die Verantwortung für seinen Seelenfrieden und seinen Wohlstand hat. Die Ursache liegt immer im Innen.

Sorgen Sie für diese innere Ausgeglichenheit, das Verzeihen ist ein wichtiger Schritt in diese Richtung. Dadurch machen Sie sich innerlich frei, Sie werfen jahrelange Schuldgefühle über Bord und putzen die Kanäle wieder durch, durch die Wohlstand gleich welcher Art zu Ihnen fließen kann.

Dieses Arbeitsbuch neigt sich langsam dem Ende zu. Wenn Sie wollen, können Sie sich auf der nächsten Seite Ihr Rezept für innere Freiheit abholen.

Praktische Übung

Die Tür geht nach innen auf.

1. Gegen wen hege ich Groll? Heute, in diesem Augenblick?

___

___

___

2. Auf welche Weise verbessert das mein Leben?

___

___

___

3. Auf welche Weise verbittert es mein Leben oder macht es schlechter? (z.B.: Glück, Beziehungen, Beruf, Selbstachtung, Konzentrationsmangel, Energieverlust ...)

___

___

___

4. Bin ich bereit, diesen Preis weiterhin zu zahlen und der formlosen Substanz Dinge einzuprägen, die ich nicht will?

- Ja ____
- Nein ____

Falls Sie von einer „üblen Sache“ in der Vergangenheit absolut nicht loskommen, empfiehlt es sich, professionelle Hilfe in Anspruch zu nehmen.

Sprechen Sie mit Ihrem Arzt oder Therapeuten - es ist gut für Sie!

Kursteil 30 - Rückblick

Nun sind wir bereits bei Lektion 30, das ist unser letzte Einheit.

Hut ab!

Sie können mit Fug und Recht stolz auf sich sein!!

Wir haben gemeinsam nach innen geblickt, dorthin, wo sich alle Antworten befinden.

Wir haben begonnen, sehr Vieles in einem neuen Lichte zu sehen, aus einer höheren Perspektive zu betrachten.

Wir haben uns die bisherigen geistigen Programmierungen angesehen und unsere Fehlvorstellungen unter die Lupe genommen.

Wir haben erkannt, dass wir in einem unerschöpflichen Universum leben, in dem es nur Überfluss gibt. Mangel ist dort unbekannt.

Wir haben ein neues Motto gefunden: „Mehr Leben für alle"

Wir haben auch gesehen, worauf es <u>nicht</u> ankommt.

Wir sind auf eine Reihe universeller Gesetze eingegangen, allen voran auf

das Gesetz von Ursache und Wirkung,
das Gesetz der Anziehung,
das Gesetz des Kreislaufs
und viele mehr.

Und wir haben gelernt, dass alles im Bereich des Formlosen seinen Lauf nimmt. Das ist immer der Anfang. Erst dann erfolgt die Gestalt oder Auswirkung auf der physischen Ebene.

Reichsein will gelernt sein

Doch damit nicht genug.

Wir haben weiterhin gelernt, dass wir mächtige Mitschöpfer sind, die - bewusst oder unbewusst - die eigenen Lebensumstände erschaffen können.

Wir besitzen nun **ein neu gewonnenes Verständnis von dem äußeren Anschein,** bei dem es sich lediglich um das Ergebnis des bisherigen Denkens handelt und wir wissen, dass wir unsere Zukunft über veränderte Denk- und Handlungsweisen jederzeit umgestalten können.

Darüber hinaus haben wir **unseren Herzenswunsch entdeckt** und gelernt, dass wir zwar aktiv werden müssen, dass diese Aktivität keineswegs mit Druck und Zwang vonstattenzugehen braucht, wenn wir aus einer höheren Warte handeln.

Wir haben die **Bedeutung der Dankbarkeit kennengelernt** und unseren Blick geschärft. Wir wissen jetzt, dass vor der Frage *„Was bringt es mir?"* zunächst die Frage zu stehen hat: *„Was bringe ich ein?"*

Wir haben gelernt, dass wir umso mehr wachsen, je mehr **geben** und dass sich Geben und Nehmen gegenseitig bedingen.

Wir haben erfahren, dass wir zwar **zügig, aber keineswegs hektisch** vorzugehen haben. Wir brauchen das Morgige nicht bereits heute zu erledigen.

Und nicht zuletzt haben wir gelernt, dass **das Spirituelle und das Materielle nur zwei Seiten ein und derselben Medaille** sind.

Und in all diesen Bereichen und in vielen mehr sind wir zum bewussten Experimentator unseres eigenen Lebens geworden und können uns auf fantastische Ergebnisse einstellen.

Nun hängt es von unserer Aufgeschlossenheit und Bereitschaft ab, dieses Studium auch ständig weiterführen zu wollen.

Dieses Buch hat die Grundlagen vermittelt. Wir wissen jetzt, welche Töne die einzelnen Tasten auf dem Klavier des Lebens erzeugen, aber erst das beständige Üben macht uns zum Meisterpianisten.

Sie haben jetzt einen gewaltigen Vorsprung errungen. Die meisten Menschen gehen durch ihr ganzes Leben, ohne sich die Fragen zu stellen, die Sie sich im Laufe dieses Kursus gestellt haben.

Reichsein will gelernt sein

Die meisten sehen nur den Schein, den fahlen Abglanz.

Sie besitzen nun den Schlüssel zum Reich der Erkenntnisse.

Was Sie mit diesem Schlüssel anfangen, liegt völlig in Ihrer Hand.

Wattles redet immer wieder von der „formlosen Substanz“, moderne Wissenschaftler würden es „Energie“ nennen. Es ist egal, ob Sie einen Theologen oder einen Wissenschaftler befragen, es verändert sich lediglich die Terminologie. Wenn Sie einen Theologen fragen, was „Gott“ ist, wird er Ihnen sagen, es ist das ewige Wesen, das nie geschaffen wurde und niemals endet, das alles durchdringt und die Schöpferkraft ist.

Wenn Sie einen Wissenschaftler fragen, was „Energie“ ist, wird er Ihnen dasselbe sagen: Etwas ohne Anfang und Ende, das alles durchdringt und schöpferisch tätig ist.

Andere Worte, selber Sinn.

So wie sich das Meer in jeder einzelnen Welle befindet, ist diese Kraft auch in jedem Einzelnen von uns.

Der Schlüssel der hier in 30 Lektionen behandelten Wissenschaft ist nicht: *„Wenn ich das habe, was ich will, werde ich glücklich sein“*, sondern es verhält sich genau anders herum:

Ich bin jetzt glücklich.

Ich entscheide mich dafür,
an das Gute und an die Fülle zu glauben,
auch wenn es nach Schlimmem aussieht.

Ich habe ständig das Gute im Visier.

Darin bringe meinen Glauben ein.

Das fühle ich jetzt und damit erfülle ich mir meinen Herzenswunsch.

Alles Gute auf Ihrem Lebensweg!

(Falls Sie dieses Buch bis jetzt nur gelesen haben, um sich „einen Überblick zu verschaffen“, beginnen Sie bitte nochmals von vorne - am besten in Kombination mit einem Arbeitsheft, in das Sie Ihre Übungen und Erkenntnisse eintragen).

Weitere Perlen der Weisheit und Inspiration

http://goo.gl/Gomed7

http://goo.gl/2y6wRP

http://goo.gl/jZCjSS

http://goo.gl/kQHBuU

http://goo.gl/xPfL63

http://goo.gl/B0rKdN

http://goo.gl/rs3vH0

http://goo.gl/8kIShR

http://goo.gl/iULZzZ

http://goo.gl/xMsQpT

http://goo.gl/q15CHw

http://goo.gl/72VGyb

http://goo.gl/RcGoUL

http://goo.gl/TFgYSw

http://goo.gl/P5Ce6N

Printed in Poland
by Amazon Fulfillment
Poland Sp. z o.o., Wrocław

52264107R00144